Plaisirs et Pratiques de L'EQUITATION

Dans la même collection

PATRICK EDLINGER, ALAIN FERRAND, JEAN-FRANÇOIS LEMOINE
Grimper !

PIERRE FAIVRE, BERNARD AMY, PIERRE BEGHIN
Alpinismes

GEORGES JOUBERT
Guide pratique pour mieux skier

FRANÇOIS CIROTTEAU, DOMINIQUE BÉNAZET, BERNARD LAMBOLEZ
Canoë Kayak

JEREMY EVANS
La planche à voile. Guide complet

ANTOINE
Mettre les voiles avec Antoine, guide du globe-flotteur

OLIVIER STERN VEYRIN
Navigation en haute mer

OLIVIER STERN VEYRIN
Navigation astronomique

PASCAL DURANTEL
Plaisirs et pratiques de la pêche

Plaisirs et Pratiques de L'EQUITATION

Isabelle Bernard
Pierre Darmangeat

ARTHAUD

Sous la direction de Hervé Chaumeton

Avec la collaboration de :
Stéphanie Castaing
Sabine Chevillet
Michèle Clouvel
Noël Gouilloux
Jean-Bernard Rioual
Isabelle Véret

ISBN 2-7003-0855-7
N° d'édition : 2028
Dépôt légal : Mai 1990
Imprimé en Espagne par Gráficas Estella S.A., Navarra

Sommaire

«Soyez à vous-même votre propre lumière.
Soyez à vous-même votre propre refuge».

«Les vrais compagnons, ce sont les arbres, les brins d'herbe, les rayons de soleil, les nuages qui courent dans le ciel crépusculaire ou matinal, la mer, les montagnes.
C'est dans cela que coule la vie, la vraie vie, et l'on n'est jamais seul quand on sait la voir et la sentir».

Alexandra David Neel

«A mon père, à ma mère qui ont toujours favorisé une passion sans cesse grandissante...»

Isabelle Bernard

Invitation

L'équitation n'est pas une activité ni un sport tout à fait comme les autres car celui qui les pratique fait appel à un partenaire peu ordinaire : le cheval.

De tout temps fidèle compagnon de l'homme, le cheval a guerroyé, travaillé, voyagé à ses côtés, faisant partie intégrante de sa civilisation. Aujourd'hui, il est entré dans le monde des loisirs et de la compétition.

Cheval de randonnée, il est l'essence même du retour à la nature. Au pas, au trot, au galop, il nous invite à redécouvrir les splendeurs et les odeurs des grands espaces, pourvu que le voyage ait été préparé dans le respect des règles élémentaires que tout cavalier se doit de connaître.

Mais le monde équestre est très diversifié ; c'est d'ailleurs sa richesse. La multiplicité de ses disciplines permet à chacun de trouver celle qui lui convient le mieux et le cheval idéal pour la pratiquer dans les meilleures conditions. Ainsi, que vous préfériez le calme des chemins de terre à la fureur des terrains de compétition, que vous choisissiez les galops éperdus plutôt que les courses d'attelage, que vous optiez pour la monte western ou la voltige djiggite, le cheval, votre cheval, accompagnera votre réussite. Vous lui vouerez très vite une véritable passion. Grand ou petit, lourdaud ou félin, fougueux ou tranquille, il sera toujours le plus beau et le plus fort.

Isabelle Bernard a parcouru le monde à cheval. Son entrée «en religion» ne date pas d'hier et son expérience des chevaux – que dis-je, des poneys (c'est un fan des poneys) ! – est grande. Elle nous fait partager sa passion en nous permettant de découvrir l'immense diversité du monde de l'équitation au travers d'un ouvrage pratique, facilement accessible au néophyte, et magnifiquement illustré. Dans son tour d'horizon des plaisirs et des pratiques de l'équitation, elle nous entraîne jusque dans l'atelier du bourrelier et les écuries de l'étalonnier, des métiers oubliés qui renaissent aujourd'hui et nous invitent dans l'univers convivial du cheval.

Hubert Saint

A la

rencontre de nouvelles terres

La beauté d'une vallée déserte, un simple bivouac près d'un étang retiré, puis le sommeil avec pour plafond la voûte céleste, et le cheval près du dormeur, rassuré par son souffle et sa présence : de très anciennes sensations enfouies dans nos mémoires, qui reviennent peu à peu.
L'animal nous conduit au cœur d'un monde quelque peu oublié en nous offrant une nouvelle approche de la nature sauvage. Approche discrète pour certains, conquête pacifique pour d'autres, en accord avec le temps et l'espace, pleine d'émotion et d'allégresse, qu'un frisson d'inquiétude vient parfois enrichir en la troublant. Car on ne conquiert pas la nature, on la côtoie, on réapprend à la connaître. S'il est ici question de conquête, c'est de soi-même, et le cheval nous ouvre le passage.

Cavalier cherche cheval de randonnée

Pour réussir une randonnée, il faut partir avec un cheval parfaitement adapté à cette activité.

Notre plus noble conquête n'est pas très ancienne, et les premiers signes tangibles de domestication datent du quatrième ou du cinquième millénaire avant J.-C. seulement. On les trouve quelque part en Asie centrale, et ce coup de génie est sans doute le fait de quelque peuple nomade. Ce qu'on ignore, c'est la destinée première du fier quadrupède : fut-il tout d'abord monté, ou attelé ? Les spécialistes se perdent en conjectures et en querelles d'écoles, et nous les laisserons humblement à leurs travaux érudits pour vivre au présent, en compagnie de nos montures...

Quittons la sciure de l'indispensable manège, bouleversons nos habitudes et retrouvons la pérennité des chemins de terre nonbalisés, apprenons la solitude, laissons-nous bercer doucement par le rythme lent du pas d'un cheval et, avec lui, redécouvrons une infime parcelle de notre terre. Si petit soit ce paradis, notre complicité avec l'animal a tôt fait de le transformer en immensité. Nos rêves n'ont pas fini d'y caracoler.

Si le cheval nous a suivi bon gré mal gré au cours de notre histoire tumultueuse, s'il nous a aidé à cultiver nos champs, à voyager, à guerroyer ou à lutter plus sportivement, il a pourtant failli disparaître à jamais de notre environnement quotidien, vaincu par l'essor industriel de nos sociétés. Çà et là, quelques éleveurs continuaient vaille que vaille de vivre leur passion, mais l'animal devenait une authentique curiosité du passé. L'après-guerre marqua le début de son déclin vertigineux, la mécanisation de l'agriculture éliminant les chevaux de trait des campagnes dès les années 50, jusqu'à sa quasi-disparition dans les années 70. Mais la population chevaline changeait peu à peu d'allure...

A partir de cette époque, en effet, l'équitation, dont la pratique était jusque-là plus ou moins réservée à une sorte d'élite aussi snob que fortunée, commença à se démocratiser. Les clubs équestres fleurirent comme prairies au printemps, et le cheval ressortit de l'anonymat. Mais, pour lui, la dure époque du labeur et des champs de bataille meurtriers était bel et bien révolue, et il devint un compagnon de loisirs, ce dont nous ne saurions nous plaindre.

Les Haras nationaux

En fait, le cheval a survécu grâce aux efforts conjugués de certains éleveurs et d'une institution qui vit le jour à l'époque de Colbert : les Haras nationaux. (Si d'aventure vous chevauchez au cœur de l'admirable forêt de Tronçais, songez que vous devez également à Colbert de contempler les plus vieux chênes de France...)

Les Haras nationaux dépendent du ministère de l'Agriculture, donc de l'État, et sont en quelque sorte garants de la pérennité des races. Ils contrôlent la sélection des juments et des étalons, des pouliches et des poulains, et ont une influence considérable sur la politique de l'élevage. Ainsi, en matière de reproduction, leur autorité est-elle aussi indispensable qu'obligatoire. C'est-à-dire qu'en aucun cas un cheval entier ne sera habilité à la production de poulains «de race» s'il n'a pas été lui-même reconnu «étalon» de la même race. Autrement dit, n'est pas Trotteur ou Selle Français qui veut ! En fait, c'est exactement la même chose qu'avec un chien ou un chat : si le géniteur n'a pas de pedigree, sa progéniture en sera également privée, à la différence près que l'État contrôle la délivrance des certificats d'origine du cheval.

On organise donc des concours d'élevage au cours desquels le futur père recevra ou non sa «carte d'étalon». Pas question de tricher lors de telles réunions, car le jury, hautement compétent, composé d'un représentant de la race, d'un technicien d'élevage et du directeur des Haras dont dépend géographiquement le propriétaire du candidat, ne se laisse pas impressionner par des «à-peu-près». Le futur étalon doit être parfait. Pour cela, il lui faut répondre à un certain nombre de critères tels qu'une harmonieuse morphologie, une encolure bien orientée, des aplombs corrects

De bons aplombs, des membres solides, une croupe puissante, un rein court, un bon garrot, un passage de sangle dessiné et une avant-main imposante, telles doivent être les caractéristiques physiques du cheval de randonnée, capable de tout faire. Il doit également avoir un caractère en or, un solide moral, et jouir d'une santé de fer !

et mille autres subtilités qui échappent à l'œil du profane, mais contribuent au maintien de la race. Cela dit, vous monterez aussi bien un cheval roturier qu'un «sang-bleu», mais il est indispensable que de telles institutions existent et perdurent, tout simplement parce qu'elles vous permettent d'acquérir un animal dont l'origine ne souffre aucune controverse. Le cheval reçoit un numéro d'immatriculation répertorié au ministère de l'Agriculture, et cette sorte de pedigree est une garantie absolue de valeur, surtout si vous êtes tenté par l'élevage.
Certes, le prix d'achat d'un tel animal est plus élevé que celui d'un anonyme, mais il vous offre un certain nombre d'avantages non négligeables, tels qu'une possibilité de commercialisation et de reproduction officielles, une autorisation de participer à différentes manifestations officielles, et la certitude de posséder un animal de race. En somme, l'immatriculation est un label de qualité.

La randonnée, gloire des immigrés ou des sans-grades

Toutefois, vous aurez quelque peine à faire une randonnée digne de ce nom sur un cheval «bien de chez nous» car, jusqu'à présent , les Haras nationaux ont privilégié l'élevage de chevaux sportifs destinés aux champs de courses et aux terrains de concours, au détriment d'animaux plus polyvalents et plus robustes, aptes à supporter sans encombre les dures épreuves d'une randonnée. Si bien que le Trotteur Français, le Pur-Sang ou le Selle Français ne conviennent pas aux loisirs équestres proprement dits. Vous ferez donc appel aux immigrés, et trouverez la monture de rêve parmi les rustiques Criollo argentin ou Quater Horse américain, mais ces tous-terrains parfaits sont encore trop rares en France et, de ce fait, à la seule portée des bourses les mieux remplies. Cependant, il convient d'envisager l'avenir avec optimisme, car quelques associations se chargent de les présenter de plus en plus lors des grandes manifestations équestres, notamment au Salon du Cheval et du Poney de Paris.
Nous avons dit poney ? Voilà le maître mot, le fin du fin, le *nec plus ultra* en attendant mieux, tant il est vrai qu'il bénéficie au plus haut point de la vogue grandissante de l'équitation de loisir.

Le poney : un 4x4 idéal

On considère généralement que l'ancêtre des poneys est le Tarpan, aujourd'hui disparu. Vivant à l'état sauvage ou semi-sauvage dans les Carpates, le Huçul est certainement l'ani-

Solide, trapu, porteur, le poney Fjord fait partie de la génération montante des poneys de loisirs. Une rusticité hors pair associée à une grande docilité en font une monture idéale pour les randonnées des petits et des grands.

mal le plus proche du Tarpan, dont on pense qu'il est un descendant direct. Un peu plus grand que le Huçul, le Konik polonais descend également du Tarpan, mais ses caractères primitifs ont été atténués par l'apport de sang arabe, pour lui donner une meilleure conformation. De nos jours, le Konik est encore très utilisé dans les exploitations agricoles, et le Huçul se rencontre dans les fermes montagnardes de sa région d'origine. Un autre cheval mythique, ayant donné naissance à de nombreuses races modernes, est l'antique et très primitif cheval de Przewalski (prononcer : *Prejwalski*), dont quelques individus survivent à l'heure actuelle, principalement en zoo, et notamment à la ménagerie du Jardin des plantes à Paris, où il s'est même reproduit. On a tenté récemment une réintroduction de l'animal en milieu sauvage, notamment dans les Cévennes, pour sauver la race, lui conserver son caractère originel, et le réhabituer à vivre en liberté. Sait-on que le cheval de Przewalski présente deux chromosomes de moins que le cheval domestique ?

Un animal rustique

Originaire de régions froides aux difficiles conditions climatiques, le poney vit en montagne ou dans les régions désertiques froides. L'hiver, son poil ressemble plus à une fourrure épaisse qu'à une fine robe lustrée. Parfaitement adapté à son milieu, il sait aussi bien se protéger des intempéries qu'éviter les courants d'air ou les trop longues expositions au soleil, et ne craint nullement les écarts de température entre le jour et la nuit. Économe de son énergie, il régule son besoin alimentaire en fonction de sa dépense physique et,

CHEVAL DE RANDONNÉE : CHEVAL RUSTIQUE

Que ce soit pour une randonnée de quinze jours ou de plusieurs mois, le cheval utilisé doit répondre à un certain nombre de critères de rusticité.

Alimentation rustique : il doit pouvoir s'adapter à des régimes variés, et savoir «se tenir» sans perdre trop de poids malgré un travail quotidien. Il ne doit pas gaspiller sa nourriture.

Morphologie rustique : il doit porter sans dommages le cavalier et son paquetage. Il doit être «membré» et «porteur», c'est-à-dire qu'il aura de solides membres épais, une arrière-main puissante, le rein développé et un dos court. Des aplombs francs associés à une corne dure à la pousse régulière lui donneront bon pied, et diminueront les risques d'accident.

Mental rustique : il doit être courageux , savoir se contrôler face au danger, avoir confiance en son cavalier, et ne pas avoir peur de tout et de rien.

Approche rustique du terrain et de l'environnement : le pied sûr, il doit contrôler ses pulsions et ses appréhensions, et être indifférent aux changements de température.

au pré, il peut se contenter d'une herbe pauvre en vitamines. Rustique, il n'en garde pas moins les pieds sur terre : une pente raide ne l'effraie pas, et il sait rejoindre un point d'eau à l'accès difficile qu'un cheval «normal» se contenterait de humer, faute de pouvoir l'atteindre. En outre, son étonnante adaptation aux contraintes d'une nature peu clémente l'a doté d'une solide constitution, et il tombe très rarement malade. Qualité appréciable, s'il en est...

Son caractère, son physique

Forgé par un environnement plus ou moins hostile, le caractère du poney en fait un animal de compagnie au cœur «gros comme ça», courageux et cabochard, affectueux et indépendant, d'un calme et d'un sang-froid exemplaire, ce qui ne l'empêche pas d'être actif. Ajoutons que sa personnalité attachante lui permet d'être monté aussi bien qu'attelé, et que le tourisme équestre lui permet d'exprimer pleinement ses qualités. En effet, ne craignant ni l'effort prolongé ni les charges importantes, il est à l'aise sur les terrains difficiles et passe n'importe où grâce à une sûreté de pied digne de celle d'un mulet. Une passerelle suspendue ne lui donne pas le vertige, et l'impétuosité d'un torrent ne l'effraie pas. Le dépaysement des étapes ne le perturbe en rien : il dort, récupère, se nourrit normalement et s'adapte chaque jour au rythme différent de la randonnée, faisant sien le vieil adage selon lequel «à chaque jour suffit sa peine». Par ailleurs, sa philosophie tranquille et son moral d'acier sont liés à un solide physique. Témoins, une ossature souvent épaisse ainsi que des muscles et des tendons

Eviter à son cheval les risques de coliques en buvant, c'est couper l'absorption d'eau par des arrêts fréquents, afin qu'il reprenne son souffle entre chaque gorgée.
Un cheval peut boire entre 30 et 50 litres d'eau par jour.

formant une masse homogène et solide, assez peu vulnérable, lui permettant de jouer à la fois de sa force et de sa souplesse. En somme, c'est un polyvalent. On fit jadis de l'attelage son premier emploi, notamment dans la petite traction agricole. Dans les pays de montagne où il vit naturellement, c'est lui qui transportait les volailles, les cultures maraîchères, le lait, ou la famille se rendant au marché. Tout simplement parce que son tempérament rustique lui permettait de supporter de rudes climats, et que les grands chevaux étaient le lot des seigneurs.

Un poney, des poneys, quelques races

En France, les Haras nationaux ont reconnu douze races. Certaines, comme le Dartmoor, le Pottock (prononcer : Potiock), le Landais, le Shetland, les Welsh A, B et C, sont plus particulièrement destinées aux enfants, alors que l'Islandais, le Fjord de Norvège, le Haflinger d'Autriche et le Highland d'Écosse ou le Mérens des Pyrénées ariégeoises sont parfaitement adaptés à la randonnée des grands et des petits. Pour leur part, le Connemara, le New Forest, le Welsh D et le Poney Français de Selle s'orientent vers les disciplines sportives, mais ne font pas fi du tourisme équestre pour autant.
Pour la petite histoire, sachez que ces douze races ont été regroupées sous un même statut par la Fédération française des éleveurs de poneys, laquelle organise les concours d'élevage et d'utilisation, ainsi que la commercialisation des différentes races. De même, la Fédération anime les salons, foires

Ce jeune étalon de Mérens, Simboul la Fajole, appartient à M. Gilbert Laguerre du haras du Gay. C'est un descendant de l'étalon Uranium, tête d'une lignée rare.
Chaque été, l'Ariège, berceau du cheval de Mérens, rassemble ses plus beaux spécimens, pour les présenter au concours-épreuve des candidats étalons. Avec ses trois composantes : dressage, cross et attelage, c'est l'un des plus difficiles et des plus prisés.

LE MÉRENS, CHEVAL DE MONTAGNE

Même si l'Administration a décrété que le Mérens est un poney, c'est en fait un authentique petit cheval de montagne. On le rencontre en France dans les Pyrénées ariégeoises, aux confins d'Andorre et de l'Espagne. Ce petit cheval à la robe noire arpente les montagnes depuis la Préhistoire.
Son mode de vie est étroitement lié aux rythmes montagnards : début juin, le troupeau composé d'un étalon et d'une quinzaine de juments monte en estive dans les alpages où il jouit d'une liberté totale pendant six mois. Là, les poulains qui font leurs premiers pas en montagne, les juments pleines, l'étalon qui veille sur son cheptel connaissent bien souvent de dures conditions climatiques. Ils sont exposés aux orages estivaux, aux tempêtes de neige, à la fraîcheur des nuits en altitude, le tout sur un terrain parfois difficile où chaque brin d'herbe se gagne de haute lutte.
D'origine ibérique, le Mérens s'est vu tout aussi bien utilisé à la remonte militaire qu'au transport du minerai extrait de la montagne, ou aux liaisons de diligences en Ariège. Laissé pour compte à l'avènement de l'automobile, il était en voie de disparition il y a une quinzaine d'années, et doit sa survie et son nouvel essor au développement de l'équitation de loisir.

DE 7 A PLUS DE 77 ANS : LE PONEY

Les origines

Angleterre	New Forest, Dartmoor
Pays de Galles	Welsh
Écosse	Highland, Shetland
Irlande	Connemara
Autriche	Haflinger
Norvège	Fjord
Islande	Islandais
France	Landais, Mérens, Pottock, Français de Selle

Pour les enfants
(la taille est donnée au garrot)

Shetland	0,86 à 1,07 m
Dartmoor	jusqu'à 1,27 m
Welsh A	jusqu'à 1,22 m
Welsh B	1,23 à 1,37 m
Welsh C	jusqu'à 1,37 m
Landais	1,20 à 1,35 m

Pour adultes et enfants

Connemara	1,35 à 1,47 m
Fjord	1,37 à 1,42 m
Français de Selle	1,34 à 1,47 m
Highland	1,32 à 1,47 m
Islandais	1,35 à 1,47 m
New Forest	1,30 à 1,47 m
Welsh D	en moyenne 1,47 m
Mérens	1,40 à 1,47 m
Pottock	1,30 à 1,47 m

Le poney Highland, élevé en Écosse, aime la vie au grand air. A l'automne, il participe à de célèbres chasses à travers les collines d'Écosse, car c'est le poney de bât idéal pour porter le gros gibier.

Les poneys de France ne doivent pas dépasser 1,47 m : tel en a décidé l'Administration. On tolère un écart de 1 cm, pour les fers, mais, en tout état de cause, cette hauteur est relative pour les grands poneys, et l'élevage actuel tend à les faire grandir.
Certaines races possédant «du sang» ont une prédisposition à participer aux compétitions comme le saut d'obstacle, le concours complet et le dressage. Ce sont le Connemara, le Français de Selle, le Welsh, le New Forest, le Dartmoor, le Landais, le Pottock et le Shetland.
D'autres races, comme le Highland, le Fjord, le Haflinger, l'Islandais et le Mérens, s'expriment pleinement en randonnée.
Tous ces poneys possèdent un caractère rustique, aiment être attelés, apprécient la compagnie des enfants et des adultes à condition qu'on les respecte, et tous sont des «touche-à-tout». Ils font aussi bien de la voltige que du cirque, de la cascade, des travaux agricoles. Ils sont aussi utilisés par les handicapés, et font preuve d'endurance.

ou rassemblements divers, avec l'objectif de promouvoir le poney en France. Pour connaître les dates des principales manifestations ayant lieu dans telle ou telle région, on peut s'adresser à la Fédération ou aux Haras nationaux, qui disposent de la liste de tous les éleveurs patentés de chevaux et de poneys , et qui subventionnent les concours de poneys, les officialisent et les accréditent. En outre, étant la «maison mère» de l'élevage français, les Haras participent aux concours.

Choisir un animal

Il est bien évident qu'on ne décide pas d'acquérir un cheval ou un poney à la légère, sur un coup de tête ou de cœur, car, s'ils peuvent être d'excellents animaux de compagnie, ils sont un tout petit peu trop encombrants pour dormir sur le fauteuil du salon... Il faut donc en tout premier lieu pouvoir les héberger convenablement, et disposer d'un terrain suffisant pour qu'ils puissent vivre une vie d'équidés normale. Avoir un poney ou un cheval impose d'emblée un certain nombre de choix tant moraux que d'ordre pratique.

Un courtisan parfois fantasque

On peut être fier de posséder un entier, mais il faut savoir qu'il n'est pas toujours facile à monter, et qu'on ne lui fait pas toujours faire ce qu'on veut si une jument en chaleur vient à passer par là. Nous ne le conseillerons donc pas au cavalier débutant. Par ailleurs, son hébergement exige des structures d'accueil solides. Vous devrez lui donner un box à l'épreuve des ruades intempestives, et un pré correctement clos, susceptible de le maintenir à l'écart des juments ne devant pas être saillies ; faute de quoi, vous allez droit à de nombreuses catastrophes.
Lors d'une randonnée, un entier cherchera systématiquement à s'échapper pour aller courtiser une jument voisine, ou en découdre avec quelque autre mâle aussi entier que lui. De plus, à la halte, vous risquez fort de passer une nuit blanche, car il ne manquera pas de hennir toute la nuit s'il flaire l'odeur d'une jument en chaleur dans les parages. Bref, monter un entier n'est pas toujours de tout repos !

Vaillante et polyvalente : la jument

Une jument, ainsi nommée à partir de trois ans (auparavant, on l'appelle «pouliche»), pose beaucoup moins de problèmes au cavalier. On peut tout aussi bien la monter que l'atteler, même si elle est destinée à la reproduction. Dans ce cas, elle pourra vous porter ou vous tirer pendant les huit premiers mois de la gestation, qui arrive à son terme au bout de onze mois. Vous veillerez seulement à ne pas la fatiguer inutilement, et à ne pas lui faire subir de secousses ou de heurts importants au niveau du ventre. Cela dit, une jument en pleine forme est au moins aussi vaillante sur le terrain qu'un étalon, et sa monte vous procurera autant de joies, en vous épargnant les mésaventures que l'étalon ne manque pas de vous faire vivre.
Petite différence, grande conséquence ; la discrimination des sexes commence dès le sevrage, puisque une pouliche est plus chère à l'achat qu'un mâle, pour la bonne raison qu'elle est susceptible de vous rapporter davantage plus tard, quand elle sera en mesure de pouliner, à l'âge adulte.

Largement répandu : le hongre

Toutefois, on monte la plupart du temps un cheval castré, appelé hongre. La castration bloque les pulsions sexuelles intempestives, mais ne diminue en rien le caractère de l'animal.
Un hongre peut très bien vivre en bonne intelligence avec des juments et d'autres mâles, même s'il lui arrive de manifester parfois des attitudes d'étalon. Il peut fort bien conserver un tempérament dominateur, tenter de saillir les juments, et veiller à la protection des poulains : en fait, un hongre peut s'avérer un excellent «beau-père». Ne croyez pas pour autant que vous en ferez ce que vous voudrez, car c'est avant tout un cheval, et il peut vous donner du fil à retordre, comme il peut se montrer un compagnon charmant.

Madame poney, une excellente mère

Aidée par sa solide constitution et son tempérament rustique, une jument de poney pouline la plupart du temps sans aucune difficulté. Excellente mère et bonne nourrice, elle allaite son poulain pendant six mois, au-delà desquels vous devrez songer au sevrage. De même, durant ces six mois, vous aurez laissé la mère avec son rejeton, et elle n'aura pas travaillé, si bien que vous aurez sans doute besoin de la reprendre en main après le sevrage.

A quel âge acheter un cheval

Actuellement, la plupart des éleveurs vous proposent des animaux de trois ans ou plus, prêts à être montés, ayant acquis les rudiments de leur future vie de chevaux bien élevés. Cette solution est satisfaisante pour le néophyte, le cavalier pressé, ou le pratiquant forcené, mais elle vous prive du plaisir (et de la difficulté) d'élever un poulain, de vous en occuper, de le débourrer, c'est-à-dire de lui donner les bases de son éducation.
En effet, vous ne monterez pas un cheval de moins de deux ans, mais vous l'éduquerez, vous l'apprivoiserez, car un poulain a besoin de se domestiquer et de se sentir choyé par vos caresses et vos soins. Très tôt, il est en mesure d'apprendre un certain nombre de gestes utiles lors des randonnées futures : rester attaché sans casser sa longe, donner les pieds pour que vous puissiez curer l'intérieur des sabots ou changer un fer, et marcher à côté de vous sans s'échapper.
A partir de deux ans, il peut commencer à travailler, mais vous ne devrez pas trop lui en demander pour ne pas l'épuiser, car sa croissance ne se terminera qu'à l'âge de cinq ans. Aussi, le débourrage n'aura-t-il lieu raisonnablement qu'à partir de trois ans, pour ne pas nuire à la croissance de l'animal, affaiblir l'ossature, affaisser le dos, fatiguer les tendons, ou tirer de façon néfaste sur les jarrets. Dans le même esprit, vous éviterez de faire saillir une pouliche de deux ans, car elle subirait d'irréversibles déficiences générales de croissance. En effet, si elle peut mettre un poulain au monde à cet âge, elle sera privée par celui-ci des éléments nécessaires à sa croissance, sans que le poulain soit rassasié pour autant. Vous risquez donc d'obtenir une jument affaiblie avant l'heure et un poulain rachitique.

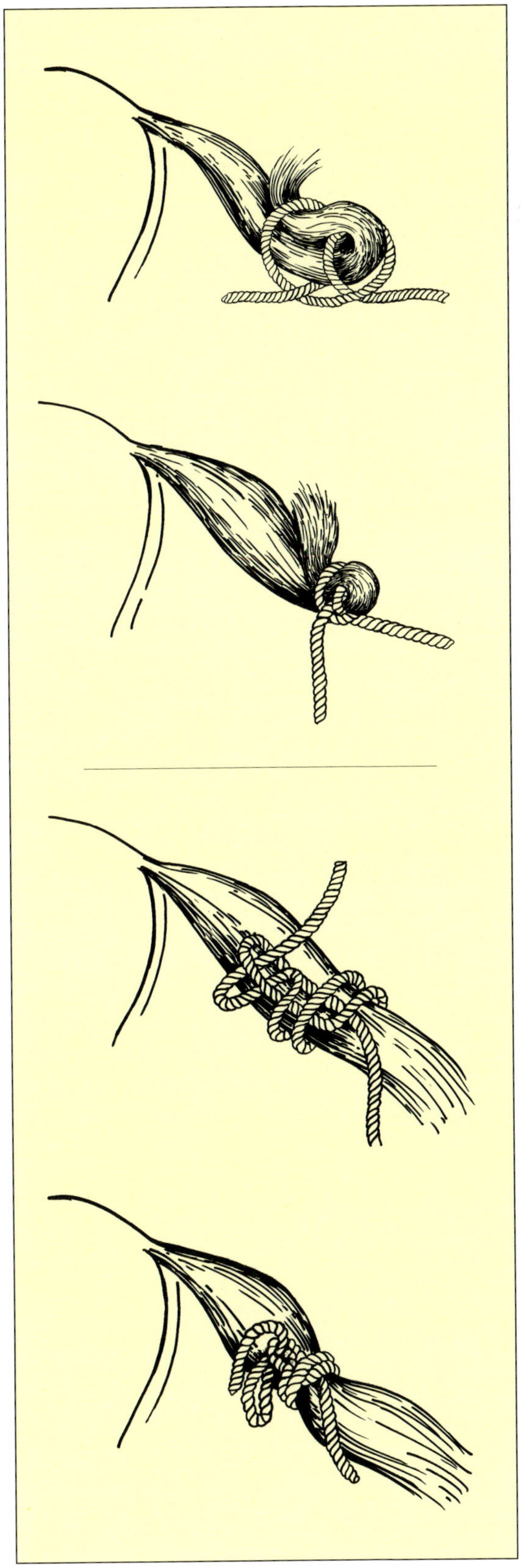

Autrefois, des «trains» de chevaux permettaient aux maquignons de se déplacer de foire en foire avec une dizaine de sujets... Les nœuds dont ils se servaient encore utiles de nos jours, aideront l'éleveur à mener une poulinière au pré, son poulain attaché à la queue. Le poulain attaché de la sorte à la mère ne pourra résister longtemps à la traction et la suivra en douceur.

Cavalier et poulain évoluent ensemble

Débourrer un cheval consiste à lui faire accepter la selle et le cavalier sur son dos, et à assimiler des règles simples comme tourner à gauche ou à droite, voire s'arrêter. A ce stade, l'animal n'a rien à voir avec le cheval parfaitement dressé que vous montez dans votre club. Le jeune cheval a besoin de sorties régulières en forêt pour prendre confiance en lui, et en vous, tout en apprenant un peu plus chaque jour les bases du dressage. Il se perfectionnera au même rythme que vous-même et sanctionnera vos maladresses et les indications imprécises que vous lui donnerez par une interprétation pour le moins farfelue ou un refus catégorique d'obéissance. Ne croyez pas qu'il ait mauvais caractère, non. Tout simplement, il est incapable de comprendre vos ordres imprécis, et ne fait pas ce que vous lui demandez parce que vous le demandez mal. A vous donc d'apprendre votre métier de cavalier et de dresseur, car un poulain de trois ans ou moins vous oblige à vous remettre en question.

Maintenant, si vous avez un tant soit peu de bon sens, tout ira bien, car, si vous êtes débutant, vous ne demanderez pas l'impossible à votre cheval. Ainsi, recevant des ordres simples, l'animal peu aguerri pourra les exécuter sans grande difficulté. Si vous êtes conscient de vos limites, vos erreurs auront des conséquences moins graves que si vous croyez détenir la clef de l'Art équestre.

Cavalier consciencieux, vous respecterez le dos de votre monture, et tâcherez de vous faire le plus léger possible sur la selle, vous levant pour le trot, et évitant de retomber lourdement sur la selle lors de la monte, car les reins d'un cheval ne sont pas un fauteuil dans lequel on se jette. Si vous le respectez, le cheval vous respectera. De même, vous ne partirez pas tambour battant au triple galop, et laisserez le temps de s'échauffer convenablement à votre ami sportif.

Lors d'une randonnée, vous devez faire équipe avec votre cheval, et le respecter physiquement et moralement, même s'il possède une solide expérience de ce genre de travail. Si le cheval prend du plaisir à travailler avec vous, il vous paiera au centuple, sinon la randonnée sera un calvaire pour l'un et pour l'autre. D'ailleurs, un tourisme équestre digne de ce nom ne propose que des chevaux parfaitement entraînés. Il vous appartient alors d'être vous-même aussi bien dressé que l'animal.

Le b.a. - ba de l'achat

Les pièges du maquignon

L'achat d'un cheval ne doit pas se faire dans la précipitation. Si vous ne vous adressez pas à un éleveur connu pour son sérieux, si vous n'achetez pas lors d'une manifestation officielle, vous devez ouvrir l'œil. Dans les marchés parallèles comme les foires ou les comices agricoles, vous pouvez dénicher le meilleur mais aussi le pire. Sachez que certains maquignons (les marchands de chevaux) jouissent d'une aussi détestable réputation que les garagistes peu scrupuleux qui vous vendent une épave pour une voiture «presque» neuve. Tous les marchands de chevaux ne sont pas des escrocs, mais, hélas, nombre d'acheteurs peu expérimentés ont fait les frais de pratiques peu recommandables.

Si vous n'y prenez garde, on pourra très bien vous vendre un superbe animal plein de fougue, qui n'aura jamais connu le pré, dont la vie se sera passée dans l'étroit horizon de son box, qui aura été plus ou moins bien nourri et soigné, mais que vous verrez piaffant et débordant d'énergie, pour la simple raison que ce sera là sa première sortie. Cet animal vous réservera bien des surprises désagréables.

De même, acheter un cheval sans réclamer ses papiers d'identité n'est pas sérieux. Obtenir immédiatement les papiers de l'animal permet de l'échanger ou de le faire reprendre s'il s'avère incontrôlable ou immontable. Vous pouvez être également victime de fraude au niveau des papiers officiels, qui ne donnent pas le véritable signalement de l'animal. Parfois même, on échange les papiers. On lime les dents pour rajeunir l'animal, bref, certains marchands usent de mille et une «ficelles», bien connues dans le milieu équestre, pour vendre n'importe quoi au profane. Comme dans une bande dessinée célèbre où l'on

vante l'humour gaulois, nous avons vu de pétulants chevaux noirs déteindre à la première averse, et se transformer en vieilles rosses !
En fait, les maquignons ne sont pas tous des «hommes-de-cheval», mais bien des commerciaux à qui vitesse et précipitation permettent parfois de vendre n'importe quoi au client trop crédule.
Soyez donc exigeant et déterminé sur votre choix et, si vous êtes inexpérimenté, faites-vous conseiller par un ami connaisseur et indépendant des tractations financières. Car venir acheter un poney Shetland et repartir avec un cheval de 1,70 m au garrot n'est pas forcément une affaire !

L'œil de l'acheteur...

Une règle d'or consiste à tenter de regarder votre futur compagnon de promenade d'un œil inquisiteur et impartial. La corne de ses sabots doit être saine, propre et régulière, ses aplombs doivent être corrects, et son œil doit être vif et briller comme celui de tout animal heureux de vivre et en bonne santé. Tâtez les membres, surtout au niveau des tendons, pour détecter d'éventuelles zones de chaleurs anormales dues à une inflammation. Observez le comportement du cheval, et n'hésitez pas à le mettre dans une situation que le vendeur n'a pas forcément prévue. En somme, poussez-le dans ses retranchements, et ne vous fiez pas trop à sa bonne mine. Par exemple, vous pouvez lui faire sauter une barre qu'il ne connaît pas, car le fait qu'un cheval franchisse un obstacle qu'il connaît ne prouve pas ses capacités à sauter et à randonner, qui doivent être avant tout de s'adapter facilement à l'imprévu et à l'inconnu. Enfin, quelques minutes sur son dos devraient vous

Les foires aux bestiaux ne sont plus ce qu'elles étaient, et pourtant certaines foires rassemblent encore de nombreux chevaux où se côtoient le meilleur et le pire. Ambiance assurée !

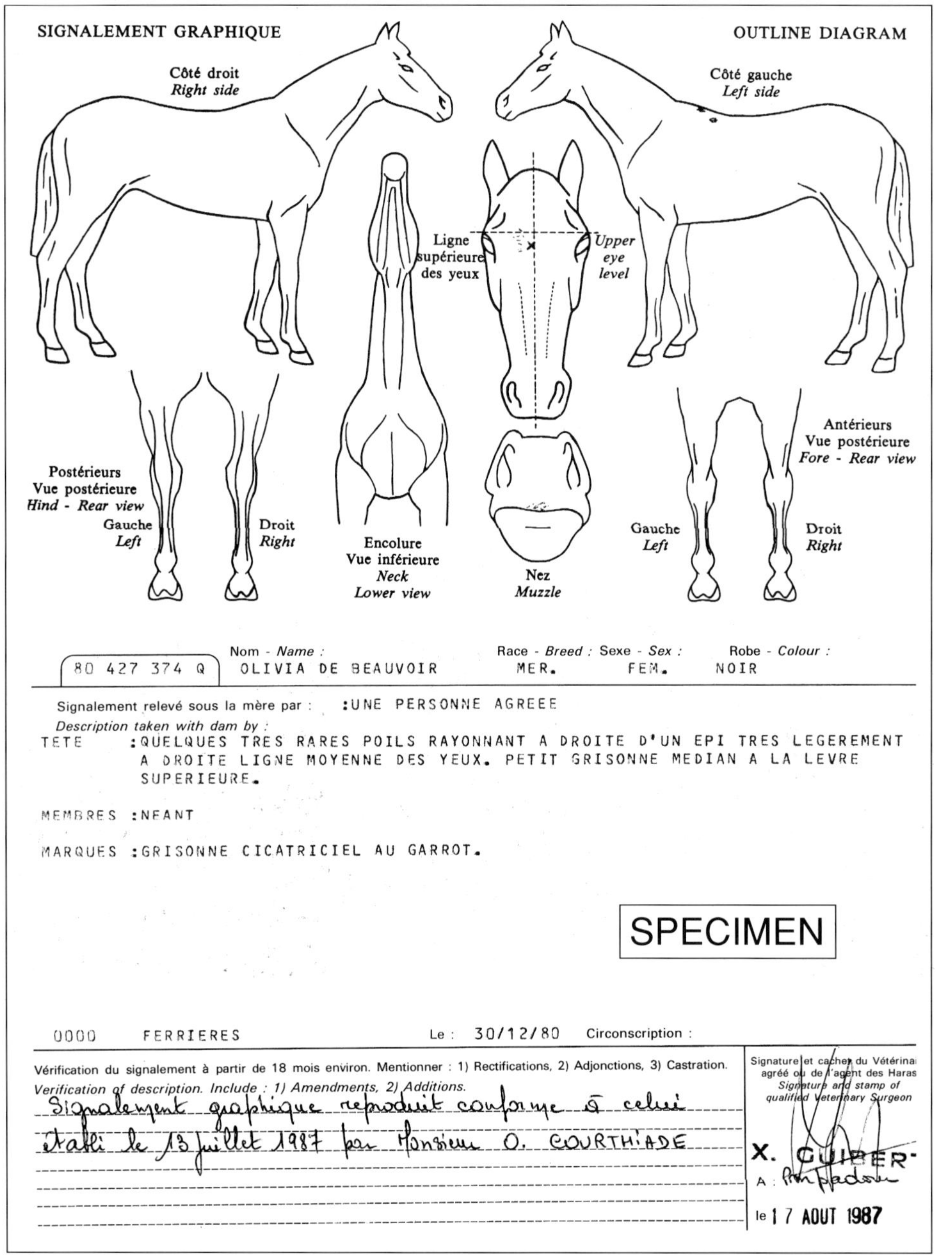

SIGNALEMENT GRAPHIQUE — OUTLINE DIAGRAM

80 427 374 Q — Nom - *Name* : OLIVIA DE BEAUVOIR — Race - *Breed* : MER. — Sexe - *Sex* : FEM. — Robe - *Colour* : NOIR

Signalement relevé sous la mère par : :UNE PERSONNE AGREEE
Description taken with dam by :

TETE :QUELQUES TRES RARES POILS RAYONNANT A DROITE D'UN EPI TRES LEGEREMENT A DROITE LIGNE MOYENNE DES YEUX. PETIT GRISONNE MEDIAN A LA LEVRE SUPERIEURE.

MEMBRES :NEANT

MARQUES :GRISONNE CICATRICIEL AU GARROT.

SPECIMEN

0000 FERRIERES — Le : 30/12/80 — Circonscription :

Vérification du signalement à partir de 18 mois environ. Mentionner : 1) Rectifications, 2) Adjonctions, 3) Castration.
Verification of description. Include : 1) Amendments, 2) Additions.

Signalement graphique reproduit conforme à celui établi le 13 juillet 1987 par Monsieur O. COURTHIADE

Signature et cachet du Vétérinaire agréé ou de l'agent des Haras
Signature and stamp of qualified Veterinary Surgeon

X. GUIBER-
A :
le 17 AOUT 1987

Le signalement graphique permet de vérifier avec précision si le cheval correspond aux papiers officiels. Il est opéré par un agent des Haras lorsque le poulain est âgé de moins de 6 mois. La vérification du signalement (à 18 mois) est exigé lors des concours sportifs ou d'élevage à caractère officiel.

suffire pour juger son aptitude à l'obéissance, son caractère, ainsi que son confort. Faites éventuellement intervenir un connaisseur en qui vous avez toute confiance, et à qui vous aurez indiqué les critères de votre choix.

Même si l'on vous donne les documents d'origine du cheval, réclamez une attestation de paiement, de façon à éviter tout litige. Le document d'origine doit contenir en outre une feuille de changement de propriétaire, contresignée par les deux parties.

... et du vétérinaire

Quand vous serez plus ou moins décidé, le vétérinaire fera passer une visite médicale au cheval, durant laquelle il devra vérifier l'état des membres, contrôler la respiration et le rythme cardiaque, faire une radiographie des pieds afin de déceler d'éventuels problèmes naviculaires.

En outre, il aura la lourde responsabilité de déceler un ou plusieurs vices susceptibles d'annuler la vente. Au nombre de six, ceux-ci concernent :

- une boiterie (ancienne ou intermittente) ;
- une immobilité due à une atteinte virale, se traduisant par une sorte d'hébétude de l'animal, une marche titubante, ou une tendance à prendre des positions aberrantes comme un croisement des membres – les chevaux ne croisent pas les jambes pour se détendre – ;
- une fluxion périodique des yeux ;
- de l'emphysème pulmonaire ;
- un cornage chronique, c'est-à-dire une affection de la trachée se traduisant par un sifflement qui apparaît après un trot ou un galop, trahissant un essoufflement anormal ;
- enfin, l'animal peut être affligé d'un tic lui faisant avaler de l'air, lorsqu'il baisse la tête ou quand il pose les dents sur un appui, usant celles-ci de façon intempestive. Ce tic désastreux a entre autres pour conséquence de graves problèmes de nutrition.

Si le vétérinaire décèle une seule de ces tares, le vendeur se voit dans l'obligation de rembourser l'acheteur. Celui-ci a neuf jours pour agir (art. 289 du Code rural) et faire parvenir une lettre recommandée avec accusé de réception au tribunal compétent. Ce délai est porté à trente jours dans le cas de la fluxion oculaire.

Cela dit, vous devez savoir que la marge de vente d'un maquignon est grande, car il possède souvent un cheptel de 20 à 200 chevaux (ce qui n'est pas le cas pour un éleveur...) et que, pour lui, échanger ou rembourser un cheval ne pose pas d'insurmontables problèmes. Quoi qu'il en soit, un éleveur ou un maquignon consciencieux auront rarement affaire aux tribunaux.

Promenons-nous dans les bois... et les prés de l'éleveur

Mettre le licol

Mettre le licol au cheval, c'est se donner le moyen de retenir l'animal. Une longe passée en première sécurité autour de l'encolure peut l'obliger à rester en place, avant que le licol ne soit posé.

La muserolle placée au-dessus du nez ne doit pas pendre mais être convenablement ajustée, ni trop serrée ni trop lâche.

Quand vous serez fixé sur le choix d'une race, vous vous adresserez à la circonscription des Haras nationaux dont vous dépendez pour connaître les éleveurs. Ne craignez pas de faire des kilomètres pour visiter un élevage. L'enjeu en vaut la peine dans la mesure où plus vous visiterez d'élevages, plus vous apprendrez à connaître les chevaux et à reconnaître les éleveurs passionnés.

Vous reconnaîtrez un bon élevage à l'état des animaux. Un cheval en pleine forme a le ventre bien rebondi, ne laissant pas apparaître les côtes. Sa robe est brillante, même sous la poussière ou la boue, si vous lui rendez visite en hiver. Un sabot à la corne bien arrondie et bien nette est révélateur d'un cheval bien soigné. En effet, une corne mal entretenue et trop longue se fend et rompt en déformant les aplombs de l'animal.

L'éleveur connaît ses bêtes et doit pouvoir les décrire en faisant apparaître les qualités et les défauts de chacune. Il doit pouvoir vous renseigner sur leurs origines. Promenez-vous avec lui, et regardez-le faire avec ses pensionnaires. Vous saurez très vite s'il en a peur, s'il est brutal ou s'il aime ses chevaux. Nous préférons vivement un geste affectueux, une parole rassurante, une caresse aimable au poitrail ou à l'encolure, à un grand mouvement de bras écartant l'animal. D'ailleurs, dès vos premiers pas dans le pré, vous serez fixé par l'attitude des chevaux : bien traités, soignés et choyés, ils se dirigent le plus naturellement du monde vers vous pour faire votre connaissance. Ils vous flairent, et se laissent caresser, qu'ils soient poulains de trois mois ou étalons. Approcher un animal est une question de confiance réciproque.

Une fois cette confiance établie dès le plus jeune âge, le débourrage se passera dans les meilleures conditions possible. Si un poulain d'une semaine connaît le licol et l'attache et s'il est habitué à donner les pieds, il aura toutes les chances d'accepter un débourrage efficace, pour peu que celui-ci soit effectué avec patience et douceur. Par contre, si l'on vous présente un animal de trois ans n'ayant jamais connu le licol, vous aurez quelques problèmes pour le débourrer, puis le dresser, car il n'acceptera pas de bonne grâce le travail que vous lui proposez. Il se cabrera, se campera, et n'avancera pas d'un millimètre, s'arc-boutera au bout du licol, et vous aurez à faire face à une situation bien difficile si vous ne connaissez pas bien les chevaux. En fait, c'est à l'éleveur d'effectuer le travail de base, et non à l'acheteur de subir les conséquences d'un certain laxisme.

Pour le cheval, vivre au pré n'implique pas d'être exempté de soins ni de travail. Pour l'éleveur, cela signifie qu'il devra vacciner l'animal contre le tétanos, la grippe, et la rage s'il vit dans une région touchée par l'épizootie, et tenir à jour son carnet de vaccination. Il devra aussi vermifuger son troupeau au printemps et à l'automne, pour le débarrasser des parasites contenus dans le sol et

Il vient, se laisse approcher et caresser, en montrant des signes évidents de gourmandise ; il connaît l'homme et n'appréhende nullement son approche. C'est l'instant inoubliable où la confiance s'installe.

susceptibles d'être ingérés. L'éleveur devra en outre vous indiquer la nature du médicament utilisé.

Ayant fait connaissance avec l'animal qui fait l'objet de votre choix, vous ferez appel au vétérinaire pour qu'il effectue la fatidique visite médicale d'achat. Vous n'oublierez pas non plus de vérifier que votre cheval correspond au signalement effectué par les Haras nationaux, puis, muni de tous les certificats remplis et signés en bonne et due forme, de l'attestation de paiement et du contrôle vétérinaire, il ne vous restera plus qu'à songer au transport de votre nouvel ami.

Le cœur gonflé d'espérance, vous prenez subitement conscience que rien ne sera plus jamais «comme avant», et qu'une vie nouvelle va commencer.

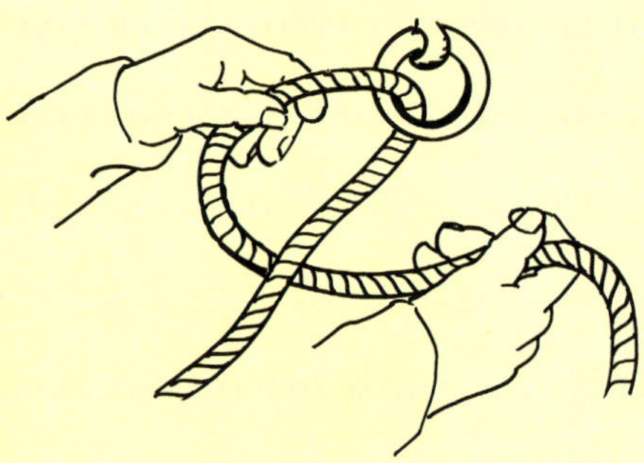

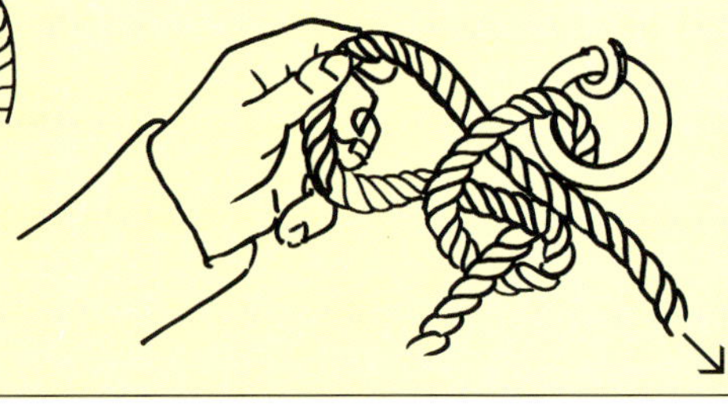

Ce nœud de sécurité se défait lorsqu'on tire sur le brin libre et permet de libérer rapidement le cheval. Pour empêcher le cheval de se détacher lui-même, on passera le brin libre dans la boucle, de façon à réaliser une chaînette.

«Transport exceptionnel»

Deux solutions se présentent : soit vous vous chargez du voyage de l'animal, soit l'éleveur vous propose d'effectuer lui-même le transport. Vous adopterez probablement cette dernière solution, car les éleveurs possèdent souvent le matériel nécessaire. Il vous en coûtera un prix forfaitaire, calculé sur la base du prix de revient du camion au kilomètre parcouru.

Si vous devez transporter vous-même un cheval, pensez qu'il n'est pas une marchandise, aussi convient-il de modifier votre style de conduite, et de l'adapter à la circonstance. Démarrez sur les chapeaux de roue, freinez brutalement, prenez vos virages le plus sèchement possible, et votre cheval ne voudra plus jamais remonter dans une remorque ou un camion, ce dont vous ne sauriez lui tenir rigueur ! Le bon sens le plus élémentaire consiste donc à conduire en douceur, avec la

Un cheval peut se blesser pendant son transport en camion. Il faut donc lui protéger les membres au moyen de protections de transport (qu'il soit ferré ou non), et la queue par un bandage si l'on n'a pas de protège-queue. En effet, le cheval risque de souffrir d'un échauffement de la base de la queue, à force de prendre appui sur la croupe pour trouver son équilibre dans le van.

plus grande régularité et sans à-coups. L'animal supportera un tel transport, même s'il préfère toujours voyager «à pied»...
De même, s'il est rétif lors de l'embarquement, faites preuve de calme, usez de douceur et de persuasion, et n'hésitez pas à récompenser le passager dès qu'il fait preuve de bonne volonté.
A l'intérieur, aménagez l'espace de façon à éviter tout risque de blessure, principalement au niveau des jambes, du ventre et de la croupe. Vous attacherez le cheval à une longe assez courte, pour qu'il puisse y prendre appui sans encombre. N'oubliez pas de donner un peu de fourrage, dans un filet spécial, pour lui faire prendre son mal en patience, surtout lorsque le voyage doit durer plusieurs heures.
Vous pouvez aussi essayer la méthode britannique qui consiste à faire voyager les chevaux la croupe orientée vers l'avant. Une étude a montré qu'ils supportaient mieux ainsi les désagréments du transport. Encore faut-il avoir un véhicule adapté : van ou camion avec pont avant et barre de poitrail à l'arrière afin que le cheval puisse passer l'encolure. En tout état de cause et quelle que soit la méthode employée, n'oubliez jamais que vous transportez un être vivant quelque peu fragile, malgré sa taille imposante.

Foyer, doux foyer

Cheval citadin demande asile

Le cheval-vapeur ayant depuis quelque temps remplacé le quadrupède, les possibilités d'hébergement en ville sont assez limitées, voire totalement inexistantes : à part les chevaux de la garde nationale à Paris, bien peu vivent désormais dans une quelconque cité. Si vous êtes citadin vous devrez donc vous séparer de votre compagnon et le mettre en pension dans un lieu adapté. En fait, la plupart des clubs équestres et quelques éleveurs hébergent les animaux dans leurs locaux. Il est bien évident que le prix d'un box en région parisienne sera plus élevé qu'à la campagne, mais, en règle générale, le loyer coûte entre 1 200 FF et 1 800 FF par mois. Ce prix ne met bien sûr pas encore le cheval à la portée de toutes les bourses, mais il comprend, outre la location du lieu, l'alimentation du cheval, l'entretien régulier de son box, et parfois le pansage de l'animal ainsi qu'une sortie hebdomadaire au paddock. Certains clubs et certains propriétaires incluent également dans ce loyer l'entretien du cheval que l'on monte et fait travailler de façon à ce qu'il ne perde pas ses acquis entre vos visites.
Certains propriétaires proposent un fonctionnement autogestionnaire de leurs écuries, rendant chacun responsable de son cheval. C'est vous qui assurez les soins quotidiens, mais l'entretien général des écuries reste à la charge du propriétaire. C'est une formule très satisfaisante dans la mesure où vous habitez non loin de la propriété, et où vous avez le temps de vous occuper quotidiennement de l'animal. Il est bien certain, qu'en ce cas, vos rapports avec lui s'en trouvent renforcés, et que vous pouvez créer l'indispensable complicité qui vous permettra de faire une véritable équipe. Le cheval ne vous considérera plus comme un étranger qui le monte parmi d'autres, mais comme son maître et son ami...
A la campagne, les problèmes d'hébergement sont moins problématiques, car nombre d'agriculteurs acceptent de recevoir les chevaux dans leurs prés. Il en coûte entre 500 et 900 FF par mois, et ce prix comprend un apport de fourrage supplémentaire en hiver, ainsi qu'un abri et une visite quotidienne.

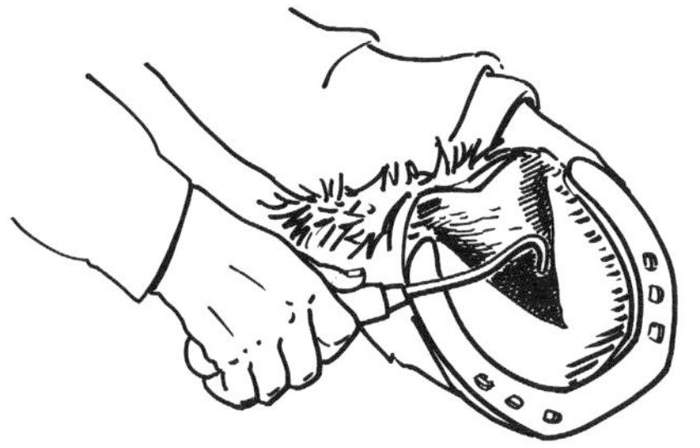

Le cure-pied sert à ôter la boue et le fumier collés sur la sole et contre le fer. Son utilisation quotidienne garantit une bonne hygiène du pied.

L'étrille permet d'enlever le plus gros de la boue et de la poussière. Elle se passe énergiquement en cercle sur l'ensemble du corps, excepté aux endroits osseux proéminents (genoux, jarrets...). On en retire régulièrement la poussière en la tapotant sur un mur ou sur le dessus du bouchon.

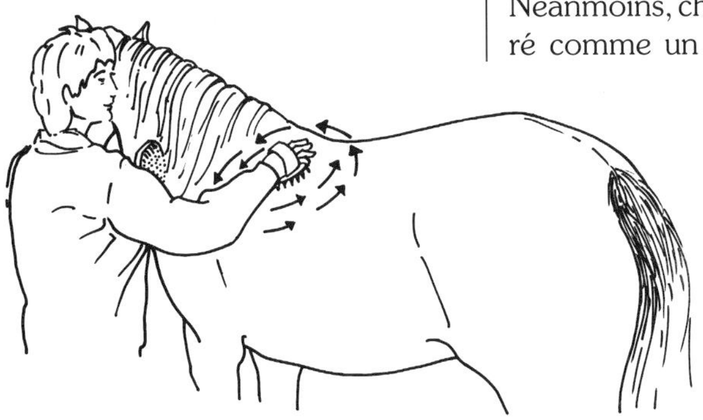

Toutefois, que ce soit au club ou au pré, ces loyers ne comprennent ni le ferrage de l'animal (280 FF en moyenne), ni les vaccins, ni les visites du vétérinaire, qui demeurent à votre charge.

Vous possédez un pré

C'est l'idéal, car accueillir un cheval chez soi est le désir de la plupart des cavaliers. Mais cela implique une dépendance envers l'animal, au même titre qu'envers un chien ou un chat. Et, si vous ne voulez pas faire un sauvageon de votre cheval, vous devez lui rendre visite tous les jours, lui parler, le caresser, le faire travailler au moins une fois par semaine, et vous inquiéter de sa santé.
En moyenne, un hectare d'herbage suffit à l'entretien d'un cheval durant la belle saison, si l'herbe est suffisamment riche et la terre travaillée comme il faut (amendements et apport d'engrais). Divisez la surface en parcelle, de façon à ce que l'herbe ne soit pas consommée partout en même temps. Apportez du fourrage complémentaire en hiver, ainsi que du grain, sachant que, généralement, un ballot de foin convient à un cheval, et qu'un demi est suffisant pour un poney. Néanmoins, chaque animal doit être considéré comme un cas particulier ; il faut donc adapter la ration à ses besoins. N'oubliez pas l'indispensable pierre à sel vitaminée, que vous pendrez à un arbre, ni une quantité suffisante d'eau propre, si un ruisseau généreux ne traverse pas le pré.
Une bonne clôture est nécessaire si vous ne voulez pas voir votre protégé se promener chez les voisins. Vous avez le choix entre un ruban électrifié, et la classique rangée de barbelés et de fil de fer lisse. Si l'efficacité des fils barbelés est incontestable, sachez qu'ils peuvent être un risque de blessure, surtout si votre pré est de faibles dimensions, car l'animal se heurtera plus souvent aux barrières que s'il dispose d'une vaste surface. L'idéal est de combiner plusieurs rangs de fil lisse et un seul fil barbelé situé en haut de la barrière.
Vous installerez un abri ouvert de façon à ce que le cheval y entre et en sorte quand il le désire, bien protégé du vent dominant. Attenante à cet abri, une pièce correctement fermée où sera entreposé le fourrage et le grain, ainsi que la sellerie et le matériel divers nécessaire aux soins : étrille, bouchon, cure-pied, graisse pour les pieds et pharmacie de premier secours. Gageons alors que votre cheval sera heureux comme un roi, et ne manquera pas de vous faire part de sa bonne humeur à chacune de vos visites.
Cela dit, la valeur d'un pré n'est pas la même d'une région à l'autre, et, si quelque 8 000 m^2 d'herbe normande suffisent à nourrir un cheval, un hectare de garrigues ardéchoises n'y parviendra pas...
Il ne vous reste qu'à rendre visite le plus souvent possible à votre pensionnaire, à passer un maximum de temps en sa compagnie, à le soigner, à le dresser et à le faire travailler, en rêvant à vos promenades futures.

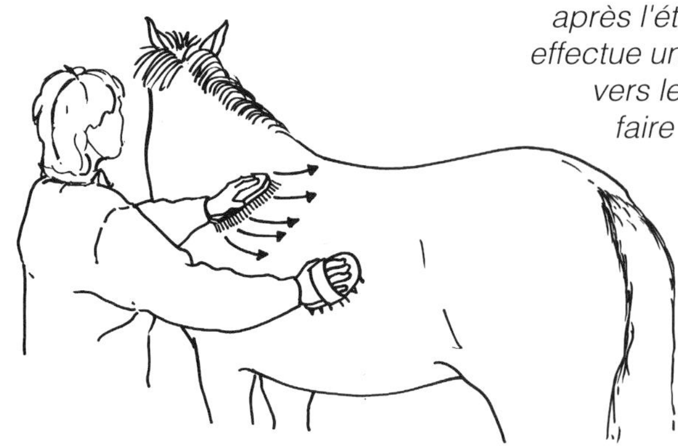

Le bouchon se passe après l'étrille. La main effectue un mouvement vers le haut afin de faire sortir du poil la poussière restante.

Être à cheval (sur certains principes)

Posséder un cheval change la vie, c'est certain. Mais pas uniquement dans le sens du plaisir que procure une nouvelle compagnie, ou de celui de la balade. Un cheval exige des soins constants, et vous oblige à veiller méticuleusement à son bien-être. En quelque sorte, il vous force à adopter un nouveau code de conduite, et à être disponible, car un toilettage complet prend du temps.

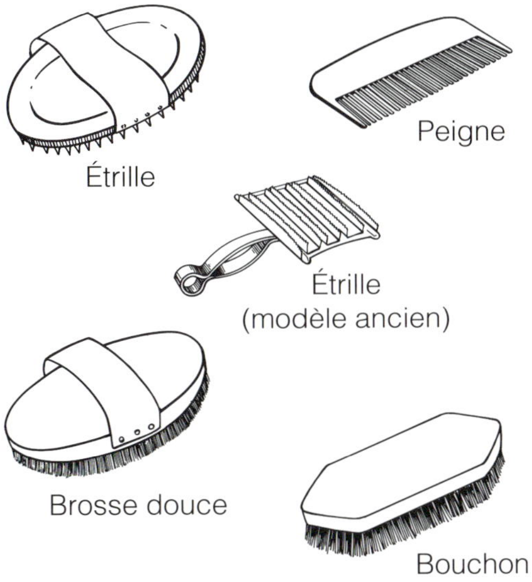

Propre, en bon état, le matériel de pansage fait partie des premiers investissements nécessaires lorsqu'on possède un cheval.

Une bonne douche des membres est utile à plus d'un titre : elle allie massage des tendons et nettoyage des points sensibles couverts de boue ou de sable. Un pansage énergique revigore les pores de la peau. Les crins de la queue et de la crinière peuvent aussi être douchés, si la température extérieure le permet, et lavés avec du shampooing doux. Le démêlage ne se fait pas avec un peigne, mais crin par crin avec les doigts.

Comme les enfants, les chevaux aiment l'eau une fois qu'ils ont vaincu la première appréhension. Il se peut toutefois que le cavalier soit obligé de mettre lui-même les pieds dans l'eau pour tempérer l'ardeur de son cheval, souvent prêt à s'y rouler ! Néanmoins, l'animal prévient de son intention en grattant et tapant l'eau de l'antérieur, laissant tout le temps au cavalier pour intervenir.

Indispensable avant toute balade, le pansage (l'ensemble des soins) évacue les saletés retenues par le poil. Il faut masser les muscles pour les échauffer et les revigorer, de façon à écarter tout risque de claquage (les grands sportifs sont des êtres fragiles...). Il faut manier l'étrille pour retirer la boue collée, le bouchon pour ôter la poussière, puis utiliser une brosse douce ou un chiffon humide pour achever le travail en lustrant la robe. Pas un millimètre de poil ne doit échapper au pansage, et vous passerez la brosse ou le chiffon sur les parties saillantes ou osseuses comme les genoux et les jarrets. Vous porterez une attention particulière à l'emplacement de la selle, car la moindre saleté peut provoquer une blessure, connue dans le jargon équestre sous le joli nom de «gonfle». Il s'agit tout simplement d'une ampoule, lésion bénigne si vous la surveillez, mais qui rend le cheval indisponible à la monte. Vous brandirez le cure-pied pour extraire les impuretés accumulées sous les sabots d'un cheval ferré (terre ou fumier), en pensant au fameux dicton du milieu : «Pas de bon pied, pas de cheval !».

Si la température est clémente, vous pouvez donner une bonne douche. Vous laverez la queue et les crins avec du shampooing pour bébé, et raserez derrière les oreilles l'emplacement du licol ou du filet sur une largeur de deux doigts. Cela dit, il n'est pas conseillé de tondre un cheval vivant au pré toute l'année, ni de raser la barbe de l'auge ou de couper les fanons, surtout en période hivernale. En effet, comme tout un chacun, un cheval accumule de la graisse quand il produit son poil d'hiver. Ce poil et cette couche de graisse le protègent du froid, et il convient d'éviter un pansage trop profond, à l'exception des zones de frottement de la selle.
Maintenant, le voilà propre, lustré et fin prêt. Pourquoi donc ne pas le seller, et partir en balade ?

Les premiers pas

Le meilleur moyen de faire connaissance avec votre cheval est de sortir quelques heures par semaine avec lui. De la sorte, vous vous habituez l'un à l'autre et, pour le cheval, ces sorties permettent de prendre peu à peu contact avec les aspects agressifs de notre civilisation : tel tracteur bruyant dans un champ, tel redoutable camion passant sur la route avec fracas, la nature même de cette route avec son macadam désagréable au pied, et ses pièges glissants comme les plaques d'égouts, les passants, les voitures qui vous doublent parfois sans ménagement, les ribambelles d'enfants qui s'égaillent aux sorties d'école, etc. Tant de choses font peur à l'animal.
Vous partirez au pas, et utiliserez le trot ou le galop à bon escient, car la vitesse n'est pas le but de la sortie. Au contraire, faites travailler votre cheval en le mettant au petit trot ou au petit galop cadencé, entretenez son souffle et sa forme physique dans la plus grande sérénité. Apprenez-lui patiemment le principe de base de l'équitation : «En avant, calme, droit», promenade après promenade.
Plus tard, la randonnée mettra les acquis du cheval, ainsi que les vôtres, à rude épreuve, mais votre plaisir sera d'autant plus grand que vous aurez tous deux bien travaillé lors des sorties de reconnaissance.

Prêts pour le grand départ

En marge de la civilisation, la randonnée à cheval vous promène au cœur d'un monde que bien peu perçoivent encore, et ouvre grand la porte à nos rêves et à notre imaginaire. Si l'on peut en dire autant d'une longue balade à pied, la présence du cheval ajoute une autre dimension, un contact charnel, un plaisir physique d'une autre nature, une connivence, une complicité étroite entre le monde animal et l'humain.

Le rêve commence dès les préparatifs du départ. On choisit une région sur une carte, dont la lecture devient subitement celle d'un roman : on longe une rivière, on suit une gorge étroite, on se glisse dans un sous-bois, on traverse des villages qui résonnent sous le pas du cheval, on dort déjà à la belle étoile, on s'invente mille aventures. Le voyage prend corps, et sa magie commence sur le papier.

A chacun sa voie

Toute région étant bonne à découvrir, les possibilités et les itinéraires de balade ne manquent pas, si bien que vous choisirez le théâtre de vos aventures en fonction du temps dont vous disposez. Certaines régions très touristiques, car le soleil y brille souvent, proposent des conditions d'hébergement et des structures d'accueil éprouvées. Mais l'hébergement d'un cheval dans un relais prévu à cet effet, le balisage des pistes et l'accueil qui vous est réservé se payent, et votre budget «vacances» s'en ressent. Si vous n'avez pas l'âme d'un solitaire, vous ferez des rencontres lors des haltes, et souvent un petit bout de chemin avec des compagnons de passage.

Par contre, si vous préférez randonner seul avec votre cheval, vous n'avez que l'embarras

Isolée au cœur d'imposantes montagnes, une modeste bergerie apportera à ce randonneur solitaire un peu de chaleur humaine, en lui permettant de rester au sec malgré l'orage qui bat les sommets. Gageons que le cheval saura apprécier la douceur de l'abri !

LE CHARIOT BÂCHÉ
N'APPARTIENT PAS QU'AUX COW-BOYS

• Randonner en chariot bâché n'est pas exactement synonyme de confort. Un tel équipage reçoit un aménagement sommaire et vous oblige à vivre dehors la plupart du temps, la bâche imperméable qui recouvre le châssis servant surtout à protéger le matériel des intempéries, et vous-même en cas de forte pluie... Le chariot bâché permet aussi de préparer les repas à l'abri de la pluie et à deux personnes d'y dormir dans des conditions acceptables. Par beau temps, on peut dormir dessous (comme sous une tente, à laquelle il s'apparente) ou à côté, puis marcher tranquillement à côté du cheval en le tenant par la bride, ou encore s'asseoir sur la banquette quand la fatique se fait sentir. En somme, c'est du camping sauvage un peu spécial : on vit «à la dure», mais on s'autorise parfois une petite douceur.

• Le chariot pèse environ 250 kg à vide, et il passe aussi bien sur les mauvais chemins que sur les routes. Ce n'est pas là le moindre de ses avantages, d'autant qu'il est très maniable, et qu'un cheval peut le tirer allégrement. Son encombrement mineur et son poids relativement faible en font un véhicule facile à déplacer, si bien que vous pourrez bivouaquer à peu près n'importe où.

• Le premier jour, le loueur vous apprendra l'approche du cheval, puis la technique du harnachement, suivie d'une sortie d'une heure pour vous apprendre à mener le cheval, à le dételer et à le nourrir. Le soir, vous définirez l'itinéraire avec le loueur. Le deuxième jour, vous partirez le matin en sa compagnie, ferez halte à midi, et vous vous séparerez, le loueur laissant à ses clients la charge de rentrer seuls dans la soirée. Le troisième jour, le loueur vous rendra seulement une petite visite de courtoisie à midi et le soir, pour vérifier que tout se passe bien, et que vous avez acquis les réflexes du parfait meneur. Le lendemain et les jours suivants, vous volerez de vos propres ailes. Les grands espaces et le temps vous appartiendront, mais vous serez alors responsable de la santé du cheval que vous devrez soigner comme le vôtre.

• Vous nourrirez le cheval au grain matin et soir et, s'il reste à l'attache, vous agrémenterez son menu d'une botte de foin (entre 8 et 15 FF suivant la qualité et le poids), l'idéal étant de lui trouver un pré à proximité duquel vous pourrez arrêter le chariot. De nombreux agriculteurs vous ouvriront leurs prés pour 10 ou 20 FF par nuit.

D'un confort plus rustique que la roulotte des Tsiganes, le chariot bâché offre l'avantage d'être maniable et plus léger... notamment pour cet attelage à deux chevaux.

Comment garnir un cheval de trait

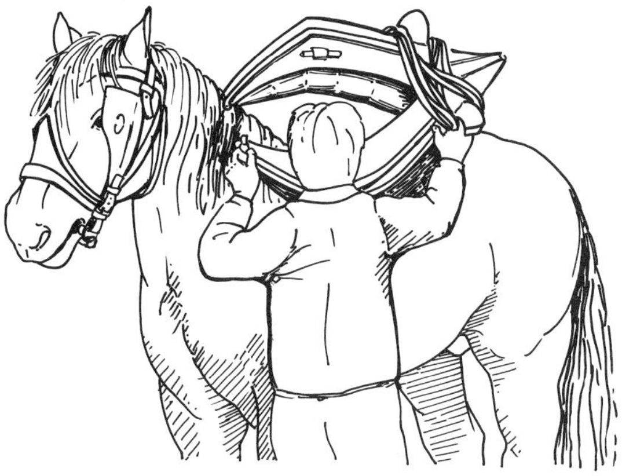

1 - Bien que le collier de travail s'ouvre assez peu, il dégage néanmoins un espace suffisant pour être mis en place au niveau du garrot du cheval.

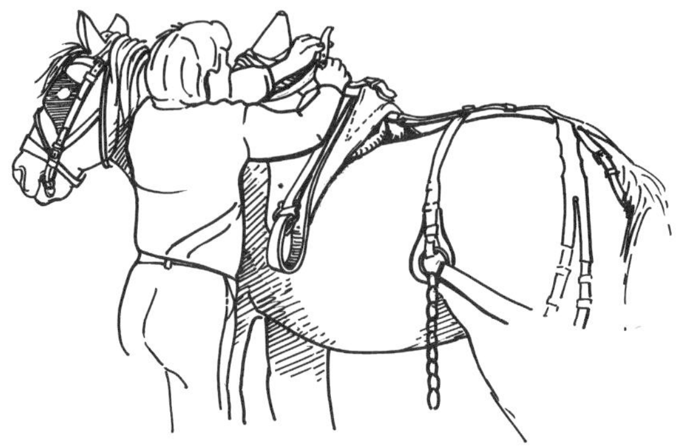

2 - La sellette en place possède des bracelets dans lesquels viennent se positionner les brancards. Elle sert aussi à maintenir le collier lorsque le cheval baisse la tête.

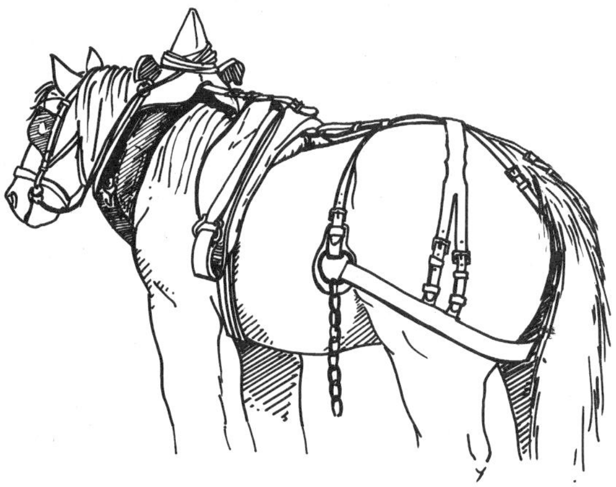

3 - Avec son harnachement traditionnel, le cheval de trait est fin prêt pour le travail. Le culeron, en contact avec la peau fine des postérieurs du cheval, passant sous la queue, est garni de graines de lin qui graissent la peau de l'animal pour ne pas l'irriter.

4 - Le cheval recule entre les brancards, avant que son meneur ne lui fixe les traits.

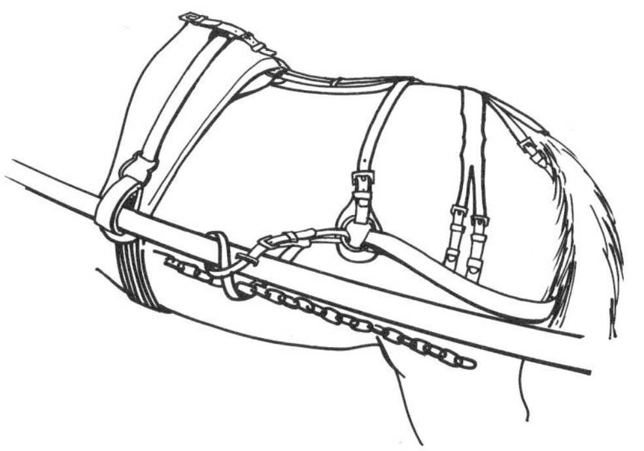

5 - Lorsque le cheval est attelé avec les traits tendus, on doit pouvoir passer un poing fermé entre la croupe et l'avaloire, ce dernier étant à 15 cm environ sous la pointe de la fesse du cheval. Les courroies de reculement passent dans les crampons, entourent les brancards autant de fois qu'il le faut (selon la longueur désirée) et une seule fois le trait. Le cheval, appuyé sur l'avaloire, doit être à une distance correcte de la voiture pour ne pas être touché par celle-ci lorsqu'il s'agit de reculer ou de la retenir dans une descente.

LA ROULOTTE DES TSIGANES

En Bretagne, dans le Morvan, le sud et le centre de la France, en Irlande ou aux États-Unis, vous pouvez randonner à la mode tsigane, en vous laissant bercer par le charme nostalgique d'une roulotte authentique, parée des couleurs les plus vives.
Par mauvais temps, vous apprécierez le confort offert par cet abri mobile pouvant accueillir quatre personnes (une petite famille), où vous trouverez tout ce dont vous avez besoin dans une maison. En effet, une roulotte à cheval vous offre une toute petite cuisine équipée, une table et des chaises pliantes, ainsi que deux bons matelas sur lesquels vous passerez des nuits douillettes... Enfants et parents peuvent ainsi faire partie du voyage.

• Le loueur vous apprendra à harnacher et à conduire le cheval, qui se dirige au moyen de guides, sortes de longues rênes en cuir, la traction étant assurée par l'intermédiaire d'une bricole ou d'un collier (voir croquis page 30). Il vous initiera à l'art de la conduite, à l'entretien de la roulotte, puis aux soins à donner au cheval.

• Où que vous vous trouviez, vérifiez bien l'état de la roulotte avant le départ, et assurez-vous que le cheval se porte bien. On a malheureusement relevé de nombreux cas de mauvais traitements sur des animaux, et vous avez votre mot à dire pour que cessent de telles pratiques. Tantôt on fait travailler un animal blessé qui serait mieux dans son box, surveillé par le vétérinaire, tantôt on impose des cadences impossibles au cheval qui n'a pas le temps de se reposer et qui tombe d'épuisement au bout de quelques kilomètres, à moins qu'on ne laisse l'animal attelé pendant une semaine.
Il est vrai qu'en matière de tourisme – équestre ou autre – l'appât du gain est souvent plus fort que tout. A vous donc d'éviter les loueurs peu scrupuleux, et de les démasquer par un examen attentif des bêtes et du matériel, avant d'engager toute location. Un loueur sérieux vous donnera tous les renseignements que vous désirez, de manière concise et intelligible, et vous proposera un contrat en bonne et due forme, clair et précis.

• Faites un calcul simple avant le départ, pour connaître votre rythme de randonnée. Une roulotte vide pèse un peu plus d'une tonne. A ce poids, vous devez ajouter celui du chargement, comprenant le matériel de cuisine, la literie, vos bagages, la nourriture du cheval et la vôtre, vous-même et votre famille, vos réserves d'eau.
Prenez ensuite un bon cheval de trait pesant au moins 850 kg. Sachant qu'il peut tirer jusqu'au triple de son poids en terrain plat, vous vous rendrez vite compte que vous ne pouvez pas installer plus d'une tonne et demie de chargement dans la roulotte, si vous voulez qu'il s'acquitte correctement de sa tâche, avec entrain et sans risquer de s'épuiser inutilement. D'ailleurs, un bon loueur ne vous laissera pas emporter n'importe quoi, car, pour lui, la santé du cheval passe avant tout.

• Équipée et dûment chargée, une roulotte est bien lourde à tirer pour un seul cheval, aussi les passagers doivent-ils souvent en descendre pour soulager l'animal dans les montées : c'est presque l'époque héroïque des diligences ! Vous emprunterez généralement les petites routes goudronnées et ferez des étapes journalières de 10 à 15 km seulement, surtout si la région que vous traversez est vallonnée.

• Que vous en coûte-t-il ? Entre la morte et la pleine saison, le prix oscille entre 2 000 et 4 000 FF par semaine. Il comprend la location de la roulotte et du cheval, ainsi que sa nourriture. Certains loueurs y incluent les frais d'accueil dans les fermes-gîtes. Seuls, les repas sont alors à votre charge.

Le cheval de trait retrouve aujoud'hui une nouvelle jeunesse grâce à différentes activités touristiques et notamment au développement des promenades en roulotte. Le collier est de rigueur pour atteler l'animal ; selon les régions et les chevaux, sa forme et sa décoration varient.

RANDONNER EN MONTAGNE

Région encore relativement épargnée par le goudron et la civilisation, la montagne est un terrain de choix pour la randonnée équestre à caractère sportif, et le cheval excelle dans ce genre d'exercice.
Selon la dénivelée, on peut très bien gravir un col à cheval, mais on veillera à ne pas épuiser sa monture. Si son souffle s'accélère, si son poil s'humidifie sur l'encolure et derrière les oreilles, il faut descendre, et marcher devant l'animal à son rythme pour ne pas le freiner ni casser sa respiration. A ce jeu, votre propre condition physique devra être excellente.
Dans les passages délicats, vous l'arrêterez et, par des tensions sur les rênes, vous lui montrerez où il doit poser les sabots, un par un. En revanche, si vous devez franchir un obstacle, et si vous n'êtes pas sûr de vos talents de cavalier, mettez pied à terre, et laissez le cheval se débrouiller seul. Vous le rejoindrez après, s'il vous attend ! Il vaut mieux dans ce cas posséder un cheval qui sait rester en place, et ne caracole pas à droite et à gauche dès qu'il se sent libéré. A vous de le dresser pour cela avant de partir. Parfois, pour soulager vos jambes au cours d'une escalade, vous pouvez vous faire tirer par le cheval en vous tenant à sa queue.
Vous serez rarement seul en été dans la montagne. Une poignée de main échangée avec un berger, une soirée passée dans la bergerie, une conversation engagée par la présence du cheval et de votre attirail habillent quelque peu votre solitude, et celle du berger. Profitant de ces instants de repos, le cheval récupère les forces que la montagne lui a prises, par un mouvement mécanique des maxillaires, le nez ne quittant pas l'herbe tendre et fine de l'alpage.
Sans difficulté majeure pour le cheval, la montagne à vache est sillonnée par d'infinis sentiers empruntés depuis des lustres par les montagnards, traversant les immenses alpages, menant aux refuges, aux bergeries isolées ou aux burons, longeant une crête, franchissant un torrent, passant d'une vallée à une autre par un col désert. Ces sentiers sont souvent indiqués sur les cartes au 1/25 000, mais il en est d'autres que les cartes ignorent et que vous découvrirez avec délices. Seuls, parfois, d'immenses pierriers pentus, aux dalles glissantes et branlantes, interdisent le passage d'un cheval, et vous devrez les contourner, comme vous longerez un glacier en suivant les chemins des moraines pour le franchir en aval.
Même s'il est rustique, un cheval inexpérimenté risquera de se blesser ou, pour le moins, d'égratigner ses jambes. Vous soignerez les petits bobos pour écarter tout risque d'infection et, peu à peu, l'animal s'adaptera aux difficultés du terrain.
Bivouaquer en montagne dépend essentiellement des conditions météorologiques du moment. Vous pourrez aussi bien dormir à la belle étoile que sous une tente légère (1 ou 2 kg) monoplace, ou encore vous réfugier dans une bergerie ou un refuge, si le temps se gâte. Pour le cheval, l'herbe verte, grasse, riche et généreuse que l'on trouve dans l'alpage, est excellente. Devant une telle manne, il n'aura pas envie d'aller voir ailleurs. Toutefois, cette alimentation très riche peut provoquer dans les premiers jours un dérèglement intestinal, qui s'arrangera tout seul. Pensez à donner du sel pour que l'animal compense les pertes dues à une intense transpiration : le seul fait de boire n'apporte pas le sel perdu par les tissus, et cette perte est à l'origine de crampes douloureuses, qui ne sont qu'un avertissement de l'organisme, avant la véritable défaillance (tous les cyclistes vous le diront).
Quand la soif vous prend tous deux à la gorge, méfiez-vous de l'eau glacée des torrents qui coupe les jambes, et fait souffrir de coliques. Empêchez votre cheval de boire goulûment, laissez-lui reprendre sa respiration entre chaque gorgée. Par égard pour l'animal, évitez de boire s'il ne peut en faire autant : vous partagez les mêmes peines, partagez donc les mêmes plaisirs.
Une règle d'or de la sécurité en randonnée, et à plus forte raison en randonnée montagnarde, est d'avoir autant de sagesse que son cheval. Il connaît ses limites et ne cherchera jamais à les dépasser inutilement. Capable d'efforts énormes pour se tirer d'une mauvaise passe, il sait économiser ses forces chaque fois qu'il en a l'occasion et, si nécessaire, provoque lui-même cette occasion. Soyez aussi sûr de vous qu'il l'est de lui-même, ne présumez jamais de vos forces, et tout se passera bien. En jargon cycliste, on dit : «Gardez-en sous la pédale», et tout le monde sait ce que cela veut dire. Nous nous contenterons de vous conseiller «d'en garder sous l'étrier» !

Poney de montagne, le Haflinger vient de Hafling, dans le Tyrol autrichien. Il est issu d'un croisement effectué au début du siècle entre une jument autochtone et un Pur-Sang Arabe. Depuis, ce poney élégant a conquis l'Europe grâce à une commercialisation dynamique.

du choix, tant notre pays recèle de trésors peu fréquentés. Vous éviterez les chemins balisés, vous vous orienterez au soleil ou à la boussole, et aurez l'entière responsabilité de votre cheval. C'est-à-dire que vous vous chargerez de lui trouver un point d'eau et un lieu de bivouac où il pourra se nourrir comme il faut. Vous apprendrez que les chevaux apprécient la fraîcheur, et qu'ils voyagent mieux par temps couvert que sous un soleil de plomb, exactement comme vous. Prévoyez donc un équipement tout-terrain et tout-temps, et n'ayez crainte d'essuyer une bonne averse de temps à autre : ni vous ni votre cheval ne risquez la broncho-pneumonie !
Vous apprécierez l'hospitalité offerte par un propriétaire, la table d'un berger de rencontre, une conversation anodine au bord d'un champ, vous exulterez en découvrant un étang aux rives accueillantes, vous maudirez la nuit les légions de moustiques qui vous harcèlent, vous vous éveillerez aux premières fraîcheurs de l'aube, vous surprendrez un martin-pêcheur ou un héron en quête de pitance et, parfois, la nuit, vous aurez le privilège d'entendre une compagnie de sangliers se bauger bruyamment. Vous vivrez au rythme de votre compagnon, respirerez à celui de la nature, et vous émerveillerez de constater combien on voit d'animaux «invisibles» quand on est à cheval. Si vous acceptez le jeu de l'imprévu, vous ne rentrerez jamais bredouille à la maison...

«I'm a poor lonesome cow-boy»

La bande dessinée humoristique a immortalisé l'image du cow-boy solitaire, mais de l'existence de Lucky Luke à la réalité il y a un fossé bien difficile à franchir. Être seul à cheval exige du cavalier une solide force morale, une bonne connaissance de la nature, une robuste constitution ou tout au moins une grande capacité d'adaptation à toutes les situations, une certaine notion du danger, et une possibilité de réagir intelligemment face à l'imprévu. En effet, la balade solitaire n'est pas toujours synonyme de sourires aux petits oiseaux ni de rêveries nonchalantes. N'est pas aventurier solitaire qui veut, mais tout le monde peut apprendre, dans la mesure de ses moyens.

SUIVONS LE GUIDE

Vous ne vous satisferez pas éternellement d'une balade de deux ou trois heures et, bientôt, l'envie «d'aller plus loin» ne vous quittera plus. A ce moment, quel que soit le niveau équestre exigé par les guides professionnels, vous devrez avoir une bonne condition physique vous permettant de récupérer rapidement des forces. Vous devrez aussi savoir tenir en selle correctement, pour profiter de la randonnée, de la nature et du cheval. Sinon, vous passerez des journées d'angoisse à attendre la chute (qui arrive toujours !), à soulager vos fesses meurtries par la selle, et à tenter vainement de conduire un cheval qui n'en fera qu'à sa tête, car il se rendra très vite compte que vous n'êtes pas un cavalier tout à fait à la hauteur, et profitera de la moindre occasion pour vous jouer un tour. Gageons que dans de telles conditions, le plaisir de la randonnée se changera en torture. Comment faire ? Commencez par évaluer vos forces sur un week-end prolongé, puis entraînez-vous sur des périodes courtes d'une semaine ou deux, et bientôt vous pourrez envisager de parcourir le monde sur le dos de votre cheval.

Partir en randonnée encadrée, c'est apprendre à vivre en collectivité étroite, et à mesurer sa résistance physique et nerveuse. A vous de saisir les enseignements du guide, pour parfaire votre connaissance du cheval.

Voyager en France

Si le dépaysement n'a pas l'odeur des épices d'Orient ou celle du vent de la Pampa, si les

paysages vous sont familiers, vous serez tout de même étonné de découvrir les richesses discrètes ou grandioses du pays, par la seule magie du pas d'un cheval, loin des autoroutes et des voies de chemin de fer à grande vitesse. Vous randonnerez gastronomiquement en Alsace et en Périgord, touristiquement au pays des Cathares ou des châteaux de la Loire, la lenteur du cheval épousant celle du grand fleuve aux heures tranquilles du matin et du soir. Sportif, vous traverserez en plein hiver les volcans d'Auvergne et les plateaux d'Aubrac battus de vent, ou vous transhumerez en Ariège. Adepte des rallyes, vous ferez la Route du Sel à travers les Cévennes. Curieux de découvrir à fond une région, vous randonnerez en étoile autour d'un gîte que vous retrouverez chaque soir...

Il vous en coûtera entre 250 et 350 FF par jour pour les randonnées accompagnées, qui vous feront passer la nuit dans un gîte d'étape. Ce prix comprend votre hébergement, trois repas, la location du cheval, ainsi que sa nourriture et son hébergement.
Le guide remplit les fonctions d'animateur et de formateur ; l'ambiance du groupe et le bon déroulement de la chevauchée dépendent en grande partie de lui.
Il doit concilier la sécurité des chevaux et celle des cavaliers, régler les allures, s'assurer que tous les chevaux sont correctement sellés, faire en sorte que chaque cavalier se sente responsable de son cheval, remettre un clou à un fer, soigner une blessure, et se charger des problèmes d'intendance.

Voyager ailleurs

Patagonie ou Islande, Sud marocain ou Turquie ? Europe, Afrique, Asie ou Amérique ? Pourquoi pas l'Australie ? Le monde entier accueille les randonneurs équestres, et traverser un pays à cheval permet de le découvrir avec des yeux nouveaux, très différents de ceux du touriste ordinaire. Les prix varient d'un pays à l'autre, car le niveau de vie n'est pas le même partout.
Ces randonnées lointaines, pour lesquelles les frais du voyage sont à votre charge, sont souvent encadrées par des guides français qui possèdent une bonne connaissance du pays que vous sillonnez. La cavalerie est composée de chevaux autochtones, trait qui ajoute au charme du dépaysement. Vous monterez un Barbe arabe dans les pays du Maghreb, un poney d'Islande chez lui, un Quater Horse aux États-Unis, un cheval de gaucho en Argentine. Il y a d'excellents chevaux partout, parfaitement adaptés aux conditions d'existence de leur pays.

*Découverte de la Suisse.
Pour certains, le voyage, c'est partir ailleurs, hors de nos frontières.
La randonnée à cheval est certainement un moyen de découverte unique des habitants et de leur pays.*

Le harnachement complet d'un bât comprend bricole et avaloire. Une matelassure épaisse protégera efficacement le cheval.

Parfois, les journées semblent bien longues, même si tout se passe bien. Mais il faut aussi compter avec les jours où rien ne va, où l'on n'est plus vraiment soi-même, et où le cheval s'offre lui aussi un bon coup de cafard. Ne riez pas ! Votre monture est un animal sociable, qui vit naturellement en troupeau, au sein duquel règne une certaine hiérarchie. Il peut très bien un jour où l'autre se sentir frustré par l'absence de ses congénères, même s'il vous aime et apprécie de se promener avec vous, car vous n'êtes finalement qu'un être humain... Pour lui, galoper à perdre haleine avec d'autres chevaux, se rouler dans l'herbe avec eux ou simplement poser sa tête sur une encolure amie ressemble au comble du bonheur. Ces jours-là, il peut perdre de l'appétit, de la volonté, et traîner lamentablement le sabot. Arrêtez-vous, et redonnez-lui confiance en le caressant, en lui parlant, en marchant à côté de lui ; bref, il vous incombe de lui remonter le moral. Au besoin, cherchez un lieu où il verra d'autres chevaux : pré, relais équestre, etc. Vous-même éprouverez souvent le besoin de parler, et vous vous surprendrez parfois en grande conversation avec... votre cheval !

Cela dit, ne vous découragez pas à l'avance, et dites-vous bien que si vous voyagez seul ou à deux, l'hospitalité vous sera rarement refusée, tant il est vrai qu'un ou deux chevaux ne sont pas très envahissants dans une cour de ferme, si modeste soit-elle...

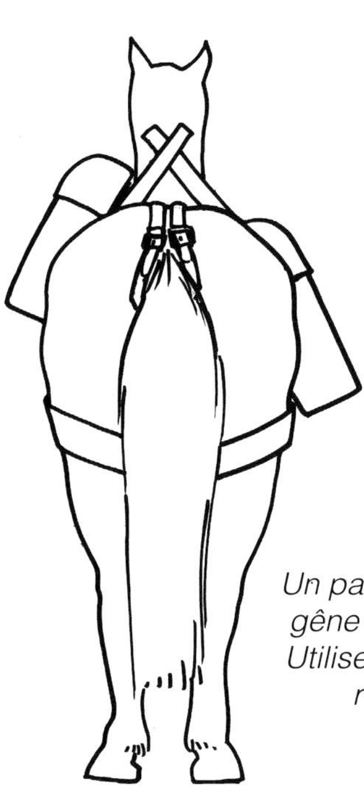

Un paquetage mal équilibré gêne l'évolution du cheval. Utilisez un peson pour bien répartir les poids.

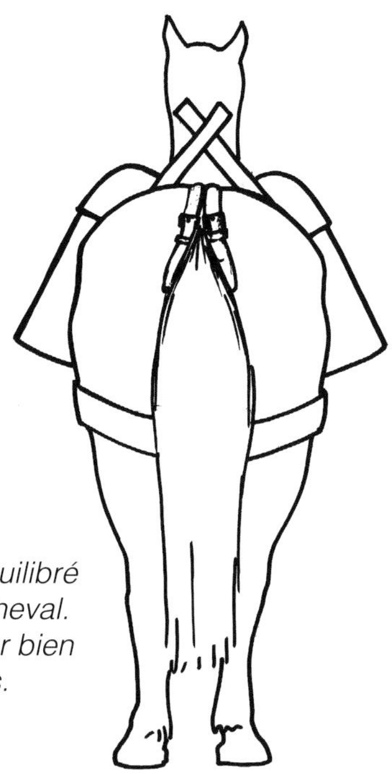

Les sabots de l'autonomie

Qu'on parte seul, à deux, ou en petit groupe, la question de l'autonomie se pose dans les mêmes termes. Une voiture suiveuse n'est pas forcément nécessaire.

L'idéal est de faire appel aux chevaux de bât, qui se chargeront de transporter les impedimenta, c'est-à-dire le matériel lourd, votre nourriture et celle de votre cheval (on ne trouve pas toujours un pré où nourrir les bêtes, lors des haltes). On place le chargement dans des caisses ou des sacs de toile épaisse, de part et d'autre des flancs de l'animal, et on équilibre parfaitement la charge pour le pas le gêner. Il faut savoir qu'une charge inerte est finalement plus difficile à porter qu'un cavalier. Arrimé correctement,

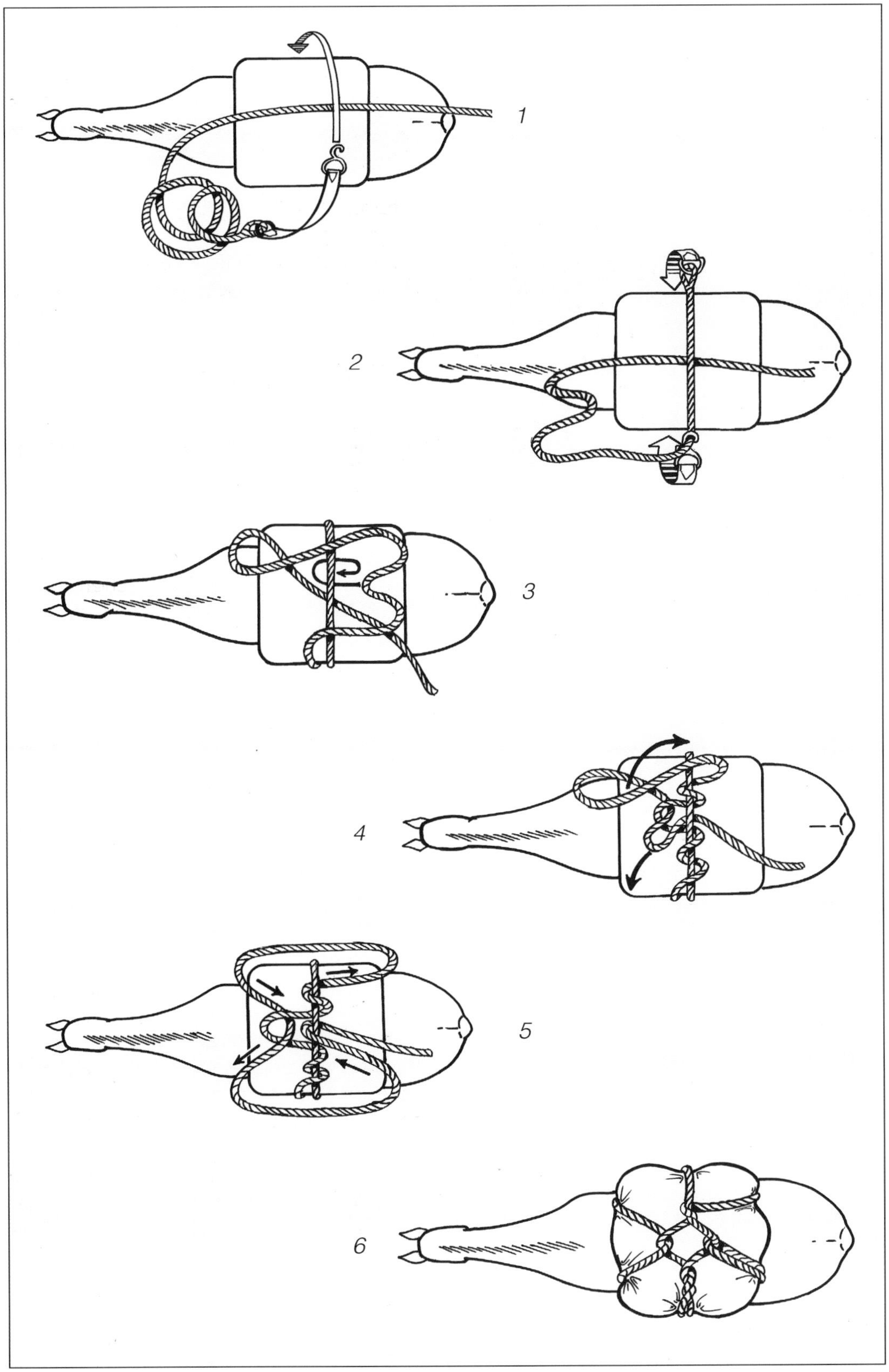

Avant le premier grand départ, quelques séances d'entraînement vous seront nécessaires pour réaliser le nœud passe-partout du cheval bâté : le fameux «as de carreau».

L e cheval de bât autorise une grande autonomie. Toutefois, il est bon de dresser une liste du matériel indispensable et de se passer du superflu afin de limiter son effort.

le chargement ne doit pas ballotter : vous utiliserez pour cela un nœud spécial dit «as de carreau» qui requiert une certaine dextérité.
Un bon cheval de bât doit être robuste, avoir le dos court et le rein bien attaché. En outre, il doit connaître parfaitement son métier et faire preuve d'initiative à l'occasion. Ainsi, un porteur expérimenté aura tôt fait d'évaluer l'encombrement de sa charge, tant en hauteur qu'en largeur. Il évitera de passer entre les arbres trop rapprochés, et reculera de lui-même pour se décoincer le cas échéant. A la campagne, le cheval de bât marche seul, au même rythme que les autres (en fait, c'est lui qui impose son rythme), et ne doit jamais tenter de les mordre. En ville, vous le tiendrez à la longe de 5 m, puis le relâcherez une fois la tranquillité des chemins retrouvée.
Portant entre 55 et 80 kg (parfois plus), il lui est pénible de soutenir une allure rapide, aussi les temps de trot et de galop seront-ils courts, mais il ne faut pas négliger de temps à autre quelques bonnes foulées de détente !
Prenez le plus grand soin du cheval de bât, car son rôle est ingrat. Ne le considérez pas comme un porte-bagage, mais dorlotez-le plus qu'un autre, encouragez-le, et occupez-vous de lui en premier lieu à l'étape. Débarrassez-le tout de suite de sa charge, puis ôtez le bât une demi-heure après, de façon à laisser le dos refroidir sans brusquerie. Ne soyez pas surpris s'il se roule alors par terre : c'est sa façon d'étirer et de décontracter ses vertèbres.

Les copains d'abord

Si la randonnée autonome ne concerne que de faibles effectifs allant jusqu'à cinq personnes, celle que l'on pratique en groupe prend une autre tournure. Les problèmes d'intendance s'amplifient et, surtout, la cohésion du groupe exige une bonne entente. Avant le départ, il est capital que les membres du groupe se connaissent, et s'accordent à définir une allure générale du train, en fonction des capacités de chacun. Si des différences de niveau trop flagrantes apparaissent, il est bon de scinder le groupe en petites troupes qui chemineront chacune à leur allure. On définit à chaque départ le lieu des retrouvailles où l'on établira le bivouac. Ainsi, l'ambiance n'est pas perturbée, et le groupe fonctionne harmonieusement. Dans le même esprit, il est bon de donner à chacun une ou plusieurs tâches, de façon à ce que tous fassent leur part de travail (en somme, on fait la chasse

Si la randonnée en groupe permet d'apprécier ensemble la beauté d'un site et la convivialité paisible d'un bivouac, elle impose certaines règles de vie. En effet, chacun se doit de respecter les autres membres du groupe.

Espoir d'un repos bien mérité ! Instants privilégiés de l'étape du soir, où l'on s'occupe des petites tâches matérielles indispensables : lessive, cuisine, entretien, repérage de l'itinéraire du lendemain et, avant tout, soins des chevaux...

aux petits malins !). Les lève-tôt donnent à manger aux chevaux, et les couche-tard s'occupent du repas du soir, puis font un dernier tour d'inspection du côté des écuries ou du pré.

En route, les cavaliers tranquilles ou novices préfèrent souvent cheminer au pas, en voyageant avec les chevaux de bât, et ceux qui se sentent pousser des ailes trottent ou galopent devant. Les uns aiment philosopher au rythme d'une marche lente, les autres conquièrent le monde qui défile sous les sabots de leur destrier... Qu'importe le choix de chacun, puisque, au bivouac, tous prennent le même plaisir à raconter leurs aventures.

A l'instar des humains, les chevaux d'un même groupe doivent apprendre à se connaître pour randonner ensemble, sans passer leur temps à vouloir en découdre et à donner du fil à retordre aux cavaliers. L'idéal est de lâcher les chevaux ensemble après une première journée de randonnée pour qu'ils s'habituent les uns aux autres. Toutefois, il est bon de les surveiller une dizaine de minutes, pour s'assurer que la bonne entente règne entre eux. Auparavant, on les aura fait manger ensemble, en les attachant pour qu'ils ne profitent pas de la ration du voisin.

Quand l'intendance va, tout va

La réussite d'une grande randonnée de groupe dépend pour une bonne part de la qualité de l'intendance. Celle-ci est probablement la part la plus ingrate de l'expédition, mais elle a la satisfaction légitime d'être indispensable. L'intendant doit penser à tout, y compris au superflu, susceptible de donner un coup de fouet à la troupe dans les mauvais jours.

Selon l'importance du groupe et la durée du voyage, l'intendant conduira une voiture ou un petit camion utilitaire. A l'intérieur, il rangera le matériel indispensable aux soins des chevaux, une pharmacie pour les hommes et les animaux, les bagages de chacun – il est parfois agréable de passer des vêtements propres et secs après une rude journée –, sans oublier les ustensiles de cuisine et la nourriture. A la halte de midi, les cavaliers se restaureront d'un repas froid le plus souvent, et devront attendre le soir pour profiter d'un bon repas chaud.

A chaque halte, l'intendance est toujours la dernière à partir, car il faut ranger le matériel dans le camion, et veiller à laisser intact le lieu du bivouac après le départ des cavaliers. C'est aussi la première arrivée sur les lieux de rendez-vous. L'intendant installe une corde appelée «ligne», à 1,60 m de haut, entre des arbres, où l'on viendra attacher les chevaux, et attend la troupe de pied ferme au milieu des cantines et des sacs de grain destinés aux animaux. En vérité, un intendant efficace est l'un des éléments les plus importants d'une randonnée réussie.

Vive l'information

Si vous ne désirez pas partir à l'aveuglette, si vous n'êtes pas un fervent adepte de la boussole, et si vous n'aimez pas franchement dormir dehors, à la dure, ne désespérez pas. Certaines régions structurées pour accueillir le touriste un peu spécial que vous êtes possèdent un ensemble d'organismes qui se feront un plaisir de vous donner les renseignements nécessaires au bon déroulement de votre équipée. Ces centres sont les Comités régionaux du tourisme qui recueillent toutes sortes de renseignements pratiques. Certains possèdent même une centrale de réservation pour vous éviter toute mauvaise surprise à l'étape. Viennent ensuite les Offices de tourisme départementaux qui vous renseigneront sur les gîtes d'étape, les circuits balisés (quand ils existent...), ainsi que sur les centres équestres ou les poney-clubs qui accueilleront votre monture.

En ce qui concerne la randonnée proprement dite, l'Association nationale de tourisme équestre, subdivisée en associations régionales et départementales, gère la promotion de votre activité favorite. Elle règle les examens, affilient entre eux les centres de randonnée, organise des compétitions. Son antenne départementale balise les pistes, édite des dépliants d'information, parfois sommaires, comprenant la liste des gîtes d'étape capables d'accueillir des chevaux, celle des loueurs d'Équidés, des professionnels du tourisme équestre, des maréchaux-ferrants et des vétérinaires. L'association

Une assistance bien organisée permet aux randonneurs de goûter les plaisirs d'une soupe chaude ou d'un sirop glacé. Facteur déterminant de la réussite d'une randonnée, l'intendance est garante du moral des troupes.

édite également des topo-guides à caractère équestre, très utiles pour le cavalier peu habitué à la lecture des cartes, qui indiquent la longueur des itinéraires, leurs difficultés, ainsi que la qualité et le choix des hébergements. Cependant, toutes les régions ne possèdent pas encore de tels guides, aussi devrez-vous vous en inquiéter avant le grand jour. Parfois, lors d'une balade, il vous arrivera d'emprunter un chemin de grande randonnée (G.R.), reconnaissable à son balisage rouge et blanc (le balisage équestre est orange). Certains passages peuvent être facilement suivis à cheval, mais vous ne devez pas oublier que les G.R. sont des sentiers pédestres.

Vous vous heurterez donc souvent à des obstacles infranchissables par un cheval, comme une clôture sans porte, un rétrécissement tel que le cheval n'y passe pas ou, en montagne, une imposante moraine glaciaire qu'il ne peut escalader. Prudence, donc, car il vous faudra rebrousser chemin, et accepter de prendre un certain retard dans votre planning d'étape.

Merci, monsieur I.G.N. !

Pour éviter les désillusions d'un itinéraire mal préparé, il est prudent, avant de partir, d'apprendre à lire une carte dans ses moindres détails et de savoir évaluer l'inclinaison d'une pente grâce aux courbes de niveau. En bref, apprenez le fondement essentiel de toute randonnée, qu'elle soit pédestre ou équestre.

L'Institut géographique national édite pour le grand public des cartes topographiques dites «d'état-major».

Leur échelle au 1/25 000 est suffisamment précise pour qu'on s'y retrouve un peu partout. Sur certaines, dites «touristiques», les itinéraires de randonnée sont tracés, mais toutes possèdent des courbes de niveau et donnent de très nombreux renseignements utiles, comme tel arbre isolé, tel puits, telle ruine, servant de points de repère sur le terrain. En outre, elles sont suffisamment claires pour permettre une lecture aisée. Évitez les cartes surchargées d'informations touristiques, car vous aurez plus de difficultés à y tracer votre propre itinéraire.

Comme on fait son lit on se couche

Pendant la période estivale, nous ne saurions trop vous conseiller de réserver votre place à l'étape si vous tenez absolument à passer la nuit entre quatre murs. On vous demandera de préciser le nombre de cavaliers et de chevaux, et l'importance de votre intendance. De votre côté, inquiétez-vous des ressources. Renseignez-vous sur l'existence ou non de l'eau chaude courante, sur l'équipement dont dispose la cuisine, sur l'éventuelle proximité d'un restaurant et le prix des menus...

D'une étape à l'autre, la qualité des gîtes est fort variable. Le prix aussi, en fonction des installations (on vous demande en général entre 30 et 50 FF par personne et par nuit). Les gîtes nouveaux tendent à offrir un confort rustique mais chaleureux, en remplaçant les anciens lits superposés en fer grinçants et instables par des lits en bois, ce dont vous ne vous plaindrez certainement pas. A la vérité, après une journée passée en selle, n'importe quel lit est confortable. Certains le sont simplement plus que d'autres !

Tout aussi important que le vôtre est l'hébergement du cheval. Inquiétez-vous de savoir s'il aura droit à un box, à une simple stalle où il sera attaché, ou à un pré, l'idéal étant de pouvoir disposer des trois solutions pour en choisir une. Par mauvais temps, il appréciera la douceur du box, alors qu'à la faveur d'une belle nuit d'été, il préférera le pré, solution la moins onéreuse.

Vous aurez à régler la nourriture (foin ou granulé), selon l'humeur du propriétaire... Parfois, un ballot de foin coûte très cher ! Pour faire face à ces tracas, certains cavaliers rusés et prévoyants déposent des sacs de granulés et des ballots de foin tout au long de leur futur trajet, quelques jours avant le départ. Cette solution permet de «voyager léger» et d'éviter les déconvenues, mais elle a le défaut d'interdire toute fantaisie dans l'itinéraire...

En réalité, les possibilités d'hébergement d'un cheval sont multiples, même si votre gîte n'est pas prévu à cet effet. Vous pourrez souvent placer votre monture dans le pré d'un agriculteur si celui-ci y consent, sur le terrain de jeux d'une ancienne école ou d'une colonie de vacances... ? Les propriétaires de chevaux ne manquent pas, les solutions non plus. Il vous suffira d'être diplomate et persuasif.

S'habiller de la tête aux pieds

La glorieuse époque des pionniers est désormais révolue. Morts, les sacs à dos mal adaptés qui sciaient les épaules ; trépassées, les chaussures trop lourdes qui martyrisaient les chevilles et généraient une multitude d'ampoules douloureuses ; évanouis, les duvets fins comme des feuilles tout juste bons à vous faire frissonner la nuit entière en vous demandant ce que vous faites là ! Dorénavant, vous avez le choix entre revivre durement les grandes heures du passé, ou randonner dans le douillet confort de l'industrie textile moderne.

Commençons par la tête

Un couvre-chef est-il nécessaire ? C'est une affaire de goût, et vous pouvez opter pour une casquette ou pour un chapeau qui, bien que passé de mode, protège la tête de tous les bords, aussi bien du soleil que de la pluie. Attachez-le par une cordelette non pour ressembler à un cow-boy égaré, mais pour ne pas le perdre en plein galop. En outre, il pourra servir à l'occasion de récipient pour faire boire le cheval, et de douche pour le cavalier... N'en perdez pas la tête pour autant, car si nombre de cavaliers mettent un chapeau au départ d'une randonnée, il leur arrive souvent de l'oublier dans les jours qui suivent.
Que dire de la sacro-sainte bombe ? D'une efficacité variable, elle est très contestée en cas de chute. Actuellement, les jeunes cavaliers portent le casque muni de jugulaires lors des compétitions. Toutefois, le port de la bombe peut être obligatoire dans les randonnées organisées et encadrées, pour une question d'assurance, même si son manque de confort est inadapté à de longues heures de chevauchée sous la chaleur.

Veste et pull

Devez-vous choisir une veste chaude et solide et mettre en dessous un pull léger, ou au contraire mettre une grosse laine protégée par un blouson léger ? Là encore, tout dépend de vous et de votre résistance au froid, mais il faut savoir qu'une veste souffre terriblement lors d'une balade à cheval, quand on longe une haie d'aubépine ou de prunellier par exemple, susceptible de la déchirer. Elle doit donc être solide. Vous la prendrez assez ample pour être enfilée par-dessus un gros pull et ne pas gêner vos mouvements, assez longue pour mettre vos reins à l'abri (elle ne doit pas remonter dans le dos quand vous êtes en selle). D'un prix très abordable, la veste jeans remplit parfaitement ces fonctions, l'élégance et le raffinement étant plus onéreux. Mais, après tout, ne recherchez-vous pas avant tout l'efficacité ?
Tous les vêtements actuels en Goretex, Thinsulate ou Thermolactyl ont l'avantage d'allier la légèreté à la résistance et au confort de la chaleur. Notez que le Goretex laisse passer la transpiration et interdit à l'eau de pluie de vous transpercer la peau. Le Thinsulate est une matière extrêmement légère et calorifique, dont on fait des vestes, des gants ou des pantalons. Quant au célèbre Thermolactyl, on l'utilise pour faire des sous-vêtements. En hiver, n'hésitez pas à enfiler une combinaison sous vos vêtements, pour être protégé du froid. N'est ridicule que celui ou celle qui cherche à épater l'assistance en arborant des vêtements très élégants, certes, mais tout à fait inadaptés.

Le choix du pantalon

Ce n'est pas une mince affaire, car c'est lui qui vous fera passer d'agréables heures de chevauchée ou subir une torture. Le confortable pantalon d'équitation, en tissu élastique, ne convient guère aux longues randonnées, car il est trop fragile. En effet, lors d'une randonnée, vous pouvez être amené à reclouter un fer du cheval, et votre pantalon doit pouvoir résister au frottement du sabot, comme à l'agression du mur de ronces que vous êtes parfois obligé de franchir. A ce régime, d'ailleurs, peu de pantalons résistent longtemps.

Etre à l'abri du froid et de la pluie, savoir se couvrir de la tête aux pieds avant de frissonner, permet de vivre pleinement sa randonnée : il est capital de prévoir un équipement complet.

Vous opterez donc pour un solide jeans, en veillant à ce que sa coupe, parfaite quand vous êtes debout, ne malmène pas votre entrecuisse une fois en selle. Une fois bien choisi, le jeans allie confort et efficacité.
Les gens qui travaillent à cheval, cow-boys, gauchos ou vachers de Camargue, portent souvent des sur-pantalons de cuir épais, appelés «chaps», qui protègent des intempéries, de la boue, de la poussière et des broussailles. Ces chaps ont l'avantage de protéger le pantalon, mais elles ont l'inconvénient d'être encombrantes et affreusement chaudes en été. A vous de juger suivant les circonstances.

Accumuler les chaussettes de laine ne change rien : on finit toujours par avoir terriblement froid aux pieds. Seule, l'utilisation d'une chaussure isolante peut être un bon palliatif, mais elle ne remplace pas une bonne marche revigorante ; elle en retarde tout au plus l'échéance.
Oubliez la botte d'équitation en caoutchouc. Elle est froide l'hiver, chaude l'été, n'isole absolument pas du sol car sa semelle est pour le moins fantaisiste, et elle est totalement inadaptée à une marche prolongée ou en terrain difficile. La botte en croûte est mieux conçue pour les randonnées en saison clémente. Les baskets montantes allient sou-

Le confort des pieds

S'il fait chaud, les pieds transpirent dans les bottes, s'il fait froid, ils gèlent. Le port de chaussettes Thermolactyl maintient la chaleur, mais, tôt ou tard, vous devrez mettre pied à terre et marcher un peu – soulageant en même temps votre cheval – pour activer la circulation sanguine et vous réchauffer.

plesse et légèreté, évitant une fatigue supplémentaire, et sont d'un emploi envisageable en été. Elles permettent en outre une bonne marche quand on descend de cheval.
Vous pouvez essayer les chaussures de montagne, car elles sont à la fois solides, relativement souples, et permettent de marcher aisément, mais elles sont parfois trop larges

pour entrer dans l'étrier. Le port de mini-chaps se révèle assez pratique, car elles protègent le bas de la jambe et recouvrent le pied, comme une guêtre de montagne.

Quelques compléments vestimentaires

Caparaçonné de la tête aux pieds, il ne vous reste plus qu'à vous mettre en quête d'une bonne paire de solides gants, qui vous rendront mille services inestimables.
De même, vous pouvez prévoir un vêtement de pluie genre poncho, qui offre l'avantage de protéger à la fois le cavalier et les reins du cheval, celui-ci pouvant alors rester au chaud malgré une pluie ou une neige glaciales. Le poncho est désagréable pour marcher, c'est un fait, mais vous serez bien heureux d'en faire un tapis de sol au bivouac ou à la halte de midi. Que vous dormiez à la belle étoile ou sur la paille d'une grange, le poncho vous isolera de l'humidité, et empêchera les brins de paille ou de foin de pénétrer intempestivement dans votre duvet.
N'ayez crainte d'investir dans des vêtements réservés aux activités de plein air (les catalogues de loisirs sportifs en regorgent), car dès que vous aurez goûté à la randonnée sauvage «tout-confort», vous ne laisserez pas échapper la moindre occasion de sortir faire un tour à cheval quelles que soient les conditions atmosphériques.

«Habiller» le cheval

Si elle fascine les Européens par son allure mythique, il faut bien reconnaître que la tenue des cow-boys est pratique, rationnelle et utile. Il en va de même de l'équipement de leurs chevaux.
En fait, le harnachement du cheval est la clef de la réussite d'une randonnée, car les déboires d'ordre technique gâchent considérablement le plaisir d'être à cheval. Si l'équipement est mal conçu, on passe son temps à soigner les blessures dues à une selle mal adaptée, on refait sans cesse les nœuds d'attache d'un paquetage qui prend un malin plaisir à glisser de la selle, et la couture devient le lot quotidien des activités du soir.

Sous la selle

Un tapis épais protégera correctement le dos du cheval. Une couverture en laine, pliée en quatre ou en six, fait parfaitement l'affaire et peut servir en outre de couverture supplémentaire au cours d'une nuit un peu fraîche. Propre, sans aucun pli et bien en place sur le dos du cheval, le tapis de selle est un élément important (voir croquis page suivante).

Selle américaine, selle anglaise

Il est important de choisir une selle confortable, mais une de ses qualités premières est de ne jamais blesser le cheval au niveau du garrot. En effet, une telle blessure met fin à coup sûr à n'importe quelle promenade, et elle immobilise le cheval pendant plusieurs mois. Un cheval possédant un garrot saillant doit donc recevoir une selle qui «dégarrotte», c'est-à-dire qu'elle doit pouvoir laisser passer une main fermée entre l'arçon et le garrot, sans contact. A partir de là, vous avez le choix entre le style anglais et le style américain.

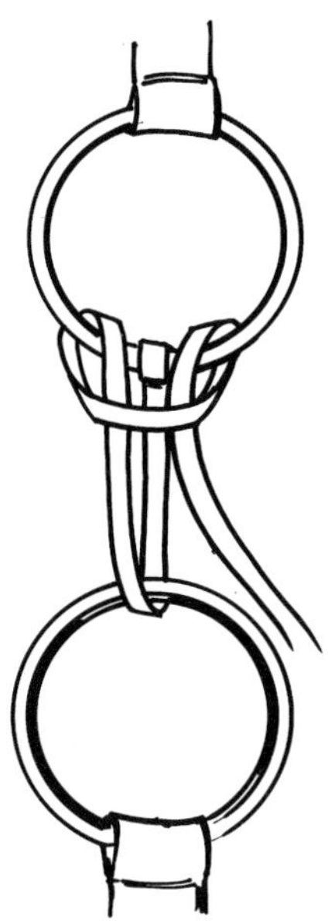

Le nœud de cravate assure un bon sanglage. Quand on veut l'utiliser, il est préférable de marcher d'abord à côté de son cheval en le tenant par la longe, pour éviter d'avoir à descendre de cheval pour le refaire : en effet ce nœud ne peut se serrer que lorsque le cavalier est à pied.

La selle anglaise

Elle est légère, plutôt conçue pour une équitation sportive, et les nombreux modèles ne facilitent certainement pas le choix. Une selle anglaise d'extérieur doit avoir un cuir d'excel-

Seller un cheval

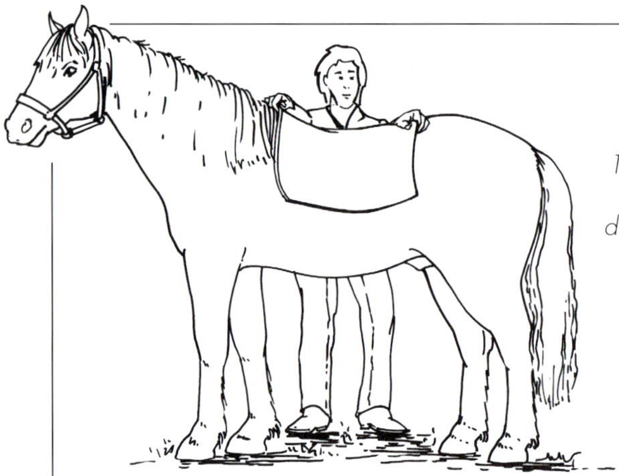

1 - Propre, comme il se doit, le tapis de selle se pose toujours dans le sens du poil, quitte à le faire glisser le long du garrot, d'avant en arrière.

2 - La selle se place légérement en arrière du garrot, car elle ne doit être ni sur le rein ni sur l'encolure, la sangle tombant naturellement au niveau du passage de sangle.

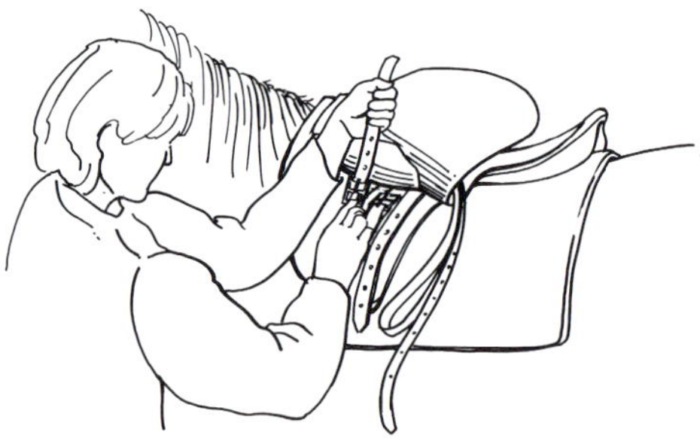

3 - Les chevaux ayant le réflexe de «se gonfler» quand on les sangle la première fois, il faut donc prévoir de resserrer la sangle une fois en selle, en passant la jambe gauche devant le quartier, et en soulevant ce dernier afin de pouvoir attraper le contre-sanglon.

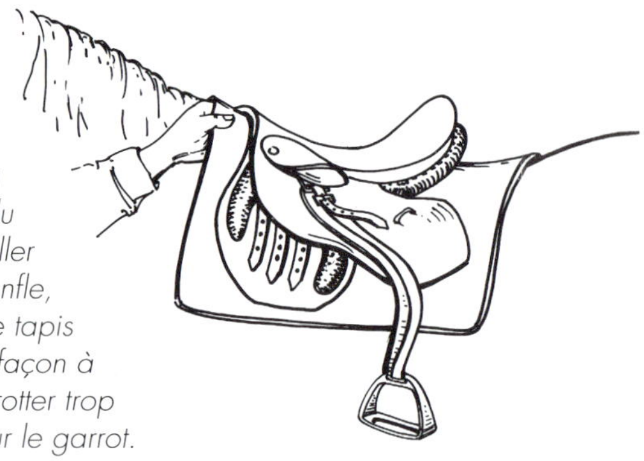

4 - Pour éviter un échauffement du garrot pouvant aller jusqu'à la gonfle, on dégarrote le tapis de selle de façon à l'empêcher de frotter trop fortement sur le garrot.

La selle anglaise (photo de gauche) est bonne à tout faire : obstacle, cross... Attention, car le prix, la qualité et le confort varient beaucoup d'une marque à l'autre.

La selle de randonnée (photo de droite) évolue : elle peut être habillée de cuir et équipée de «fenders» et de «tapaderos». Les courroies de cuir servent à fixer le paquetage.

lente qualité. Vous ne devez pas hésiter à y mettre le prix car elle va durer dix ans. Une selle dite mixte est généralement bien conçu pour être utilisée à l'extérieur, et certaines selles anglaises viennent d'être améliorées et transformées en selles de randonnée. On y a ajouté des points d'ancrage pour fixer le paquetage, et l'arçon a été allongé.
L'arçon est peut-être l'élément capital d'une selle de randonnée, puisqu'il est en contact avec le dos du cheval. Plus il est long, plus le poids de la charge (cavalier et paquetage) sera harmonieusement réparti, moins le cheval souffrira, et moins il risquera de se blesser. Un arçon long permet aussi d'y poser les sacoches, sans qu'elles frottent sur la couverture, ni par extension sur le dos du cheval. Si l'animal ne peut plus supporter une selle à cause des gonfles provoquées par un chargement mal réparti, la randonnée s'arrête.

La selle américaine

Malgré un poids assez important, elle a l'avantage de posséder un arçon long et, de ce fait, elle est bien conçue pour la randonnée. De multiples modèles sont proposés. Ne vous laissez pas éblouir par le clinquant, les dessins de plus ou moins bon goût de style «western-série B», et détournez votre choix de la pacotille. Avant de prendre une décision, essayez la selle sur votre cheval, ou sur un autre au physique similaire, faites un petit tour dessus, et inspectez les marques de transpiration sur son dos, après l'avoir dessellé : elles vous indiqueront les emplacements exacts du contact de l'arçon avec le dos du cheval.
Équipée de «fenders», ou protège-sueur, la selle américaine empêche la transpiration du cheval d'entrer en contact direct avec la jambe du cavalier. Cet élément de confort est très apprécié lors des longues randonnées.
Isolant bien les pieds du froid, les étriers en bois peuvent être complétés de «tapaderos», ou pièces de cuir, qui isolent encore un peu mieux les pieds et les protègent de la pluie.
Souvent, la selle américaine est dotée d'une corne, sorte de poignée proéminente en cuir, fixée à l'avant, et autour de laquelle il est possible d'attacher longe, gourdes et fontes (petites sacoches avant). Cette corne qui donne vraiment une allure de western à la selle peut être très pratique, mais son utilisation demande un peu d'habitude : lorsque les branches frôlent le cavalier, celui-ci ne doit plus se pencher en avant, au risque de se faire très mal au niveau du ventre, mais sur le côté.

Les sacoches

Elles sont généralement en cuir épais et de bonne qualité, mais, de plus en plus, des sacoches en tissu synthétique sont proposées sur le marché. Quel que soit votre choix, sachez qu'elles doivent être résistantes car elles souffrent des aléas du voyage, frottent contre les branches, les rochers, les broussailles, reçoivent la pluie qu'elles ne doivent pas boire comme des buvards, et supportent mille et une secousses. Leur forme se rapprochera de celle des sacoches de vélo, avec de

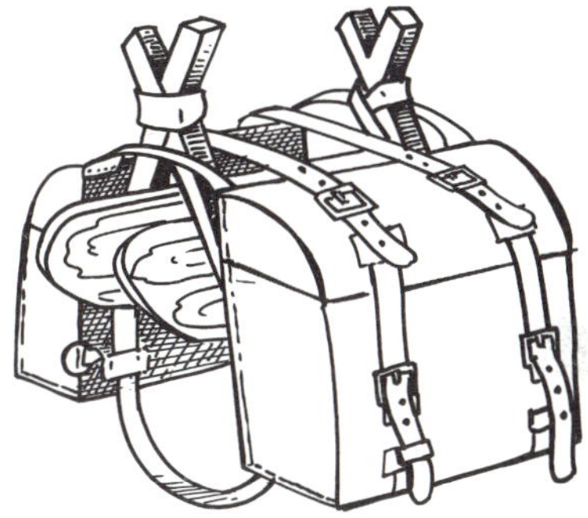

De bât ou de randonnée, les sacoches doivent avoir les mêmes caractéristiques : des rabats pour protéger de la pluie, des sangles de fermeture assez longues pour pouvoir y glisser un imperméable, et une solidité à toute épreuve.

Veillez à bien équilibrer le paquetage avant de partir (photo du haut). Les fibres synthétiques permettent de fabriquer sacoches et boudin en une seule pièce. Attention, toutefois, à ne pas trop charger le dos du cheval.

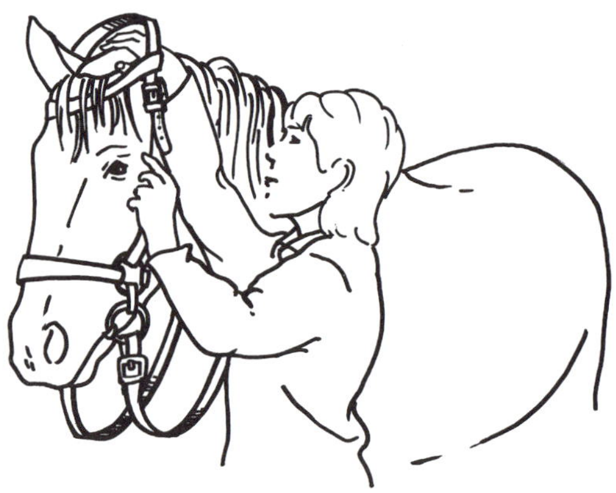

Mettre le filet.
Si le cheval ne veut pas ouvrir la bouche, il suffit de glisser un doigt entre les insicives et les molaires pour le faire céder. Il ne faut pas oublier la sous-gorge car c'est elle qui tient le filet en place. Toutefois, elle étrangle le cheval si elle est trop serrée, aussi doit-on pouvoir passer une main entre elle et la gorge de l'animal.

larges rabats évitant les infiltrations de la pluie. Vous veillerez à ce que le côté en contact avec les flancs du cheval soit renforcé ou doublé de cuir épais, exempt de toute aspérité qui risquerait de blesser l'animal.

Le hackamore

Peu utilisé en Europe, mais principalement aux États-Unis, le hackamore est un genre d'embouchure qui peut rendre service en randonnée. Dans ce cas, le cheval n'a pas de mors dans la bouche, et l'on effectue la pression sur le chanfrein et la barbe. Le fonctionnement est fondé sur le principe du levier, c'est-à-dire que l'effet de la pression exercée par les branches augmente avec la longueur de celles-ci. L'énorme avantage du hackamore est de ne pas contraindre ni gêner le cheval au niveau de la bouche, même si l'animal ressent, selon le dicton, «une main de fer dans un gant de velours». Autre avantage appréciable : le cheval peut manger et boire sans difficulté. Toutefois, un cavalier habitué aux filets traditionnels éprouvera quelque difficulté à manier le hackamore. La technique de monte revient à utiliser des rênes longues, que l'on tend légèrement pour donner les indications voulues au cheval.
Les mors traditionnels, dont l'efficacité varie selon la forme et l'épaisseur du canon, ne conviennent pas pour tous les chevaux, aussi serez-vous peut-être appelé à utiliser un jour le hackamore.

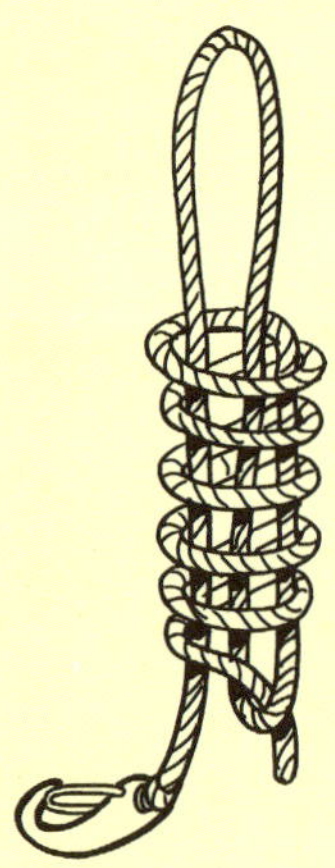

Un licol de randonnée léger possède une longe d'une longueur d'au moins 2 m. C'est pourquoi il est bon de réaliser le nœud de pendu (représenté ici) autour de l'encolure de l'animal avant de partir.

CE QU'IL FAUT TOUJOURS AVOIR AVEC SOI

Pour le cavalier

• Papiers d'identité, papiers sanitaires du cheval, et papiers officiels s'il en possède. Adresses de vétérinaires et de maréchaux-ferrants, ainsi que des Haras nationaux.
• Vêtements de rechange (prévoir un maillot de bain...) légers.
• Matériel de camping, comprenant un sac de couchage chaud et léger – il vaut toujours mieux avoir trop chaud que grelotter toute la nuit –, une couverture de survie, un réchaud, du petit matériel de cuisine, quelques boîtes en plastique étanches, un ou deux briquets, des allumettes, un ouvre-boîtes, un décapsuleur-tire-bouchon, une trousse de toilette et au moins un torchon, une lampe électrique, sans oublier l'indispensable couteau de poche.
• Nécessaire à couture : cuir, tissus, fils poissés, rivets de secours, aiguilles, alènes.
• Munissez-vous d'une boussole de bonne qualité, de quelques cartes, d'un crayon noir et d'une gomme, ainsi que de feutres surligneurs pour tracer vos itinéraires sur les cartes. Prévoyez une lampe cycliste pour votre balisage du soir.

Pour le cheval

• Une large sangle en coton ou en laine qu'on entoure de peau de mouton, un tapis de selle propre, de la graisse pour le cuir.
• Un paquetage comprenant les fontes avant et les sacoches arrière bien graissées, un boudin pour loger le duvet et les vêtements de rechange, roulés à l'intérieur.
• Un équipement de maréchalerie comprenant une reinette, un rogne-pied, une tricoise, une mailloche, quelques clous et des fers adaptés à votre cheval.
• Une pharmacie vétérinaire constituée d'une bande de gaze, de désinfectants, de bandes élastiques, d'une paire de ciseaux, de seringues et de divers sérums (antitétanique, antispasmodique, anti-inflammatoire, antibiotique, hypertonique, antivenimeux). Ajoutez des vitamines, de l'aspirine et des pommades (cicatrisante, désinfectante et anti-inflammatoire).

Les rênes et le licol

N'allez surtout pas croire que les rênes sont des accessoires de peu d'importance. Bien au contraire, c'est en partie d'elles que dépend la compréhension de vos ordres par le cheval. En outre, vous les tenez en main toute la journée, et il faut donc qu'elles soient parfaitement adaptées. En effet, si elles sont trop courtes, elles vous gêneront quand vous mettrez pied à terre pour aller ouvrir une barrière par exemple. Qui plus est, elles ne tiennent pas sur l'encolure quand on s'arrête quelques minutes, glissent, et sont souvent cassées par le cheval qui marche dessus. Si elles sont trop lourdes, elles interdisent une action des mains souple et en finesse. Vous les choisirez donc en cuir fin, mais solide, ou en coton. Les extrémités du mors étant munies de mousquetons, vous pourrez détacher les rênes pour laisser votre cheval manger sans aucun risque.

Si vous attachez votre cheval trop près du sol, il risque de se prendre un antérieur dans la longe, et de se blesser grièvement. Chaque fois que vous le pouvez, attachez-le à une haute branche souple.

Avant le départ, il faut tirer l'antérieur du cheval vers l'avant pour diminuer les risques de blessure dus aux plis de peau qui peuvent s'être formés sous la sangle.

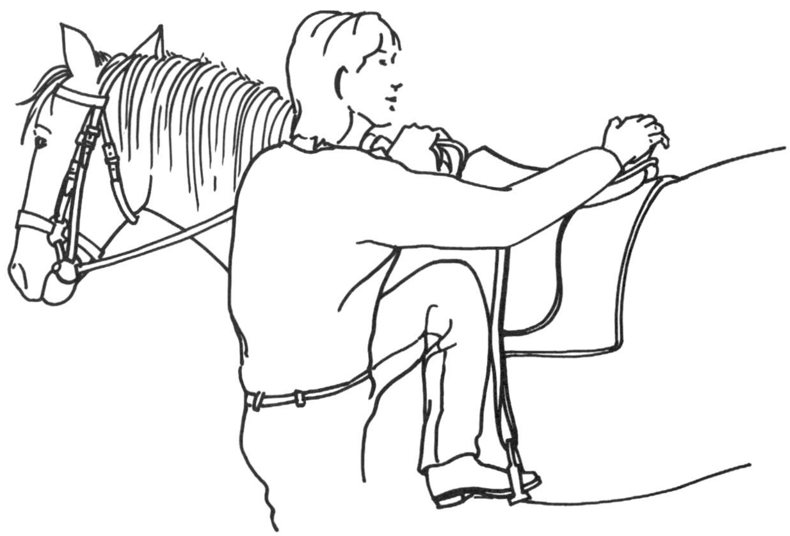

Quand on se hisse sur la selle, la traction de la main droite sur le troussequin doit être la plus légère possible de façon à ne pas déformer l'arçon. Si le genou gauche est trop haut, il faut descendre l'étrier pour pouvoir monter lestement en selle. Ensuite, il ne reste plus qu'à s'asseoir doucement sur celle-ci.

Dernière pièce de votre panoplie de parfait cavalier, le licol qui sert à attraper le cheval, à le tenir à la longe, et à l'attacher. Plus il est fin, moins il marque le chanfrein de l'animal, mais cette finesse n'exclut nullement une bonne solidité en cas de sollicitation sérieuse.

Des mutants heureux

Vous voilà donc partis, votre cheval et vous, pour une première aventure. C'est sans doute la plus importante, car c'est votre premier contact avec la réalité de la vie de randonnée. Peu à peu, vous prenez confiance l'un en l'autre, l'un par l'autre. Imperceptiblement se crée l'osmose, l'équipe amicale, la compagnie. Vous apprenez à «penser cheval», et l'animal s'habitue à vos étranges manières d'homme. Au fur et à mesure que le voyage se prolonge, il apprend vos façons de réagir, il connaît vos qualités et vos défauts, il goûte le plaisir d'être en votre compagnie dans la

mesure où vous savez le maîtriser sans le brusquer ni le faire souffrir. Il vous apprécie à votre juste mesure et, de votre côté, vous apprenez à connaître ses capacités et ses limites.
Vous faites également connaissance avec votre matériel et, peu à peu, vous découvrez les modifications à y apporter, pour le rendre plus efficace et plus confortable. Si ce matériel est bien adapté à sa morphologie, le cheval ne le sentira presque pas sur son dos et pourra s'adonner au plaisir de marcher, de trotter ou de galoper. De même, votre tenue en selle s'améliore au fil des jours, et vous devenez de plus en plus léger. Le cheval saura apprécier vos progrès.
Pour lui, rien n'est meilleur que ces longues randonnées semées d'imprévu, qui forgent son caractère et son moral, tout en lui donnant une condition physique à toute épreuve. Bien dans sa peau, heureux d'utiliser les muscles formidables qu'il développe, votre cheval change peu à peu. Comprenant qu'il vous doit ce fabuleux bien-être, il ne sera désormais heureux qu'en votre présence. Pour lui, randonner avec vous n'est plus un travail fastidieux, mais une fête sensuelle à laquelle il vous invite.

CHEVAL ET CODE DE LA ROUTE

• Pour le Code de la route, un cheval est assimilé à une voiture. C'est-à-dire qu'en marche normale, vous devez le maintenir sur le bord droit de la chaussée et serrer à droite en cas de dépassement. En agglomération, vous devez vous arrêter aux feux rouges ; cela paraît évident, mais il est bon de le préciser.
• Vous devez rester maître de votre animal, de votre vitesse, et effectuer les dépassements à gauche et les croisements à droite.
• Que vous soyez conducteur de troupeau ou d'animaux isolés, que vous voyagiez seul ou en groupe, vous devez porter de façon très visible, en particulier à l'arrière, une lanterne, et ce en dehors des agglomérations, dès la chute du jour.
• Sont interdits à la circulation équestre les autoroutes, les voies ferrées, les pistes cyclables, les champs labourés ou ensemencés, les prairies, les champs non moissonnés ou ceux dont la récolte n'a pas encore été retirée. De même, vous n'irez vous promener ni sur les champs de tir, ni sur les terrains d'aviation...

Respectez les zones sensibles

• Respectez les biens d'autrui, tels que les forêts privées, les chemins privés barrés (ou tachez de vous entendre avec le propriétaire). En général, toute circulation, qu'elle soit motorisée, pédestre ou équestre, y est interdite.
• En bord de mer, évitez de circuler sur les dunes, qui sont des milieux extrêmement fragiles. N'imitez pas certains motards ou cavaliers sans scrupules, et contentez-vous de parcourir les dunes à pied. Certaines sont d'ailleurs classées réserves naturelles, et toute pénétration y est interdite.
• Vous pouvez circuler sur les chemins communaux, sur les pistes longeant les cours d'eau naturels, les canaux ou le littoral, mais en général seulement sous certaines conditions. Renseignez-vous dans chaque commune pour connaître vos possibilités d'accès.
• Vous devez respecter les règles de circulation équestre sur les pistes réservées à cet effet dans les forêts domaniales, et vous renseigner auprès de l'Administration pour chaque forêt, en vous adressant aux gardes.

L'assurance

• L'Association nationale de tourisme équestre délivre une assurance individuelle pour le cavalier randonneur. Il est recommandé de l'avoir sur soi, car elle est obligatoire dans certains cas, notamment si vous circulez en forêt domaniale.

Des westerners aux acrobates cosaques

Enfants, nous avons tous plus ou moins joué aux cow-boys et aux Indiens, comme aux chevaliers de la Table ronde ou à Robin des Bois.
Au gré de nos imaginations débridées, le bras malmené d'un fauteuil devenait alors un fier destrier chargeant l'adversaire au cours de quelque tournoi, ou se changeait en mustang galopant à perdre haleine au pied des montagnes Rocheuses.
Nous avons grandi...

Il était une fois dans l'Ouest

Si vous entendez parler de stetson, de chaps, d'éperons ou de bowie, de tipi, de travois, d'arc ou de flèches, de winchester ou de colt, vous vous sentez soudain transporté dans les Grandes Plaines de l'Ouest américain.

Alors pourquoi ne pas revivre les plus belles heures de votre enfance, et cela avec le plus grand sérieux, en utilisant les vêtements des cow-boys, en montant leurs chevaux et en pratiquant leur équitation ? Certains vivent leurs fins de semaines et leurs vacances dans le cercle sacré du tipi, se parent de vêtements et de bijoux indiens, se nourrissent à l'indienne, et chevauchent comme des Indiens (ou tentent de le faire !). Pour eux, les rêves et les jeux d'enfance se sont mués en réalité quasi quotidienne. Bien entendu, le cheval occupe une place royale dans leur univers situé à l'imprécise frontière séparant le mythe de la réalité.

Qu'importe, les «westerners» vivent à l'époque des convois de pionniers, et les «indienistes» (à ne pas confondre avec les «indianistes» qui sont des ethnologues étudiant les Indiens... de l'Inde) tentent de retrouver une culture moribonde, et de la faire revivre en plein cœur de notre Europe, en cette fin du deuxième millénaire.

Gageons que ce westerner en tenue de soldat du 7e de cavalerie connaît toute l'histoire de la conquête de l'Ouest, et qu'il pourrait nous raconter bon nombre d'anecdotes passionnantes...

Westerns et retour au réel

Vivre sous le tipi

Les westerns américains ont eu fort longtemps une fâcheuse tendance à montrer l'Indien sous les traits d'un être cruel, privé de tout sentiment humain, comme si l'on voulait gommer la façon dont s'est faite la «Conquête de l'Ouest». Il a fallu attendre la sortie de films comme *Little Big Man, Soldier Blue,* ou encore *Un homme nommé cheval,* pour découvrir une partie de la réalité indienne.

Depuis, l'Indien bénéficie des faveurs de passionnés qui tentent de redécouvrir sa culture en vivant comme lui.

En ces temps où la protection de la nature devient une priorité absolue sous peine de sombres lendemains qui déchantent, nombre d'Européens et d'Occidentaux se tournent vers l'être qui n'a jamais cessé de clamer que meurtrir la terre comme nous l'avons toujours fait est un assassinat de la pire espèce, propre à se retourner un jour contre ses auteurs. Car l'Indien est l'archétype de l'homme vivant en harmonie totale avec la nature, et ses anciennes paroles autrefois décriées sont aujourd'hui de plus en plus écoutées.

Adoptant une tribu spécifique, les «indienistes» en acceptent les règles. Ils vivent selon ses us et coutumes, dans des camps situés généralement près d'un cours d'eau, permettant de préparer la nourriture, de se laver et de travailler les peaux, car les «indienistes» fabriquent eux-mêmes leurs vêtements, avec les gestes présumés des Indiens.

L'artisanat est l'objet d'un commerce, qui peut être l'unique ressource de l'indieniste si son mode de vie dépasse le cadre étroit des vacances. De son côté, le cheval, s'il est

UN CERTAIN JOLLY JUMPER

Il est né sous le pinceau et la plume de Morris et Goscinny, artistes de bande dessinée. Quel cheval ! Il sait tout faire, de la cuisine au tricot, en passant par la rêverie philosophique, le discours badin ou l'enquête policière. Son cavalier, le non moins célèbre Lucky Luke, l'associe à toutes ses aventures, lui faisant partager tous ses problèmes. Le cheval y participe souvent de bon cœur, mais il aime aussi se reposer, faire la sieste ou jouer aux échecs. Entre l'homme et le cheval, l'osmose est totale.
Qui n'a jamais rêvé de posséder dans son écurie un tel animal ? Et quel cheval n'a jamais rêvé de posséder un tel cavalier ?

présent dans la plupart des campements, n'a plus l'importance qu'il avait pour les Indiens, car si ceux-ci chassaient et se déplaçaient au gré des saisons sur son dos, l'«indieniste» ne peut que se contenter de quelques promenades équestres d'un genre très particulier. Il monte volontiers à cru, et cette équitation demande une souplesse, une pratique et une assiette (position sur le dos de l'animal) remarquables, mais les grands espaces de nos pays sont fermés depuis longtemps, et l'on ne peut plus aller où on veut, quand on le veut.

Par ailleurs, il faut savoir que les campements des «Indiens d'Europe» sont généralement interdits aux «Blancs».

Monter à cru

Qui n'a jamais rêvé de monter à cheval comme un Indien ? L'équitation de ces cavaliers émérites ressemblait, du temps de leur splendeur, plus à de l'acrobatie qu'à de l'équitation de manège. Ils montaient souvent à cru, ou sur une simple couverture les séparant de leur monture. Une corde rustique servait tout à la fois de filet, de mors et de rêne. Très libres, les chevaux étaient manipulés avec dextérité et souplesse.

Pour les imiter, il vaut mieux choisir un cheval dont la taille ne demande pas de fournir des efforts surhumains pour monter dessus. En fait, se hisser sur le dos d'un cheval sans

La monte à cru permet de sentir pleinement son cheval et de donner à celui-ci une grande confiance en son cavalier.

étriers ni selle n'exige pas une puissance phénoménale, ni une détente de puma. Il faut seulement posséder un minimum de technique, et ruser. On place son corps parallèlement à celui du cheval, on penche le buste en avant, en faisant remonter le bassin vers le garrot du cheval, et il ne reste plus qu'à passer les jambes par-dessus la croupe pour se retrouver juché sur le dos de l'animal.
De la morphologie du cheval dépend le confort du cavalier. Si le garrot est proéminent, il provoquera des échauffements très douloureux, propres à faire redescendre au plus vite n'importe quel cavalier, si courageux soit-il. Si la colonne vertébrale est saillante, vous aurez la désagréable impression d'être assis à califourchon sur un tas de cailloux, et souhaiterez vivement que le supplice s'arrête... En bref, un garrot noyé, un dos court et «onctueux» sont des garanties de confort. Quant à la crinière, plus elle sera abondante, plus vous pourrez vous y accrocher pour monter sur le cheval, et vous y tenir ensuite, tout au moins à vos débuts hésitants.
Contrairement à ce qu'on pourrait imaginer, les chutes ne sont pas plus fréquentes, ni plus violentes que lorsqu'on est assis sur une selle. Au contraire, même, le fait de monter à cru les rend moins dramatiques, dans la mesure où l'on peut toujours glisser le long des flancs du cheval, sans craindre d'être traîné par celui-ci, le pied coincé dans l'étrier.
A la montée comme à la descente, les jambes doivent serrer le cheval, et il faut s'aider en s'accrochant à la crinière. En route, le bassin du cavalier est obligé de suivre tous les mouvements de sa monture. De la sorte, il corrige sans cesse son assiette, geste fort apprécié par le cheval.
Le petit trot est confortable, alors qu'un trot soutenu exige plus de tenue. Au galop, on ressent l'intense plaisir d'avoir sous soi une masse puissante qui se déplace en rythme régulier, et l'on a réellement l'impression de faire corps avec son cheval. Les jambes tombent naturellement sur les flancs de l'animal et le cavalier sent parfaitement toutes les indications qu'il peut donner à sa monture. Certes, aux premiers essais, les jambes ont une fâcheuse tendance à remonter pour compenser les secousses provoquées par les allures vives, mais l'habitude aidant, le cavalier prend vite confiance, et assouplit de lui-même sa position. Il gagne alors en confort – le cheval aussi – et en efficacité.
Tentez votre première expérience en ramenant les chevaux au pré après une bonne balade, puis initiez-vous petit à petit en commençant par une heure de monte à cru. Vous risquez de ne plus remonter sur une selle !
Actuellement, seuls les enfants peuvent monter à cru dans les manèges, sur des poneys. Pourquoi pas les adultes, sur des chevaux ? Monter à cru n'est en rien condamnable. On vous regarde du coin de l'œil parce que vous troublez certaines habitudes, c'est tout . Aussi, n'hésitez pas à demander à votre moniteur de monter à cru, si vous êtes tenté par l'aventure.

Chevaux indiens

Le cheval était un signe extérieur de richesse, et plus on en possédait, plus on était puissant. On les capturait à l'état sauvage, ou l'on organisait des raids contre des tribus ennemies pour voler leurs chevaux. Bon nombre d'équidés passaient ainsi d'une tribu à l'autre, jusqu'à la fin des temps, du moins dans les Grandes Plaines. Plus tard, à la fin des guerres indiennes, le cheval ne devint plus qu'un «véhicule utilitaire», et les massacres aidant, il perdit quelque peu de sa noblesse, si l'on en croit Nino Cochise, petit-fils du grand Cochise, rescapé des massacres et des déportations, qui vécut longtemps avec sa tribu hors des réserves, presque totalement libre : «Nous, les Apaches, considérions qu'un cheval devait être capable de couvrir de la piste, sinon il n'était plus que de la viande pour nous ou pour les loups» (in *Les cent premières années de Nino Cochise*).
Il s'en est fallu d'un cheveu que l'extermination des Indiens entraînât celle de leurs chevaux remarquables, descendant de ceux apportés par Cortés au XVIe siècle sur le continent américain. Toutefois, deux races possèdent de nos jours leur livre généalogique : le Pinto et l'Appaloosa. Si vous êtes tenté par l'«indienisme», vous monterez un de ces animaux, ou d'autres, dont vous sélectionnerez les couleurs isabelle ou palomino,

qui font maintenant l'objet d'une sélection particulière. Peut-être, alors, ressemblerez-vous à un authentique Indien...

Vivre dans un ranch ou un chariot

Si pour certains «westerners» vivre à l'américaine consiste à ressembler aux personnages stéréotypés des westerns, s'ils jouent à se déguiser en Davy Crockett, Butch Cassidy, Buffalo Bill, Billy the Kid, ou en Calamity Jane, s'ils se prennent pour John Wayne, Henry Fonda, Kirk Douglas ou Gary Cooper, il faut reconnaître qu'ils font fausse route.
Car imiter tel ou tel personnage plus ou moins mythique ou ressembler à un acteur de cinéma, c'est oublier quelque peu la réalité de l'Ouest et des hommes qui ont participé à la construction des États-Unis d'Amérique.
Plus sérieux sont ceux qui s'attachent à revivre la vie de l'authentique cow-boy (c'est-à-dire un «garçon-vacher», au même titre que le gaucho argentin, ou le vacher de Camargue) en utilisant son propre matériel, en adoptant son mode de vie qui n'était pas toujours rose, et en montant un «vrai cheval de cow-boy». Pour cela, le «westerner» recherchera les photographies de l'époque montrant le véritable harnachement utilisé alors et se mettra en quête de le dénicher. En fait, la tenue du fermier américain différait peu de celle de nos aïeux, et l'on peut encore trouver dans nos greniers ou aux marchés aux puces des vêtements faisant parfaitement l'affaire. Chemises bouffantes, pantalons de toile épaisse ou de velours, grands foulards paysans, typiquement de chez nous, ont tôt fait de s'américaniser pour peu qu'on les porte d'une certaine façon, ou qu'on les modifie légèrement pour les adapter à la situation.
Qui dit cow-boy, dit cheval, bien sûr ! Et, là, il n'est pas question de tricher, mais d'utiliser un matériel typiquement américain, à commencer par la selle. Suivant l'État duquel on veut dépendre et l'époque à laquelle on veut revivre, on choisira une selle différente, et c'est là qu'une recherche minutieuse se révèle indispensable. Aussi, le westerner devient-il tout naturellement un ardent collectionneur de selles.

UNE PALETTE DE PEINTRE

Le Pinto descend des chevaux pris par les Indiens aux Conquistadores espagnols. On lui connaît deux robes dont celle représentée ici, blanche à larges taches sombres, qui correspond au type Tobiano.

Le Palomino possède les caractéristiques suivantes : robe palomino, (comme ici) alezan ou isabelle doré, le toupet et la crinière ayant des nuances plus claires ou plus foncées, ivoire, argent ou blondes, avec 15 p. 100 de crins noirs.

Magnifique Appaloosa à robe léopard.

Le Pinto est un autre cheval célèbre élevé par les Indiens. Ce cheval de selle rustique, au charmant caractère, excelle lui aussi au travail du bétail et à l'attelage. Comme tous les chevaux indiens, il est en outre très endurant.
En 1963, l'*American Paint Horse Association* établit un studbook. Le sang du Quater Horse et celui du Pur-Sang coulent alors dans ses veines. Souvent surnommé Poney Indien, ce petit cheval mesure entre 1,45 m et 1,55 m.
Pie de robe, il en existe deux types : le Tobiano, caractérisé par de grandes taches sombres sur fond blanc, et l'Oviedo, qui présente des taches blanches aux bords dentelés remontant le long des flancs, colorés le plus souvent. Haut en couleur, le Pinto est très recherché par les «indienistes» pour leurs parades.

Magnifique Appaloosa à la robe étonnamment contrastée et tachetée. Tous les chevaux de robe appaloosa ne sont pas forcément… des Appaloosas. Un authentique cheval de cette race a des critères morphologiques précis que l'on se doit de vérifier avant tout achat.

Quand les Espagnols débarquent au XVIe siècle sur la côte sud-est de l'Amérique du Nord, ils amènent avec eux des chevaux tachetés qui vont bientôt faire la conquête des Indiens. Peu à peu, ces derniers les répandent à travers tout le pays, jusqu'à l'extrême Nord-Ouest où vit la tribu des Nez-Percés. Là, dans les États de l'Oregon, de l'Idaho et de Washington, la nature regorge de riches pâturages lors de la belle saison. En hiver, les canyons creusés par les rivières Snake, Clearwater et Palouse offrent de nombreux abris naturels aux chevaux et aux hommes. C'est dans cette région que va naître un des plus beaux chevaux américains.

Les Nez-Percés reçoivent comme une manne les chevaux d'origine espagnole, et se mettent en devoir de les élever et de les sélectionner. Ils commencent par choisir les meilleures juments, et par castrer les mâles de médiocre qualité. Ils sélectionnent la robe des animaux, s'attachant à ne jamais reproduire

deux fois la même couleur ou les mêmes taches. Ainsi, chaque monture affiche son originalité, et le cavalier se fait immédiatement identifier. Plus sérieusement, les Nez-Percés sélectionnent les chevaux en fonction de leur résistance et de la rapidité de leur course, car leurs conditions d'existence d'alors réclamaient à la fois des chevaux rapides, endurants et particulièrement calmes. Les troupeaux vivaient librement autour des campements, et c'est ainsi que fut créée la race Appaloosa, qui doit certainement son nom à celui de la rivière Palouse.

Les Nez-Percés, peuple hautement pacifique, vivront encore longtemps en paix avec leurs chevaux, jusqu'au jour où la folie humaine portera les guerres indiennes sur leur territoire, situé alors en Oregon, près des sources de la rivière Wallowa. En mai 1877, ils reçoivent l'ultimatum d'abandonner leur terre et d'aller dans une réserve de l'Idaho. On leur donne trente jours pour déguerpir... Alors, en nombre trop faible pour résister aux colons blancs et aux soldats U.S, ils sont obligés de fuir pour ne pas connaître la déportation. Conduite par son célèbre chef Joseph, la tribu va tenter de rejoindre le Canada, assez proche. En 107 jours, les Indiens couvrent quelque 2 700 km à travers les montagnes Rocheuses dans des conditions dramatiques. Ils ont failli réussir, semant parfois la panique chez leurs poursuivants, portés par la rage du désespoir, et les extraordinaires qualités de leurs chevaux. A bout de forces et de vivres, la tribu à demi-décimée est obligée de se rendre non loin de la frontière, et Chef Joseph dépose les armes le 5 octobre.
Subissant le sort de tous les Indiens, les Nez-Percés sont déportés loin de la terre de leurs ancêtres, et beaucoup meurent en route. Leurs chevaux, les splendides Appaloosas, haïs des soldats parce qu'ils ont bien failli permettre à la tribu de leur échapper, sont vendus, éparpillés ou même exterminés. On raconte que les militaires précipitèrent un troupeau entier du haut d'une falaise, par vengeance et par dépit (Jean-François Ballereau, «*Les chevaux de l'Histoire*»).

Les chevaux ont eu de la chance

Pour sauver la race Appaloosa, quelques hommes créent en 1938 le premier studbook, et l'*Appaloosa Horse Club*. On regroupe quelques juments rescapées du massacre et, aujourd'hui, la race compte 150 000 chevaux reconnus. S'ajoutent tous les chevaux issus de divers croisements, qui ne sont pas de race pure, mais dont la robe est typiquement appaloosa, soit un demi-million aux États-Unis. Naguère au bord de l'extinction, l'Appaloosa est maintenant au troisième rang, en nombre de représentants inscrits dans les livres. Nous ne pouvons que nous réjouir de ce sauvetage réussi, mais on ne peut s'empêcher d'éprouver une certaine amertume en contemplant ces merveilleux chevaux.

Appaloosa dans tous ses états

Tous les chevaux tachetés sont loin d'être des Appaloosas, mais tous les Appaloosas sont bien des chevaux tachetés.
Cette race mesure entre 1,45 et 1,55 m au garrot. Elle est solide, trapue et résistante. Elle a le dos court et une tête fine. Précieuse, elle se maquille de fines pigmentations blanches autour de l'œil, de marbrures blanches ou rosées autour de la bouche, sur le nez et les parties génitales. La crinière et la queue sont souvent peu fournies.
Les taches varient en taille, en forme et en couleur. Le fond de la robe peut être alezan ou bai, mais il est le plus souvent aubère. Selon la disposition des taches, on appelle les robes «snow-flakes» (flocons de neige), léopard, givrée, marbrée, à dos blanc ou à dos tacheté. Bien évidemment, par le jeu étrange des chromosomes, les poulains sont toujours différents des parents.
Cheval polyvalent par excellence, l'Appaloosa brille dans les travaux qui requièrent de l'endurance, fait merveille dans les épreuves d'équitation américaine, et convient particulièrement à la grande randonnée. D'ailleurs, c'est en enfourchant un Appaloosa que Dominique Barbe a entrepris son voyage à travers le Canada, sur les traces de Jacques Cartier...

La diligence fait partie intégrante de l'épopée du Far-West. On y transportait le courrier, les voyageurs et l'argent, ce qui lui valait d'être bien souvent prise d'assaut par les desperados et autres bandits de grands chemins écumant les vastes solitudes de l'Ouest…

Les chaps sont un élément essentiel de la tenue traditionnelle du cow-boy. Elles protègent les jambes du froid, du vent, de la pluie, de la neige ou de la boue et de la poussière, permettant de garder un pantalon propre à la descente de cheval. En outre, elles offrent une bonne protection lors des opérations de ferrage des sabots.

De nombreux cavaliers ont adopté les mini-chaps, qui peuvent se porter sur n'importe quel pantalon. Légères et souples, elles évitent le port des bottes traditionnelles.

Lasso, fers servant à marquer le bétail, chaps protégeant les pantalons et chapeaux préservant du soleil, de la pluie ou de la neige font l'objet de recherches aussi précises que passionnées !

Les plus fortunés des westerners n'hésitent pas à sillonner les États-Unis pour dénicher la pièce rare et authentique qui manque à leur panoplie. Dans le même esprit, et quand on en a les moyens, on évite les répliques italiennes des armes utilisées alors, et l'on part rechercher l'antiquité de valeur.

Échanges dans les «councils»

Les «councils» sont des rassemblements de «westerners» et d'«indienistes», où peuvent parfois se cotoyer plus de deux cents personnes. Ce sont des sortes de marchés aux affaires où chacun a sa place, les «Blancs» ne pénétrant en aucun cas dans le campement des Indiens. A l'occasion des councils, les idées circulent d'un «peuple» à l'autre, et chacun fait des affaires. On échange des adresses, des objets, du matériel ou des livres, on vend et on achète des chevaux et, parfois, on se marie. Que dire de ces pratiques ?

L'essentiel n'est-il pas que ces gens vivent en toute sérénité et dans la plus grande ferveur une époque révolue, certes, mais présente en chacun de nous , et qu'ils assument leur passion jusqu'au bout, même si elle peut paraître dérisoire aux yeux du plus grand nombre ?

Ne devient pas cow-boy qui veut

Les adeptes de l'équitation à la manière des cow-boys ont beau être de plus en plus nombreux, la pratique de cet art n'est pas à la portée du premier venu. L'habit ne faisant toujours pas le moine, il ne suffit pas de revêtir le costume du cow-boy pour savoir travailler à cheval, comme par enchantement, et de la fiction des films d'aventure à la réalité le pas est grand à franchir.

Une équitation séduisante

Il est bien certain qu'une telle équitation a de quoi séduire de plus en plus de cavaliers, car elle est avant tout décontractée (du moins en apparence). Aucune tenue réglementaire n'est exigée, pas plus qu'un quelconque antécédent militaire : si la monte à l'américaine demande une pratique et un art confirmés, elle n'enferme pas cheval et cavalier dans le carcan rigide de règlements plus ou moins obsolètes. En fait, l'équitation américaine est fondée sur le travail du bétail. Ici, foin d'allures et de méthodes : on recherche avant tout l'efficacité. Cela dit, le travail acquiert cette efficacité dans la mesure où l'on possède un cheval parfaitement dressé et performant,et il est bien évident que ce dressage et cette efficacité ne s'obtiennent pas sans quelques efforts, ni sans une grande rigueur. En outre, il faut être bon cavalier pour y parvenir...

Travailler à deux

En théorie, le principe de base de l'équitation américaine est d'une simplicité enfantine, car il s'agit de faire travailler ensemble un cheval et son cavalier... Mais cette simplicité disparaît dès qu'on recherche un résultat probant ! Vous apprendrez très vite que l'éducation du cheval importe autant que la vôtre. Vous ne devrez pas laisser l'animal bouger au montoir, car ce serait là signe qu'il en prend un peu trop à son aise, ce dont il n'a nullement le droit. Le cheval américain doit avoir un certain nombre de comportements précis, sur lesquels vous ne transigerez pas, mais, comme toujours, son attitude dépendra essentiellement de la vôtre. Par exemple, si en Europe on le repousse au fond de son box quand on y entre, en Amérique, on le laisse s'approcher. Petite différence, direz-vous. Mais pensez que, lorsque vous serez sur son dos, vous devrez avoir confiance en lui, et lui en vous. En le laissant s'approcher dans le box, vous faites déjà naître cette confiance primordiale, et commencez à former un caractère que vous affinerez ensuite sur la selle. En somme, pour que votre équipe fonctionne dans la plus parfaite harmonie, n'employez

SPLENDEUR ET MISÈRE DU SEPTIÈME ART

Acteur à part entière du western, le cheval nous mène aux portes des saloons, à l'attaque des banques, à la poursuite d'une diligence ou d'un train crachotant dans les plaines, à la conduite paisible d'un troupeau meuglant. Il nous entraîne à la poursuite de bandits, ou nous plonge au cœur d'une charge glorieuse d'un régiment de cavalerie, lequel «arrive toujours à temps» pour sauver la veuve et l'orphelin. Auparavant, nous avons mordu la poussière du corral avec lui, lors de son débourrage... Mais qu'en est-il exactement de son existence ?

Le revers de la médaille

Enfourché violemment, les éperons à molette plantés dans les flancs, le cheval de western démarre presque toujours au quart de tour, et arrête souvent sa course dans un nuage de poussière, tête en l'air et très souvent bouche ouverte, un signe de rébellion qui ne trompe pas. En fait, le cheval de western souffre.

Il sert de moyen de transport, galope sans cesse, dévale des pentes abruptes au risque de se rompre le cou, escalade des rochers ou des falaises, chute dans des ravins, meurt de soif ou au combat. Sait-on que lors des tournages des premiers westerns, des chevaux sont morts par manque de préparation technique ? Il ne fait en vérité pas très bon vivre un western, quand on est cheval...

L'ÉQUITATION AMÉRICAINE

On peut pratiquer cette équitation sans avoir un niveau équestre déterminé. Les stages organisés par Guy Duponchel, président de *l'Association française de Quarter Horse,* s'adressent à tout le monde, du cavalier néophyte à l'habitué des terrains de concours hippiques. La seule obligation est de venir au stage avec son propre cheval. N'importe quel animal est capable d'apprendre et d'accomplir le travail de base, et ce, généralement plus vite que le cavalier.

- Bien évidemment, la selle idéale est américaine, de type western, dont l'achat est assez délicat en France. En effet, peu de selles importées correspondent à cette monte spéciale, aussi avez-vous intérêt à recueillir les conseils d'un spécialiste avant l'achat.
- Qu'elle soit californienne ou texane, la selle américaine est avant tout un instrument de travail bien conçu. Elle comporte un arçon creux où le cavalier est bien en selle, un point de sanglage bien réparti, et une implantation correcte des étrivières. On trouve aux États-Unis des selles convenant pour toutes les disciplines.
- L'enrênement de base est un filet simple, et un dressage élaboré du cheval permet d'utiliser la bride américaine. Les rênes, de préférence longues et fines, sont en cuir.
- La tenue du cavalier s'apparente à celle du cow-boy : chapeau, chemise à manches longues, chaps, bottes munies d'éperons. Mais, en fin de compte, chacun est maître de son accoutrement !

Les bonnes selles westerns sont adaptées au tri du bétail et aux longues randonnées. Attention aux selles en cuir cartonné (de mauvaise qualité) ou aux selles de collection, qui dans la plupart des cas ne répondent pas aux critères d'emplois requis.

jamais la force, mais faites preuve de patience et de douceur. Alors seulement le cheval sera heureux de vous montrer «ce qu'il sait faire» avec vous.

Liberté contrôlée

La monte américaine respecte le physique du cheval qui agit en toute liberté. Du moins est-ce là ce que vous lui faites croire, car c'est vous qui le menez habilement, tout en lui donnant l'impression qu'il est libre de faire ce qu'il veut. Soyez assuré que parvenir à une telle subtilité demande un certain entraînement. Tout l'art de la monte américaine revient à mettre le cheval dans des conditions physiques et mentales optimales, pour qu'il arrive à donner le meilleur de lui-même, comme si de rien n'était, mais cette liberté relative n'est rendue possible que par des techniques de monte fort différentes de la méthode européenne.

Des contacts subtils

Inimaginable pour les Européens qui montent à cheval depuis des siècles et qui ont construit leur équitation autour du contact de la jambe et de l'appui sur le mors, l'équitation américaine fait fi de tels contacts.

En effet, la monte U.S. oblige le cavalier à éviter le contact de la jambe, forçant en cela le cheval à se soutenir lui-même et à trouver son propre équilibre, car les jambes du cavalier ne l'empoignent plus au niveau des flancs comme pour tenter de le soulever de terre.

De même, l'animal ne ressent aucun appui au niveau du mors car le cavalier américain condamne cette pratique et laisse au cheval la maîtrise de son équilibre. Ainsi, ni assisté ni tenu, l'animal se retrouve en liberté, surveillé simplement par un cavalier hors pair qui doit faire preuve d'une immense patience, liée à une grande rigueur.

Une équipe soudée

Bien dressé, un cheval américain se dirige avec deux longues rênes (mais nullement flottantes) tenues dans une main. Le cavalier conserve un léger contact avec la bouche de l'animal, suffisant pour intimer l'ordre de virer à gauche ou à droite, de reculer ou de s'arrêter.

Descendues et droites, les jambes chaussent des étriers plus longs que dans la monte classique, et les bottes, généralement pourvues d'éperons, travaillent les flancs de l'animal avec dextérité et finesse, de façon à ne pas le blesser ni le braquer, mais seulement pour donner à bon escient l'impulsion nécessaire. Intervenant à chaque instant, l'assiette du cavalier permet de suivre les mouvements du cheval : en prenant appui sur ses étriers, l'homme peut se pencher d'un côté, et l'animal partir de l'autre, car le poids du corps de l'un se joue de la force centrifuge pour mieux aider l'autre à se déplacer.

Le cheval ne travaille pas pour autant tout seul, et il accomplit ses figures en accord total avec son cavalier. Toutefois, pour être capable de tourner sur lui-même à vive allure, de se déplacer à gauche ou à droite sans traîner les antérieurs, il doit être d'une grande souplesse, notamment au niveau des épaules.

Mais vous n'arriverez pas à de tels résultats sans un travail régulier en manège, où le cheval devra opérer de nombreuses voltes et demi-voltes, et des temps de galop à faux pour l'assouplissement.

L'image du cow-boy solitaire chevauchant au cœur de la nature sauvage envahit nos rêves secrets.
Les publicitaires ne s'y trompent pas... et exploitent volontiers les notions d'exception et de liberté qui s'y rattachent.

«UN CHEVAL POUR ÊTRE UN HOMME»

Détrôné par le cheval-vapeur, le cheval en chair et en os a disparu des villes, mais pas de notre univers mythique. Son image nous accompagne et nous poursuit quotidiennement, prise en charge par le cinéma, les publicitaires et les affiches géantes qui colorent nos rues et les couloirs souterrains de nos métros...

Perdus que nous sommes dans un environnement de béton, d'acier et de gaz d'échappement, le cheval vient à notre secours en nous invitant à contempler la nature sauvage et les grands espaces. Tantôt, nous conduisons une automobile associée à une harde de chevaux sauvages galopant dans la poussière d'un espace encore vierge, tantôt l'animal nous incite à fumer une cigarette, stetson sur la tête et lasso accroché à la selle, devant un troupeau de vaches rassemblées à la halte du soir, à moins qu'il pénètre dans notre salle de bains, transformé en eau de toilette virile.
Le cow-boy authentique renvoie l'image de l'homme courageux, solitaire et calme, qui sait prendre le temps de vivre.

Les chevaux sauvages associent une marque d'automobiles à une idée de liberté grandiose, et l'eau de toilette déodorante accentue le caractère viril d'un jeune chef d'entreprise dynamique, par l'intermédiaire de la force d'un animal.

Partout, le cheval véhicule une notion d'exception, d'élite et de liberté communiant avec une nature qui nous échappe et que nous détruisons, partout le cheval symbolise notre plénitude.

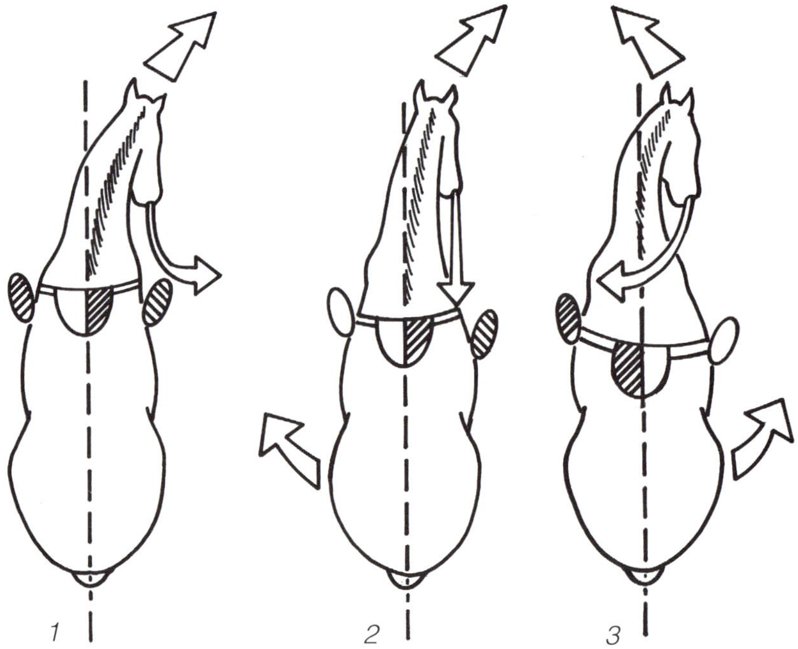

Les effets de rênes sont matérialisés par les flèches. Ils sont associés à une impulsion donnée par les jambes (en hachures). Le poids du corps se déplace aussi (en hachures également).

1 - Rêne d'ouverture à droite : c'est l'effet le plus simple, obtenu en tournant la main, les ongles orientés vers le ciel.
2 - Rêne directe d'opposition : la main fixe oblige le cheval à venir buter et à tourner autour de ses épaules.
3 - Rêne contraire d'opposition : on amène la rêne au-dessus de l'encolure au niveau de la main gauche. La main droite reste fixe, et le cheval déplace les hanches vers la droite.
Il existe encore la rêne d'appui, obtenue en portant une main (gauche ou droite) en avant par-dessus la crinière. Enfin, un dernier effet de rêne, dit «rêne intermédiaire» ou «contraire d'opposition en arrière des épaules», est intermédiaire entre la rêne directe d'opposition et la rêne contraire d'opposition.

Deux sœurs jumelles : la monte western et la randonnée

Le style d'équitation américain convient parfaitement à la randonnée. Nous dirons même que c'est l'un des meilleurs. En effet, lors d'une randonnée, votre cheval devra faire face à un certain nombre de difficultés techniques, qu'une préparation à l'américaine lui permettra de surmonter sans encombre. Sa façon d'appréhender le terrain lui laissera tout le loisir d'exprimer ses possibilités physiques et morales. Pensant n'être tenu que par lui-même, mais le cavalier donnant l'impulsion nécessaire au moment opportun, le cheval se fera une joie de franchir un torrent, de grimper sur un éboulis, ou de dévaler une pente vertigineuse sans se blesser le moins du monde. Rendu extrêmement maniable par un dressage fondé sur l'assiette du cavalier, la tenue des rênes et la mobilité des antérieurs, un cheval «américain» utilisé en randonnée saura se faire «tout petit» quand il le faudra. Vous pourrez facilement l'inciter à s'arrêter le long d'une porte ou entre deux arbres, là où d'autres réclameront davantage de place.
Homme et cheval, vous êtes tous deux maîtres de votre mental et de votre physique. C'est la meilleure garantie d'une randonnée réussie, entièrement fondée sur le plaisir.

Quelques compétitions américaines

Exigeant une grande finesse de style, la monte à l'américaine a permis de développer un certain nombre de disciplines de compétition, qui font fureur aux États-Unis. Ce sont le *cutting*, ou l'art de faire rentrer une vache dans le rang, le *roping*, qui consiste à attraper des vaches au lasso, et deux épreuves de vitesse : le *barrel racing* et le *pole bending*.

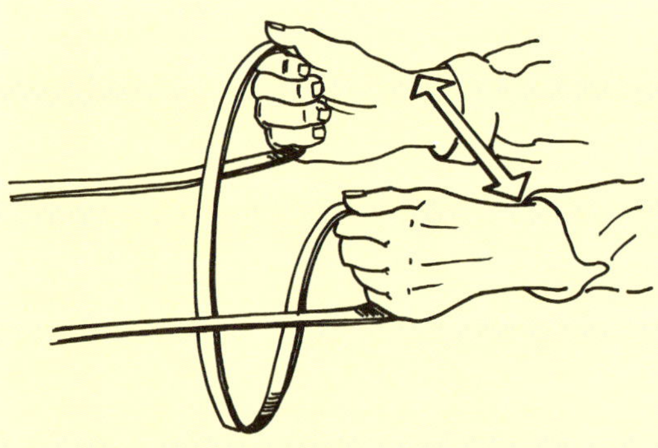

Tenue de rêne classique. L'espace entre les mains est de l'ordre de 15 à 20 cm. On obtient un contact moelleux avec la bouche du cheval en ayant des doigts fermes mais souples, de façon à pouvoir ouvrir et fermer les mains facilement.

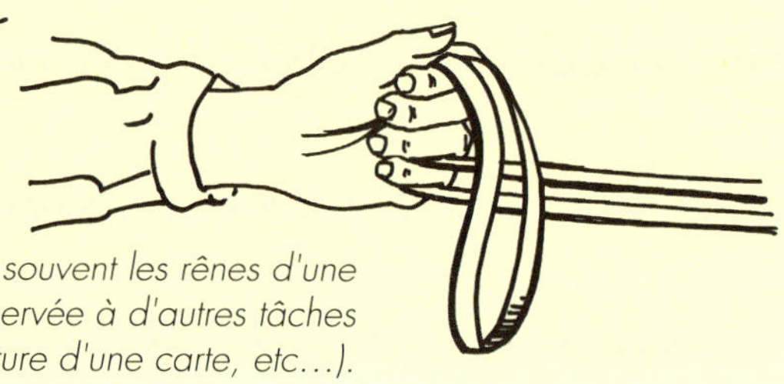

En randonnée, on prend très souvent les rênes d'une seule main, l'autre étant réservée à d'autres tâches (lecture d'une carte, etc...).

LE QUARTER HORSE

Très populaire aux États-Unis, le Quarter Horse fait une entrée remarquée en Europe depuis une dizaine d'années. En France, il reste néanmoins rare et cher.

Fiche signalétique

- *Taille* : entre 1,50 et 1,60 m.
- *Robe* : 13 couleurs sont reconnues, la plus fréquente étant l'alezan brûlé.
- *Tête* : courte et triangulaire, chanfrein concave, yeux écartés et doux, oreilles petites et fines, ganaches très développées et naseaux saillants.
- *Corps* : encolure courte, peu de garrot, dos court, poitrine éclatée, reins puissants, arrière-main importante.
- *Aplombs* droits, canons courts, jarrets sous lui.
- *Caractère* : courageux, calme et docile.
- *Utilisation* : vitesse, souplesse, adresse. Le Quarter Horse est une boule de muscles, et doit pouvoir bondir, accélérer, tourner court et freiner des quatre fers en un minimum de temps, à la fois en puissance et en souplesse.

On dit de lui que c'est le cheval qui a fait l'Amérique. De fait, les colons du XVIIe siècle débarquent des chevaux barbes, arabes, anglais, espagnols ou français, qui vont jeter les bases de l'élevage américain. Peu à peu, on les sélectionne pour les besoins des nouveaux territoires, et l'on obtient un cheval de travail polyvalent. Au fil du temps, ses qualités s'affinent, et il devient cheval de travail la semaine, et cheval de course le week-end.

Ces courses passionnaient la population et avaient lieu dans la rue principale du village. L'animal devait donc parcourir le plus rapidement possible une distance assez courte, et c'est ainsi que naquit le Quarter Horse, le cheval le plus rapide du monde sur un quart de mile (d'où son nom), soit environ 400 m.

Dès 1850, on dénombre 14 lignées mâles dominantes, et deux Pur-Sang Anglais sont à l'origine de l'élevage «Janus», petit-fils du célèbre Goldophian Arabian et de Sir Archy.

De nos jours, 300 personnes coordonnent l'élevage du Quarter Horse aux États-Unis, et 140 000 poulains naissent tous les ans. Ils sont inscrits au studbook tenu par l'*American Quarter Horse Association*. N'attirant pas moins de 700 000 concurrents, plus de 2 500 concours régionaux ont lieu chaque année aux États-Unis.

Bien plus qu'un amusement d'opérette pour cow-boy nostalgique, l'équitation américaine est une science du cheval à part entière et relève d'une technique de dressage très élaborée. N'est pas «american rider» qui veut !

BONNE DERNIÈRE : LA FRANCE ÉTERNELLE...

En matière d'importation du Quarter Horse, la vieille Europe s'est fait un peu tirer l'oreille, et la France, fidèle à une tradition protectionniste parfaitement désuette, a battu tous les records.
Il y a quinze ans, les Allemands sont les premiers à importer le cheval américain, suivi par les Italiens et les Anglais. Le premier Quarter Horse foule le sol de l'Hexagone en 1978 sur l'initiative du pionnier Serge Legacheur. On compte aujourd'hui 7 500 chevaux en Allemagne, 2 500 en Italie, 1 200 en Grande Bretagne, et... 250 en France. L'importation directe en France du Quarter Horse est très réglementée par l'Administration, pour «protéger» l'élevage national.
Donc, le Quarter Horse est rare et cher en France. Huit élevages seulement sont reconnus, totalisant entre 80 et 90 juments pour 10 étalons, dont le champion d'Europe Captain Super. Mais on peut penser qu'à partir de 1992 les choses vont changer...

- Au Salon du Cheval (Equitana, à Essen) en Allemagne fédérale, qui a lieu tous les deux ans au mois de mars, un hall entier est consacré à la monte américaine.
- Au Salon du Cheval de Vérone en Italie, les cavaliers français regardent passer sous leurs yeux les meilleurs Quarter Horses américains sans pouvoir les acheter.
- En France, un Quarter Horse de trois ans, débourré et un peu avancé en dressage, coûte la bagatelle de 40 à 50 000 FF, une jument allant même jusqu'à 60 000 FF. Ces prix apparaissent exorbitants quand on sait que le Quarter Horse est la race de chevaux la plus nombreuse dans le monde. On l'évalue à près de trois millions de têtes.

Dextérité et vélocité

Le cutting

N'avez-vous jamais rêvé de mener un immense troupeau meuglant à perdre haleine, noyé dans un nuage de poussière, au pied des montagnes Rocheuses ? Harassé de fatigue, vous vous en remettez à votre cheval qui connaît son affaire aussi bien que vous. Qu'une vache fasse mine de s'écarter du troupeau, et le voilà qui démarre tambour battant pour la ramener dans le droit chemin !
Si vous êtes épris de compétition, vous lui demanderez de faire exactement la même chose.
Pour être un bon cheval de *cutting*, votre compagnon favori doit avoir le «sens de la vache», c'est-à-dire qu'il doit être un expert en comportement des bovins. Il doit faire face à l'animal cornu pour lui barrer la route, anticiper ses réactions, prévoir sa fuite éventuelle, danser de gauche à droite pour lui interdire toute tentative de feinte. L'œil vigilant, il fixe la vache du regard, et prend l'ascendant sur elle. Et vous, que faites-vous ? Rien, ou pas grand-chose, mais ce «rien» est capital, vous l'avez deviné... Tenant les rênes longues, vous accompagnez votre cheval, plus que vous ne le dirigez, mais un subtil contact lui rappellera au besoin que vous êtes

là, que vous travaillez tous les deux, et que vous lui faites confiance. Alors, il pourra exprimer ses qualités de souplesse et d'agilité, ses réflexes et sa vélocité.

Le roping

Plus ou moins associé au travail précédent, le *roping* consiste à attraper un veau au lasso et à le mettre à terre pour le marquer. Cheval et cavalier poursuivent un veau (ou une vache) lâché dans l'enceinte du corral. Le plus rapidement possible, l'homme doit lancer son lasso autour des cornes du fuyard, attacher l'extrémité à la corne de la selle et sauter à terre pour maîtriser l'animal et le coucher au sol. Pendant ce temps, le cheval doit de lui-même freiner des quatre fers et maintenir la tension de la corde pour empêcher le veau de se relever.
Que demande-t-on de si extraordinaire au cheval ? Simplement de se lancer dans un galop effréné en un temps record, puis de stopper net et de ne plus bouger d'un centimètre. Pour prétendre arriver à la cheville des plus grands, il faut pouvoir effectuer ce travail en dix secondes.

Le barrel racing

C'est à la fois une épreuve d'adresse et de vitesse dans laquelle le cheval doit être capable de virer au plus près, sans perdre son élan. On dispose trois tonneaux en triangle.
Au départ, le cavalier se dirige vers le premier tonneau qu'il contourne par la gauche ou par la droite selon le choix effectué au départ de l'épreuve. Il fonce droit sur le deuxième tonneau, qu'il contourne également, puis sur le troisième, et doit couper la ligne d'arrivée entre les deux premiers tonneaux. Le chronomètre départage les concurrents.

Le pole bending

Ici, on vous demande rapidité et souplesse. Six plots distants de 6,5 m les uns des autres, dessinant une sorte de serpentine, sont disposés au sol. Le cavalier peut partir indifféremment d'un côté ou de l'autre de la serpentine, peu importe, puis on déclenche le chronomètre dès que la ligne de départ est franchie. Le cheval doit galoper en ligne droite jusqu'à l'extrémité opposée du terrain, puis

La poursuite du veau, sa capture au lasso, l'arrêt immédiat du cheval pour bloquer la course du bovin et le cavalier sautant au sol pour empoigner le veau et le plaquer au sol : autant d'actions spectaculaires qui demandent l'éternité de… dix petites secondes !

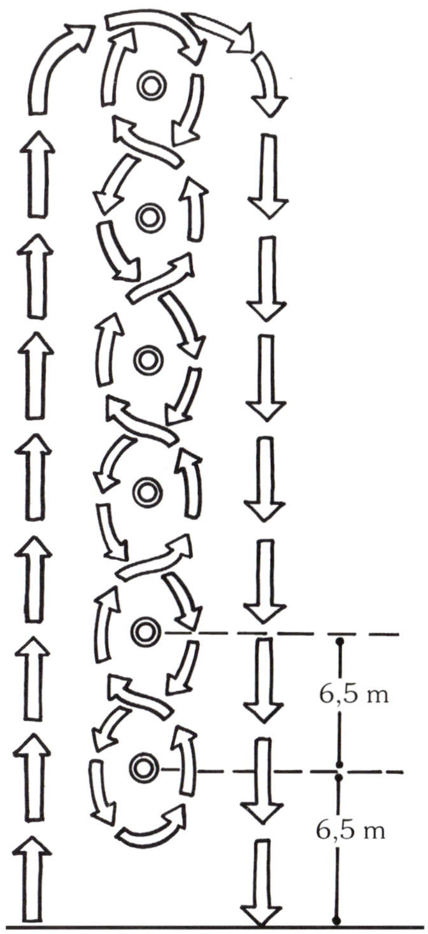

Un slalom ultraspécial : le pole bending. Cette épreuve particulière demande au cheval d'équilibrer son galop aussi bien à gauche qu'à droite.

effectuer un virage au plus près du premier plot et serpenter d'un plot à l'autre. Puis, il fait demi-tour et revient sur ses pas selon le même principe. En bout de serpentine, le cheval doit effectuer un «roll-back», consistant en un demi-tour sur les hanches et une pirouette en plein galop.
Autant dire qu'un cheval sans bonne impulsion ni bon équilibre et un cavalier sans assiette ni rêne d'appui correctes feront pâle figure dans une telle épreuve.

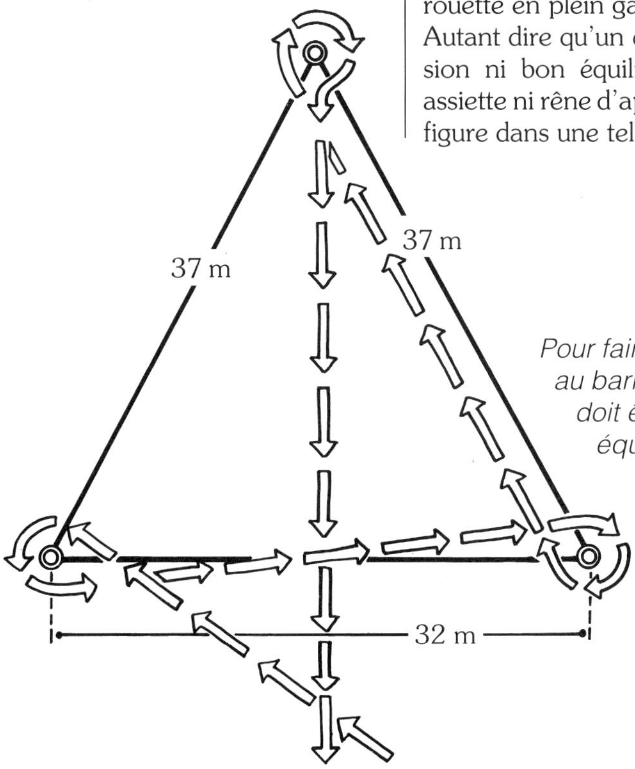

Pour faire un bon «chrono» au barrel racing, le cheval doit être à la fois rapide, équilibré et souple.

A tout seigneur tout honneur

Dans les épreuves évoquées ci-après, le cavalier n'est pas jugé. Seul, le cheval est sur la sellette, si l'on peut dire ! Toutefois, il est certain que si un cheval s'acquitte correctement de ces tâches, son cavalier y est pour quelque chose. Donc, si votre cheval se montre brillant, vous aurez le droit d'être tout aussi fier que lui.

Le briddle path hack (hunt seat)
C'est une épreuve sur selle anglaise, où sont jugés le pas, le trot et le galop.

Le western pleasure
Plus commun, il se pratique en monte à l'américaine. C'est le juge qui donne les ordres lui permettant de noter allures et changements d'allure.

Le western riding
Il s'agit d'un parcours imposé où l'on doit prendre une serpentine au galop avec changement de pied, puis passer une porte qu'il faut ouvrir et refermer tout en étant à cheval.

Le reining
Sur ce parcours individuel précis, les difficultés exigent un très bon niveau de dressage. De bonne grâce et sans montrer de signes de rébellion tels qu'ouvrir la bouche ou fouailler de la queue, votre cheval devra opérer des changements de pied, faire un tour complet sur ses postérieurs *(spin),* et stopper en plein galop : c'est le *sliding stop,* ou arrêt glissé, au cours duquel le cheval s'assied littéralement sur les postérieurs en glissant sur plusieurs mètres... Image chère aux dessins animés de notre enfance ! Très spectaculaire, cette épreuve met en valeur la finesse du dressage et les qualités physiques du cheval.

Le trail horse
Cette épreuve qui met le cheval dans des conditions naturelles de travail et d'évolution est particulièrement adapté à la randonnée sauvage. En effet, cheval et cavalier doivent monter sur une planche à bascule, reculer en V, effectuer des pas de côté en T, toutes figures que vous serez appelé à effectuer un jour lors d'une balade dans la nature.
Toutes ces épreuves impressionnantes ont pour unique but de montrer quel niveau de dressage on peut atteindre sans contraintes excessives, en fondant les principes d'éducation du cheval sur une confiance réciproque avec son cavalier. Très courantes et fort prisées aux États-Unis, ces épreuves font depuis quelque temps leur apparition en Europe et en France.
En France, elles sont organisées par l'Association française d'équitation américaine, lors des différentes manifestations équestres nationales, comme le Salon du Cheval et du Poney de Paris. Pour la plus grande joie des cavaliers adeptes de la monte à l'américaine, elles sont organisées conjointement à la promotion de l'extraordinaire Quater Horse, race particulièrement adaptée à ce genre d'épreuve, et qu'un nombre sans cesse grandissant de cavaliers ont envie de monter et de posséder.

Flamenco et fiesta

L'image folklorique de l'Europe méditerranéenne, celle du soleil et des fêtes, est largement entretenue par la péninsule Ibérique, et plus particulièrement par l'Andalousie. Espagne et Portugal jouent des rôles décisifs en matière d'élevage et d'équitation, attirant un grand nombre de cavaliers qui ne dédaignent pas troquer leur cheval de Selle Français contre un Andalou. Chaque fête, chaque défilé est l'occasion de se montrer, de briller. Il va de soi qu'à ce jeu les chevaux participent au moins autant que les hommes, paradant le genou haut, l'encolure dressée, avec une détermination liée à un certain sens du cabotinage et du spectacle. Fierté, sens de la parade et assurance parfaite, telles sont les qualités essentielles du cheval ibérique.

Au cœur de l'arène

Nous ne prendrons pas ici parti pour ou contre la corrida, mais nous contenterons d'analyser le travail du cheval, laissant à chacun le soin de choisir en fonction de ses goûts et de sa conscience.
Quand le rejoneador (Portugal) ou picador (Espagne) pénètre dans l'arène, le public est déjà presque au comble de la passion, et il n'a bientôt d'yeux que pour le cheval qui parade fièrement, prêt à affronter le taureau. Protégé par un épais caparaçon en Espagne, le cheval est nu au Portugal face aux redoutables cornes, tout de même recouvertes d'une épaisse gaine en cuir. Seuls au milieu de l'arène, le cheval et son cavalier attendent que le taureau les ait aperçus. Commence alors une danse tragique. Les cornes frôlent les flancs du cheval, qui saute de côté, la croupe s'abaissant pour mieux se détendre, les jarrets se plantant sous la masse pour mieux soulever son propre poids et celui du cavalier. Les yeux rivés sur le taureau, le cheval esquive, volte et vire pour échapper au danger, mais n'y parvient pas toujours, no-

Dans la corrida portugaise, le taureau a les cornes recouvertes d'une gaine en cuir et il n'est pas mis à mort. Quant au cheval, c'est un véritable danseur qui doit éviter la charge du bovin au dernier moment : son dressage relève du grand art.

tamment au moment où le rejoneador plante sa pique dans les épaules du taureau.

Souplesse, vivacité et soumission

Souple, vif, capable de réagir instantanément, un cheval de corrida doit être maniable autant que soumis, ce qui ne doit pas l'empêcher de faire preuve de beaucoup de sang-froid devant le taureau (qui normalement doit l'effrayer !). Son dressage lent, minutieux et parfois violent pour obtenir une soumission dont dépend sa survie dans l'arène relève de la Haute École.

Devant le taureau, le cavalier doit pouvoir travailler sans tenir les rênes et guider sa monture uniquement par l'action des jambes et le déplacement de l'assiette. Ainsi, en déplaçant légèrement son poids sur la gauche ou sur la droite, le rejoneador déplace aussi son cheval. Cette finesse d'équitation n'est d'ailleurs pas sans rappeler celle de la monte à l'américaine, même si les moyens de l'obtenir sont quelque peu différents. Certains rejoneadores célèbres comme Gérald Pellen se font un plaisir de travailler les rênes fixées à la taille, effectuant les appuyers et les changements de pied en plein galop, rien qu'en déplaçant leur corps sur la selle. En jouant des jambes, ils lancent leur cheval d'un coup d'éperons ou déplacent les hanches en les reculant derrière la sangle. Importante, la mobilité des hanches facilite les déplacements latéraux, les voltes, les pirouettes.

Le cheval apprend à se placer face au taureau, à esquiver en souplesse ses attaques, puis à avancer sur lui et à éviter en plein galop les cornes qui le frôlent, tout en se coulant le long du corps de l'adversaire, afin que le rejoneador accomplisse son geste.

Sport réservé

Réservée à quelques cavaliers seulement, la pratique de la tauromachie demande un immense travail avant de permettre de briller. De même, n'importe quel cheval ne pourra pas toréer.

Avant d'être capable d'affronter un taureau, le cheval doit être parfaitement préparé, en travaillant avec un leurre, sorte de taureau en bois monté sur roulettes et poussé par un homme. Ce leurre est destiné à mettre le cheval en confiance devant un taureau et à permettre au rejoneador d'affiner son art de manier le rejon (la pique). On prépare l'abord du taureau, on habitue le cheval à se présenter face à lui, puis à lui offrir son flanc pour que le rejoneador puisse officier. Peu à peu, l'homme et son cheval acquièrent la précision des gestes nécessaire à une bonne efficacité dans l'arène, susceptible de faire vibrer les aficionados.

Notons que ce long dressage ne s'effectue généralement que dans les écuries des chevaux destinés à la tauromachie.

De l'harmonie

L'équitation tauromachique ne s'improvise pas, car la présence du taureau dans l'arène sanctionne la moindre faute. Le résultat peut en être fatal, et ni le cheval ni le cavalier n'ont droit à l'erreur. Le cavalier doit être capable de mettre en valeur les capacités techniques et le potentiel physique de son cheval, pour le rendre le plus efficace possible. De son côté, le cheval doit parfaitement comprendre et exécuter un ordre donné de façon à peine perceptible par un cavalier acrobate et sûr de lui. Autrement dit, l'osmose doit être totale dans le couple ! Si l'on ajoute la notion de beauté du geste à celle de son utilité, on a toutes les chances de parvenir à une tauromachie équestre somptueuse. La belle tauromachie se pratique donc avec de bons et beaux chevaux ? Encore faut-il qu'ils soient montés en parfaite harmonie par de beaux et bons cavaliers !

L'art de l'habit

Pour paraître et parader tant sur les places publiques que dans l'arène, point n'est besoin de costumes théâtraux. Au contraire, la tenue du cavalier andalou, on ne peut plus discrète, n'en est pas moins très élégante. Finement rayé, le pantalon est gris. Une chemise blanche légèrement bouffante reçoit un boléro noir, très sobre, et un chapeau plat et rigide vient protéger la tête des ardents rayons du soleil. Aux pieds, des bottines de cuir sont un habile compromis entre la botte utilisée en Camargue et la «santiag» chère aux

UN CONCOURS TRÈS SPÉCIAL :

LA *DOMA VAQUERA*

Trier des taureaux de combat, tel est le rôle du cheval ibérique. Souplesse, rapidité et vivacité, calme et courage face au taureau, telles sont les qualités qu'il doit afficher.

Il y a belle lurette que les Espagnols surveillent les troupeaux de bovins à cheval, et la tradition s'est perpétuée sous le nom de *Doma Vaquera* (qui est un *domptage de bovins*), à ceci près qu'il ne s'agit plus aujourd'hui de trier des vaches et leurs veaux, mais des taureaux de combat.
Si, dans le temps, l'utilité de telle ou telle équitation était évidente, elle l'est moins de nos jours, aussi les cavaliers espagnols ont-ils perpétué la tradition en organisant des concours de *Doma Vaquera*, un peu comme les Américains organisent des compétitions d'équitation western, pour montrer ce qu'était leur travail d'autrefois. Aux concours s'ajoutent le jeu et la fête, mais l'équitation est la même.
La *Doma Vaquera* est une discipline en plein développement. Encore cantonnée dans le sud de la France, elle ne saurait tarder à convaincre de nouveaux cavaliers. Similaire à l'équitation américaine, elle offre aussi un superbe spectacle, mais avec des chevaux et des méthodes différents.

Le cheval

• Pour être capable de poursuivre un taureau à demi-sauvage, élevé pour combattre, le cheval doit posséder le niveau de Basse École au moins. Les concours comportent des figures imposées, des pirouettes, des changements de pied au temps, des accélérations soudaines, des arrêts immédiats et des reculers. Le cavalier mène son cheval de la main gauche, gardant la droite pour brandir le trident ou la pique (la *garrocha*).
• Particulièrement sportifs, les concours demandent aussi aux chevaux d'accomplir des airs de Haute Ecole pour les besoins du travail et de la compétition, aussi le cavalier doit-il être d'un très bon niveau équestre, car la vitesse d'exécution et parfois la violence des mouvements exigent une très bonne assiette. Notons que la *Doma Vaquera* n'est pas réservée aux hommes, et que les femmes peuvent y participer, le principal étant de posséder un très bon cheval, et d'être un excellent cavalier.
• On ne monte pas un étalon, car il est exclusivement destiné à la reproduction, au défilé, à la parade ou à l'attelage. Les chevaux utilisés en concours sont donc des hongres ou des juments.
• Un cheval ne peut commencer à être monté et à travailler qu'à partir de trois ans au moins, et deux ans sont nécessaires pour atteindre le plus petit niveau d'équitation, celui de la Basse École. La compétition exige des qualités physiques particulières que le cheval ibérique ne possède pas naturellement, aussi doit-il être croisé. Le produit le plus courant est celui d'un Andalou et d'un Anglo-Arabe, nommé Hispano-Anglo-Arabe.
• Très rapide et très calme, vif et souple, le cheval de *Doma Vaquera* apprend en travaillant à canaliser sa peur naturelle face au taureau, puis à utiliser pleinement son potentiel physique.

L'équipement

• Les vêtements du cavalier de *Doma Vaquera* sont identiques à ceux du rejoneador : un chapeau à larges bords, un genre de boléro (la *chaquetilla*), un pantalon gris rayé (le *trajecorto*), des guêtres et des bottines lui donnent fière allure.
• La selle du *vaquero* est plus petite que la selle à piquer. Le devant et le troussequin sont fortement relevés, et le cavalier s'assoit sur une confortable peau de mouton.
• Plus le dressage avance, plus il s'affine et plus les éperons sont petits et utilisés moins méchamment. De même, on utilise des mors plus légers et moins durs à la bouche du cheval, qui se fait de plus en plus réceptif aux directives du cavalier et devient de plus en plus sensible.

«westerners». Des éperons ouvragés complètent l'ensemble.
Installée derrière son cavalier, la cavalière andalouse porte une robe à volant qui enveloppe la croupe du cheval, et qu'une certaine Carmen a immortalisée un jour...
Le cheval est équipé d'une selle à piquer d'origine portugaise, qui n'est rien d'autre qu'une selle de travail. Elle sert aussi bien pour le travail du troupeau, lors du tri du bétail, qu'en tauromachie, et tient parfaitement le cavalier. Le troussequin remontant haut derrière et le devant, très relevé également, permettent de s'asseoir confortablement, sans se soucier de tenir ou non en selle. Ensuite, c'est une affaire de compétence et d'habitude.
Reste à trouver la perle rare parmi les prétendus chevaux espagnols que l'on rencontre un peu partout sur les champs de foire...

Une vieille lignée

Sous un même nom de genre (le cheval ibérique), la Péninsule élève deux types de chevaux différents. L'un est espagnol, l'autre portugais. Le premier est élevé en Andalousie et s'appelle tout naturellement Andalou, et le deuxième, le Lusitanien, doit son nom à la Lusitanie qui n'est autre que l'ancien nom du Portugal. L'Andalou est né sur les bords du Guadalquivir et le Lusitanien vit le jour sur les rives du Tage. Tous deux sont issus d'une très ancienne lignée, remontant au quatrième millénaire avant J.-C.
Connu des Grecs et des Romains, le cheval ibérique participera quelques siècles plus tard à la Reconquête de l'Espagne contre les Maures. On l'utilisait aussi bien à la guerre, où sa fougue faisait merveille, que dans les parades où l'on appréciait fort son sens du spectacle, jusqu'au XVIIIe siècle, époque de la naissance de l'Art équestre.
On développa encore son sens de la parade, et l'on en fit le superbe animal que nous connaissons de nos jours. A cette époque, il répondait au doux nom de *Genêt d'Espagne*.
On opéra des sélections, tant au Portugal qu'en Espagne, d'où furent issus le Lusitanien et l'Andalou.

La sagesse d'un vieux guerrier

Liées à la fierté et à la noblesse du port de l'encolure, une certaine bonté et une grande sagesse émanent du cheval ibérique. Sans doute l'animal est-il devenu plus ou moins philosophe après des siècles de combats,

SEIGNEUR LUSITANIEN

Beau et harmonieux, de caractère doux et sociable, le Lusitanien attire un grand nombre de cavaliers. Sa prestance, associée à une souple élégance, fait de lui un authentique seigneur, mais il lui a fallu attendre les années 60 et la notoriété mondiale du maître écuyer Nuno Oliveira pour connaître le succès.
Depuis 1974, une association s'occupe de son élevage en France, et de sa promotion pour qu'il puisse participer aux compétitions officielles.

Fiche signalétique

- *Taille* : entre 1,58 et 1,62 m
- *Robe* : le plus souvent grise, parfois baie, bai brûlé presque noir. A tendance à éclaircir avec l'âge.
- Les membres sont secs, les articulations moyennes, les canons et les paturons sont longs. Parfois un peu légers, les postérieurs sont bien musclés et les jarrets sont légèrement coudés.
- *Allures* relevées, élastiques et mobiles.
- Le pas a rarement une grande amplitude, d'autant qu'il a tendance à relever les genoux, raccourcissant ainsi sa foulée.
- Brillant et gracieux tant au trot d'école qu'au trot allongé.
- Très esthétique, le galop est arrondi, bondissant et aérien.
- Pirouettes, passage et piaffer lui conviennent particulièrement.

livrés tant sur les champs de bataille que dans l'arène face au taureau, terreur naturelle de tout cheval qui se respecte. De fait, habitué aux situations extrêmes et périlleuses, le cheval ibérique s'est peu à peu forgé un tempérament solide qui n'exclut pas une certaine joie de vivre et une docilité immédiate, qualités auxquelles s'ajoutent un certain sens de l'humour et du spectacle. N'est-ce pas en somme pour cela qu'il aime tant parader de fort belle manière ?

Le sang du cheval ibérique, croisé et recroisé avec d'autres chevaux, coule actuellement dans les veines de nombreuses races, notamment dans le sud de la France, où l'influence culturelle hispanique se fait sentir : on aime les fêtes, les parades, on aime paraître et, tout naturellement, on aime les chevaux sur le dos desquels on se fait si bien admirer.

En butte aux vicissitudes humaines, les chevaux vont et viennent au fil de l'histoire, disparaissant ici pour apparaître là et, de fait, l'Andalou a bien failli s'éteindre, victime de la guerre civile en Espagne qui fit éclater les propriétés et se disperser les troupeaux. Après bien des efforts et bien des recherches de la part de quelques éleveurs, l'Andalou revient au tout premier plan, depuis une quinzaine d'années seulement.

Plus chanceux, parce que son pays connut une histoire moderne moins houleuse et dramatique, le cheval portugais s'est toujours bien porté, car la pérennité de son élevage a pu être assurée sans brisure. Qui plus est, il a bénéficié en son temps de la gloire de Nuno Oliveira, maître d'équitation mondialement célèbre. Porté par un tel ambassadeur, il répond totalement aux critères du passe-temps favori de ses admirateurs : la course portugaise.

L'HABIT NE FAIT PAS LE MOINE

Le sud de la France a subi l'influence de la monte espagnole, mais les chevaux importés n'ont pas toujours la valeur qu'on leur attribue, loin s'en faut. En effet, pour satisfaire les besoins d'une clientèle grandissante, certains marchands n'hésitent pas à qualifier d'ibériques une crinière imposante, des genoux qui troussent ou de prétendues allures relevées. Certains appliquent leurs marques sur la cuisse, de façon à donner un semblant de label d'origine. Aussi est-il parfois préférable d'attendre et d'économiser pour acquérir un Lusitanien ou un Andalou de pure race, sans crainte des mauvaises surprises.

Les chevaux andalous et lusitaniens possèdent une réelle disposition naturelle au dressage. Les bons cavaliers travaillent pas à pas sans faire prévaloir le spectaculaire sur la qualité.

QUELLE FORMULE CHOISIR

Fiesta, flamenco, fête andalouse, l'Espagne vit à l'heure européenne, sans abandonner pour autant ses traditions illustrées par ce fier cavalier en habit de parade, chevauchant un magnifique Andalou.

• Pour être sûr de monter des chevaux ibériques, l'idéal est de le faire en Espagne ou au Portugal. C'est un moyen judicieux de ne pas «bronzer idiot», qui vous permettra d'emprunter les petits chemins et de rencontrer le visage authentique du pays et de ses habitants, loin des sentiers battus.

• Si vous tenez absolument à monter un cheval de pure race ibérique en France, les choses se compliquent. En effet, la plupart des centres équestres initiant à la monte ibérique ne possèdent pas de tels chevaux, ou en nombre si réduit qu'il sont réservés aux excellents cavaliers ayant su gagner la confiance du propriétaire. Autrement dit, vous ne monterez à l'andalouse que si vous possédez un cheval Andalou. Par contre, si vous êtes l'heureux propriétaire d'une perle rare, vous pourrez assez aisément effectuer des stages, dans la mesure où les dresseurs spécialisés ne manquent pas dans l'Hexagone. Certains se déplacent dans toute la France, d'autres préfèrent animer les stages au sein de leur propre centre, la plupart se trouvant dans le Midi, bien que quelques-uns aient élu domicile en région parisienne.

• Si vous désirez acquérir un Pur-Sang Andalou ou Lusitanien, renseignez-vous auprès des associations respectives. Sachez seulement que les prix varient en fonction de l'âge, du sexe, du niveau de dressage atteint et bien entendu des origines de l'animal.
Vous avez tout intérêt à vous rendre au Salon du Cheval de Paris pour recueillir de précieux renseignements, ainsi qu'à «Cheval Passion», temple du cheval ibérique en Avignon (en janvier), ou encore aux fêtes des Saintes-Maries-de-la-Mer, au mois de juillet.

• Si vous vous sentez l'âme plutôt lusitanienne et si vous trouvez le cheval de vos rêves, suivez donc les conseils d'Anne Vergne, éleveuse de la race : «Soyez patient, attendez qu'il grandisse. Sa générosité envers l'homme est immense, ce dernier ne sait pas toujours l'arrêter ; il prend, il prend, et finit par détruire son cheval (jarrets devenus fragiles). Confiant envers l'homme, le cheval s'en remet totalement à lui ; il se soumet à son cavalier qui a tendance à accélérer inconsidérément le dressage... De fait, le Lusitanien possède une prédisposition naturelle au dressage, et l'exploiter superficiellement se fait sans grandes connaissances équestres : il suffit de tripoter un peu les boutons... S'il n'est certes pas un objet fragile, on peut tout de même assimiler le Lusitanien à un danseur étoile...»

ÉPIDÉMIE

Jusqu'en 1988, des camions remplis de «chevaux ibériques» franchissaient la frontière, mais, jusqu'à nouvel ordre, cette époque est révolue. Non pas que quelque décret protégeant le commerce des animaux de race ait été promulgué, mais tout simplement parce que, cette année là, une épidémie de peste équine s'est déclarée au cœur de l'Espagne, fermant les frontières. Depuis, toute importation de chevaux ibériques est interdite en France, et chaque cas nouvellement déclaré prolonge cette interdiction de deux ans.
De même, toute introduction de chevaux sur le territoire espagnol est interdite, si bien qu'on se demande si les épreuves équestres des prochains jeux Olympiques de Barcelone pourront avoir lieu !

Que dire de l'Andalou et du Lusitanien, et l'un est-il meilleur que l'autre ? Pas vraiment, car ils présentent des qualités et des défauts à peu près égaux, liés à leur origine commune et à la similitude climatique du milieu où ils vivent. L'amateur est donc libre de choisir, tel préférant celui-ci et tel autre optant pour celui-là : en tout état de cause, il s'agit du cheval ibérique, et de lui seul.
En France, une quarantaine d'éleveurs seulement assurent l'élevage et la promotion des deux races, et chacun possède sa propre marque d'élevage, posée sur la cuisse droite du Lusitanien, et sur la gauche de l'Andalou. Mais cela ne veut pas dire qu'un cheval marqué ainsi est une bête de pure race, car nombreuses sont les contrefaçons et les falsifications.
Aussi aurez-vous bien du mal à dénicher un cheval ibérique de pure race en France, car le moins qu'on puisse dire est qu'il n'y est pas courant. A vous donc d'être vigilant et de vous informer auprès des responsables de la race, ou de l'éleveur, avant d'acheter un Lusitanien ou un Andalou.

Un maître du XXe siècle

Né au Portugal, Nuno Oliveira a pratiqué puis enseigné l'équitation dans la pure tradition du XVIIIe siècle, faisant une synthèse des écoles de Versailles et de Baucher, et créant un style particulier appelé désormais l'Oliveirisme.
Dès l'âge de quatorze ans, il a pu monter les meilleurs chevaux et approcher les meilleurs cavaliers, grâce au zèle de son parrain, écuyer de la Couronne, et il se passionne tout de suite pour l'Art équestre. Il monte, dresse et travaille les chevaux des prestigieux élevages portugais comme Andrade et Veiga, ou des plus grands cavaliers tauromachiques.
Plus tard, son sens de la pédagogie lui permettait de toujours se mettre à la portée de ses élèves, et il lui arrivait bien souvent de monter leur cheval, pour leur montrer ce qu'ils devaient faire et qu'ils exécutent à leur tour les exercices. D'un cheval rétif monté

RENOUVEAU DE L'ART ÉQUESTRE

Le 15 octobre 1987, Alvaro Domecq Romero, maire de Jerez et éleveur dont les chevaux de pure race andalouse sont connus pour leur beauté, crée l'École royale andalouse d'Art équestre.
L'équitation qui y est pratiquée remonte au XVIIIe siècle, et la tenue des écuyers est le costume andalou de l'époque. On y enseigne les airs de Haute École et l'attelage, et ses sept écuyers, ses huit palefreniers, ses vingt-cinq employés administratifs auxquels il faut ajouter les stagiaires en formation forment une véritable académie.
L'École ne donne pas moins de 130 spectacles par an dans ses murs, où le public est admis jusqu'à 13 heures pour assister au travail, une dizaine d'autres en Espagne, et organise une tournée de deux mois à l'étranger.

UNE JEUNE TRADITION PORTUGAISE

Si les derniers grands écuyers portugais ont disparu au XIXᵉ siècle, l'École portugaise d'Art équestre vit néanmoins le jour en 1979, forte d'une longue tradition d'équitation classique.

Autrefois, cette équitation était pratiquée sur des chevaux Alter, au sang bleu, dans les manèges royaux. Au XVIIIᵉ siècle, trois cents excellentes juments andalouses avaient été importées d'Espagne pour l'élaboration de la race. Pourtant, elle était en voie de disparition au début du XXᵉ siècle. Elle fut sauvée *in extremis* par le docteur Ruy d'Andrade, éminent éleveur de la race lusitanienne.

De nos jours, l'École possède près de vingt-cinq chevaux, et douze écuyers, et si elle n'a pas encore la renommée de l'École de Vienne ou du Cadre Noir, le ton est donné par les costumes, les coiffures et les harnachements du XVIIIᵉ siècle. Témoignant d'un patrimoine artistique et culturel de haute tenue, ses représentations approchent chaque année davantage de la perfection.

Les figures d'Art équestre puisent leur origine à l'époque médiévale. Les chevaliers dressaient alors leurs chevaux à désarçonner (cabriole) et à piétiner (galop à terre) leurs adversaires. Depuis, ces techniques guerrières ont évolué pour devenir Art équestre.

par un élève, le maître faisait un animal aux positions somptueuses, évoluant apparemment seul de la plus belle façon.
Certains de ses élèves, comme Hélène Arinov, Michel Henriquet ou Gérard Dufresne, perpétuent son équitation en France.
Nuno Oliveira nous a quittés, et nous ne citerons que cette phrase de Michel Henriquet : «... l'habitude de la perfection toujours renouvelée [rend] insupportable l'effacement, la disparition».

De l'Art équestre

Naissance d'une danse

L'Art équestre proprement dit date du XVIIIe siècle, mais il ne naquit pas seulement en Espagne, et les Académies équestres se multiplièrent en France, où l'on fonda les manèges de Versailles et des Tuileries. De grands maîtres français influencèrent alors l'Europe entière, ce qui nous paraît normal, s'agissant du siècle de Louis XIV.
Antoine de Pluvinel (1555-1620) peaufine de nouvelles théories équestres, et on le considère comme le créateur de *l'équitation savante*. François Robinchon de la Guérinière (1687-1751), puis plus tard le comte d'Aure (1799-1863), François Baucher (1798-1873) et le général L'Hotte (1825-1904) développent de leur côté l'équitation académique, discipline dont l'importance est montrée par les nombreuses gravures de l'époque. Écuyers et chevaux rivalisent de brio lors des représentations, et l'art équestre devient un véritable spectacle, digne des sonneries de trompettes de Lully.
En fait, cet art peut être associé à une danse très académique au cours de laquelle le cheval doit exécuter des figures parfaites. Composant un véritable ballet dont les danseurs sont des chevaux, le spectacle est grandiose pour l'œil du profane, alors que pour celui d'un homme de cheval, si la beauté n'est pas sans intérêt, celui des attitudes du cheval et de son cavalier est beaucoup plus important. La pratique de l'Art équestre ne fait pas l'objet de concours notés, mais relève avant tout du désir permanent d'atteindre la perfection de gestes et de mouvements strictements définis par l'équitation académique.

Installé dans les somptueuses structures de l'École nationale d'équitation de Saumur, le prestigieux Cadre Noir perpétue la tradition dans le plus pur style de l'équitation à la française.

Cette équitation est le fruit d'un travail minutieux et parfois rigide, qui n'omet toutefois nullement un certain panache. Le cheval «académique» se devra avant tout d'être léger et aérien pour danser, juste et brillant pour exécuter de difficiles figures comme si de rien n'était. Un sérieux dressage s'impose donc.

Un maître du XIXe siècle

Né en 1796, François Baucher fut un des plus prestigieux écuyers de son temps, et

QUELQUES PETITES PHRASES CÉLÈBRES

D'un officier de cavalerie en 1905

• «En avant, calme et droit» : Alexis L'Hotte eut pour maîtres le comte d'Aure et François Baucher ; il réussit grâce à son tact équestre et à son esprit d'analyse à fondre en une seule les doctrines et les pratiques apparemment opposées de ses maîtres.

De François Baucher

• «L'écuyer doit savoir disposer des forces de son cheval, comme ce dernier s'en sert lui-même dans l'état de nature. Étudiez donc sa marche naturelle, et vous aurez des principes certains.»

• «Le cheval puise son éclat, la noblesse de son aspect dans l'avant-main, et sa force dans l'arrière-main. L'avant-main par elle-même est peu propre à produire de grands efforts, mais si elle n'était pas là pour diriger, régler les forces émanant de l'arrière-main, celles-ci n'aboutiraient qu'à des mouvements désordonnés.»

• «Il faut, pour éviter l'acculement, que dans tous les mouvements, les jambes du cavalier précèdent la main, et que ce soutien des jambes se continue jusqu'à ce qu'il ait obtenu la légèreté ; c'est lorsqu'elle sera parfaite que l'on reconnaîtra que le cheval n'est ni acculé ni sur les épaules.»

• «Pourquoi ne parle-t-on jamais de la contraction de l'encolure, d'où découlent toutes les résistances ?»

• «La légèreté, toujours la légèreté, c'est la pierre de touche, la pierre philosophale, c'est toute l'équitation, en un mot, c'est l'équilibre ; c'est une poutre que des ouvriers sont arrivés à placer de manière à ce que, se soutenant d'elle-même, un enfant puisse la changer de position.»

nombre d'hommes de cheval s'y réfèrent encore.

Il commença l'apprentissage de l'équitation en Italie, grâce à un oncle époux de Pauline Bonaparte et prince de Sulmone, qui dirigeait les écuries de Camille Borghèse. La cavalerie militaire occupe une place fondamentale dans les écuries royales, princières ou privées de l'époque, et son enseignement est dispensé par les meilleurs cavaliers comme il se doit, si bien que le jeune François Baucher en profite à loisir et qu'il travaille au sein de différentes écuries. Il abandonne le manège pour la piste du cirque en 1837.

Il possède alors quatre chevaux prestigieux qu'il a lui-même dressés : Partisan, Buridan, Neptune et Capitaine, et conquiert le Tout-Paris par ses reprises étonnantes. Ce ne sont que changements de pied au cours des figures les plus compliquées, pirouettes au galop sur trois membres, galops en arrière, passages en arrière, pirouettes au piaffer. Cet exceptionnel dressage attire les foules dans les gradins, au même titre que les foudres de ses détracteurs, dont font partie les émules du comte d'Aure. S'ensuivent des guerres d'école et de méthode, puis François Baucher triomphe à nouveau en gagnant l'insensé pari de dresser le cheval Géricault, réputé indomptable, violent et immontable. Avant lui, un adepte de d'Aure, pourtant grand cavalier, dut lui-même renoncer, et pourtant, vingt-sept jours plus tard, François Baucher montant Géricault fait son entrée sur la piste, sous les acclamations d'une foule en délire.

Bien sûr, François Baucher avait quelques secrets, et sa méthode avait pour principe de remplacer les forces instinctives du cheval par des forces transmises : l'animal travaille, la main du cavalier donnant tout sans amputer l'impulsion créée par la légèreté obtenue sans intervention des jambes.

François Baucher enseigna la pratique de l'équitation au cirque et dans divers manèges privés jusqu'à l'âge de soixante ans.

Disciple et ami de longue date, le général L'Hotte l'assista durant ses derniers instants, et nous rapporte ses dernières paroles, désormais célèbres dans le monde de l'équitation : «Alors prenant ma main et lui donnant

Obtenir la rectitude

L'expression célèbre «En avant, calme et droit» s'applique à toutes les figures de dressage, que ce soit sur une piste, un cercle ou dans le cas d'un déplacement latéral. Le cavalier doit toujours garder à l'esprit cette règle essentielle pour obtenir de sa monture les meilleurs résultats dans la réalisation de ces figures qui relèvent de mouvements de gymnastique élaborés.

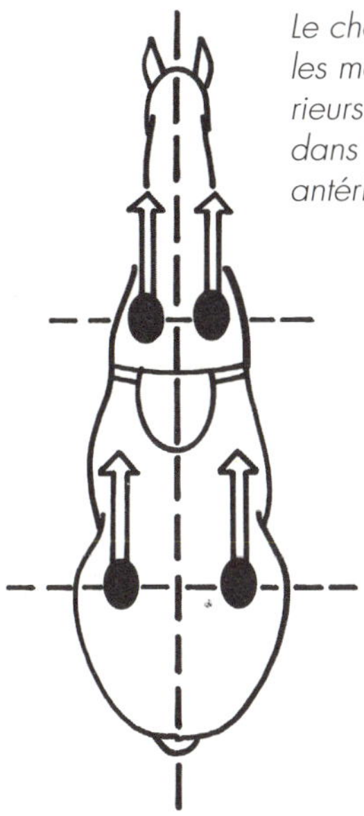

Le cheval se déplace droit, les marques des postérieurs étant parfaitement dans l'axe de celles des antérieurs.

Même lorsqu'il se déplace sur un cercle, le cheval maintient ses membres antérieurs et postérieurs dans le même axe. Quant au corps de l'animal, il s'incurve de la tête à la croupe.

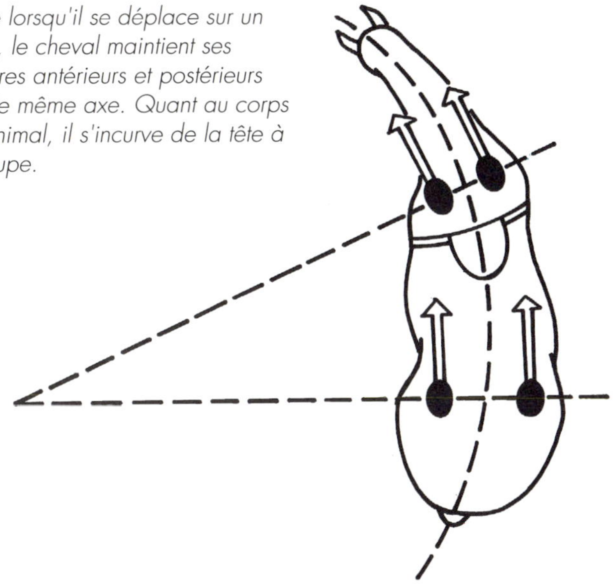

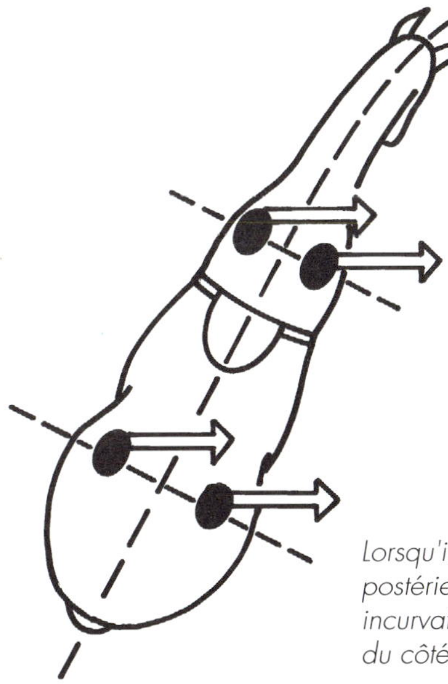

Lorsqu'il effectue des pas de côté, le cheval reste droit, les postérieurs dans l'axe des antérieurs, malgré une légère incurvation de l'encolure. L'assiette du cavalier est déplacée du côté de la progression.

BASSE ÉCOLE, HAUTE ÉCOLE

Ces deux expressions consacrées au dressage ont une signification précise et correspondent à des niveaux dont voici le détail :

Basse École
Le cheval travaille aux deux pistes (à main droite et à main gauche), à toutes les allures (pas, trot et galop) et à toutes les vitesses. Le changement de pied au galop est demandé.

Haute École
Les airs deviennent relevés. Le passage, le piaffer, le changement de pied au temps, ainsi que les pirouettes sont du niveau de la Haute École. Les chevaux de dressage de haut niveau ont à réaliser ces figures en compétition.
Airs d'école perpétués par les grandes académies équestres : courbette, croupade, cabriole, levade, pesade, ballotade.

la position de la main de bride, il dit : "Rappelez-vous toujours ça", et il immobilisa ma main sous la pression de la sienne "jamais ça", et il rapprocha ma main de ma poitrine. "Je suis heureux de vous donner encore ça avant de mourir."
Grand dresseur, enseignant hors pair, écuyer, selon le général, «au génie équestre le plus exceptionnel qui ait peut-être jamais existé... Un novateur d'une fécondité sans exemple» tel était François Baucher, mort le 16 mars 1873, et enterré dans la fosse commune !
Mais après tout, ne fut-ce pas là le sort réservé à un certain W. A. Mozart, autre génie s'il en fut ? Et si nous poussons plus avant cette comparaison pour le moins osée, nous dirons que les maîtres actuels d'équitation se réfèrent sans cesse à l'œuvre de François Baucher, comme les plus grands musiciens ne peuvent éviter de citer Mozart...

Entrons dans la danse

Si le cheval doit être correctement dressé, il va de soi que le cavalier doit l'être également. C'est-à-dire que ne s'improvise pas adepte de l'Art équestre qui veut, et qu'il faut déjà posséder de sérieuses bases d'équitation courante pour débuter dans cet exercice difficile.
Il convient de ressentir le cheval dans ses moindres aspects, physiques ou psychiques, et d'avoir une excellente connaissance de son anatomie. Connaître sur le bout du doigt les éléments du squelette, les muscles, leur fonctionnement lors de la locomotion, ainsi que leurs incidences sur l'équilibre de l'animal, est la clef de voûte de cette équitation aux règles strictes. Il faut également posséder une bonne culture équestre, se documenter, lire les écrits des anciens théoriciens et des modernes, les comprendre, les assimiler à dos de cheval, s'en imprégner. Mais la meilleure connaissance théorique, même si on l'applique sur le terrain, ne suffit pas à former un bon cavalier d'art. Vous devrez faire de nombreux stages avec les grands écuyers ou maîtres actuels, pour arriver au top-niveau de l'Art équestre.
Pour atteindre un niveau technique tel qu'il s'apparente à de la recherche pure et à un acte de création, le cavalier et son cheval doivent travailler ensemble en permanence, pour former une équipe indissociable. C'est tout juste s'ils ne doivent pas dormir ensemble ! Tout simplement parce que les figures très complexes demandées au cheval exigent une grande concentration, une bonne assimilation de ses capacités physiques et une grande confiance en son cavalier. En outre, pour effectuer les passages, pirouettes, cabrades, levades, pour piaffer, galoper à faux ou simplement trotter, le cheval devra satisfaire aux deux règles de base de l'équitation académique : l'équilibre et le rassembler.

Un cheval en équilibre passe ses postérieurs sous sa masse, tout en montant son garrot. Le cavalier n'obtiendra de sa monture un résultat probant qu'après un patient travail sous la selle.

L'équilibre

Un cheval est dit en équilibre quand il se soutient tout seul, oubliant le poids du cavalier sur son dos et parvenant à orienter ses forces et son énergie lui-même. Voici ce qu'en 1778 disait Montfaucon de Rogles : «L'équilibre est parfait lorsque, dans tous les airs et à tous les trains, le cheval, enfermé moelleusement dans les jambes et dans la main, les rênes étant pour ainsi dire flottantes, loin de chercher à s'appuyer ou à s'en aller quoiqu'on lui rende la main, s'élève au contraire, soutient sa tête, se grandit, se pare et sans rien diminuer de la vivacité de ses mouvements, semble se plaire à augmenter son action.» Comme chacun peut s'en rendre compte, parvenir à un tel résultat n'est pas un jeu d'enfant.

Le rassembler

Selon le général L'Hotte, en 1906, le rassembler est «caractérisé par la flexibilité des hanches, entraînant l'engagement des jarrets sous la masse.» La simplicité de l'énoncé fait étrangement penser à une formule à l'emporte-pièce de J.-S. Bach, disant que, pour bien jouer de la musique, il suffisait de jouer la note convenable au moment opportun ! Après tout, les maîtres ont aussi le droit de s'amuser... Mais, pour parvenir à un bon rassembler, il faut, si l'on en croit le général Faverot de Kerbrech, en 1891, «... apporter la plus grande attention à ce que le cheval n'ait pas le poids sur le devant (...). Aussi est-il indispensable avant de [lui] demander [de rassembler], de bien en débarrasser cette partie, c'est-à-dire d'obtenir la légèreté par l'élévation de l'encolure».

Postures à l'arrêt :
1 - Le cheval est en position régulière.
2 - Les postérieurs sont au centre de la masse : le cheval est rassemblé ; la posture est correcte.
3 - Le cheval est «mis sur les épaules» ; la posture n'est pas correcte.
Ces différentes postures permettent de juger de l'influence du poids du cavalier sur la tenue du cheval.

Danse andalouse ou lusitanienne

Les rondeurs naturelles du cheval ibérique lui permettent de s'exprimer avec autant de virtuosité dans l'art tauromachique que dans d'autres disciplines. S'il est capable d'effectuer des airs de Basse École devant le taureau, il est parfaitement capable de se perfectionner pour atteindre la gloire et le niveau de l'Art équestre.

Lors de l'appuyer, antérieurs et postérieurs du cheval se croisent simultanément. La ligne des épaules et des hanches forme un angle aigu avec l'axe de la marche.

L'épaule en dedans fait partie des figures de base destinées à assouplir le cheval. Les épaules sont maintenues vers l'intérieur de la piste, et la trace des antérieurs se trouve déportée à droite de celle des postérieurs. Le cheval avance droit en incurvant le corps, les postérieurs suivant un axe normal de marche.

Qu'il vienne de la sauvage Andalousie ou du fin fond de la Lusitanie, le cheval ibérique possède une prédisposition naturelle pour le dressage et il s'offre le luxe d'avoir la sensibilité pour qualité première. Il perçoit la plus infime indication des rênes ou des mains, au millimètre près. En outre, sa morphologie ronde et agréable à l'œil lui permet de rassembler facilement. Ajoutons que la souplesse de ses déplacements, la grâce et la légèreté de ses gestes en font d'emblée un danseur étoile aérien. Reste qu'à un tel artiste, il faut un chorégraphe de haut niveau pour lui permettre de s'exprimer. En d'autres termes, si le cheval est sensible et réceptif, le cavalier doit être maître de son art. Alors, seulement, ce couple parfait prendra un plaisir inouï à exécuter les plus difficiles figures, dansant et paradant devant une foule en extase.

Allures d'école

Pour le cheval ibérique, passage et piaffer sont les allures reines.

Le passage

On observe parfois cette allure chez des chevaux en liberté, inquiétés par un quelconque danger et qui s'éloignent l'encolure raide et la queue droite.

Au travail, le trot cadencé devient passage lorsque le cheval marque un temps d'arrêt, au moment où le geste de protraction d'un bipède diagonal atteint son maximum d'élévation.

En d'autres termes, l'animal semble se déplacer dans une sorte de trot au ralenti, avec des gestes lents.

Citons le capitaine Beudant (in *Extérieur et Haute École*) : «Les membres antérieurs s'élèvent et se soutiennent en s'arrondissant, les jarrets se plient comme mus par des ressorts, et les pieds rebondissent du sol comme des balles élastiques.»

Le piaffer

Le cheval effectue sur place les mouvements du trot, levant énergiquement les membres opposés en diagonale.

TRADITION ET PRESTIGE

En France, le Cadre Noir

Ils ont un ruban rose ou blanc autour de l'oreille gauche, et leurs cavaliers sont tout de noir vêtus, du tricorne au pantalon : tels sont les chevaux et les cavaliers du prestigieux Cadre Noir.

Ancien corps des instructeurs militaires de l'École de cavalerie, le Cadre Noir perpétue la tradition de l'équitation académique, au sein des superbes structures de l'École nationale d'équitation de Saumur. Là, les hommes en noir travaillent leurs chevaux selon les airs d'école suivants :

- *La courbette,* qui correspond à une cabrade obtenue à partir d'un rassembler : en équilibre, le cheval est en élévation pendant quelques instants.
- *La croupade,* identifiée à la ruade. Le cheval rassemblé prend appui sur les antérieurs, abaisse l'encolure, puis effectue une ruade des deux postérieurs vers le haut.
- *La levade,* qui est un saut sur place dérivant de la courbette. Le cheval rassemblé s'élève sur son arrière-main, antérieurs fléchis, les postérieurs engagés au maximum et les hanches fortement ployées.
- *La ballotade* dérive du saut de mouton. Le cheval saute sur place avec les quatre membres, puis il fléchit les jarrets comme s'il se préparait à ruer.
- *La capriole* ou *cabriole* enchaîne une ruade à la ballotade.

Le Cadre Noir donne des représentations à Saumur, mais aussi un peu partout en France et dans le monde entier. On a souvent l'occasion de voir une partie du spectacle au Salon du Cheval et du Poney de Paris.

En Autriche, l'École espagnole de Vienne

Autre académie équestre prestigieuse, l'École espagnole de Vienne perpétue la tradition française – comme son nom ne l'indique pas –, en puisant ses sources chez La Guérinière et quelques autres grands maîtres français. Ses célèbres Lippizans à la robe gris très pâle possèdent du sang Andalou : c'est d'eux que vient la dénomination hispanique de l'école.

A l'âge de cinq ans, ils sont initiés aux airs relevés, au saut d'école, au travail aux longues rênes, au travail au pilier ainsi qu'à la formation d'un carrousel de huit cavaliers. Par tradition, un étalon bai-brun ouvre le spectacle, et les cavaliers portent la livrée du XVIIIe siècle. La longue et fine cravache est en noisetier.

L'École espagnole de Vienne offre au public un spectacle d'une très grande rigueur et d'une non moins grande beauté dans son manège prestigieux, et parfois en France.

Les Lippizans de l'École espagnole de Vienne subjuguent les foules à chacune de leurs démonstrations. Originaire de Lippiza, près de Trieste, le Lippizan descend de chevaux Andalou, Napolitain, Kladruber, Frederiksborg et Arabe. Une forte proportion de sang Andalou coule dans ses veines depuis la création de cette école en 1729. Ici, un Lippizan effectue un appuyer au trot.

Le travail à pied fait partie de la tradition, comme en témoigne cette cabriole effectuée par un cheval de pure race espagnole, appartenant à l'École royale d'Art équestre de Jerez.

Le galop-à-terre

Travail identique au piaffer, mais le cheval effectue sur place des battues de galop, et non de trot.

Dressage à pied

Les figures d'école font appel par tradition à deux techniques spéciales de dressage. Ce sont les longues rênes et les piliers.

Les longues rênes

Ce sont deux rênes d'une longueur égale à une paire de guides d'attelage. Fixées à l'embouchure, elles coulissent dans les anneaux du surfaix (sorte de large ceinture de cuir située à l'emplacement de la selle), pour aboutir dans les mains du dresseur. Celui-ci est à pied, légèrement à côté de la croupe de son cheval, ou derrière lui, et s'aide d'une gaule pour parfaire le dressage.

Le travail aux longues rênes est une discipline à part entière, qui demande une grande précision de geste et un niveau de dressage poussé pour effectuer des airs relevés. L'absence de la jambe du cavalier augmente la difficulté, et le cheval danse en effectuant des passages, des piaffers et des sauts d'école, sous les seules indications de la main.

Les piliers

Ce sont deux poteaux en bois de 1,50 à 1,70 m de hauteur, espacés de 1,45 m, solidement plantés dans le sol du manège ; leur apologie fut faite au XVIIe siècle par le maître français Pluvinel.

Le travail aux piliers favorise le rassembler par l'abaissement de l'arrière-main et l'engagement des jarrets sous la masse. Harnaché d'un caveçon, le cheval est attaché par deux longes entre les deux piliers. De la sorte, il ne peut étendre son action, et son impulsion provoquée par les gaules est canalisée vers le haut, permettant à l'avant-main de s'élever aisément.

L'École espagnole de Vienne et le Cadre Noir de Saumur emploient toujours longues rênes et piliers pour dresser leurs chevaux et présentent ces techniques de dressage dans leurs spectacles.

La voltige, ou la témérité calculée

Les cosaques ou la voltige en ligne

Peuple de cavaliers des grandes steppes de la Russie méridionale, les Cosaques perpétuent à l'aube du troisième millénaire une tradition équestre vieille comme le monde. Anciennement semi-nomades et guerriers émérites, aussi braves et téméraires que les Mongols de Gengis khan, ils ne montent plus à cheval pour se battre, mais pour offrir un spectacle fabuleux relevant de la plus haute acrobatie.

Jeux équestres

Tournant autour du cheval, la fierté du Cosaque, les jeux organisés dans les villages ou les campements permettaient autrefois à chacun de rivaliser d'adresse lors des rencontres avec les meilleurs voltigeurs. Mais la guerre équestre étant tombée en désuétude, ces entraînements ludiques au combat se sont peu à peu mués en spectacle de voltige, pour notre plus grand plaisir.
D'inspiration djiggite, l'une des plus fameuses familles cosaques, la voltige moderne a pour vocation d'effectuer des mouvements de gymnastique sur un cheval lancé au galop, en ligne droite, sur environ deux cents mètres.
A l'origine, les figures étaient exécutées pour les besoins de la guerre, et le combattant devait se dissimuler derrière son cheval pour éviter le feu de l'adversaire. Si ces acrobaties ont peu évolué depuis, les exigences du spectacle en ont créé d'autres, toutes plus spectaculaires les unes que les autres. En voici quelques-unes :

Le dissimulé
Pratiquée au combat, cette figure permettait au cavalier d'éviter les balles de l'ennemi, en se couchant le long du flanc de son cheval. Cette acrobatie guerrière était également très pratiquée par les Indiens, cavaliers hors pair s'il en fut.

La planche
Couché en travers de la selle comme un vulgaire sac, le cavalier diminue son volume, tout en continuant à combattre.

Poste hongroise à deux chevaux – ici des poneys Highlands.
Le voltigeur doit faire preuve d'une belle adresse.

Le poirier
Cela consiste à effectuer un poirier entre l'épaule et le garrot de sa monture, à l'arrêt. Quand le cheval est en plein galop, gageons que seul un Cosaque y parvient : il faut tenir en équilibre, jambes tendues vers le ciel, la tête appuyée sur un point fixe... qui ne l'est pas quand le cheval galope !

Se mettre debout
Il s'agit de tenir debout sur le dos ou la croupe du cheval au galop. Signalons que les Cosaques ne sont pas les seuls à réaliser cette prouesse : tout bon cavalier de cirque y parvient, et c'est d'abord une spécialité des Hongrois.

La traînade
Le pied dans l'étrier, le cavalier laisse glisser son corps le long du sol, sans se faire mal. Il faut avoir une extrême confiance en son cheval, et celui-ci doit être parfaitement habitué aux facéties de son cavalier, cela va sans dire...

La terre à cheval

Pour effectuer cette acrobatie, le voltigeur descend de cheval d'un côté, pose les deux pieds par terre, puis remonte immédiatement sur le dos de sa monture.

A terre de chaque côté

Cette fois, le cavalier descend d'un côté, touche le sol des deux pieds, remonte à cheval en passant par-dessus la croupe, puis va toucher le sol de l'autre côté.
Pour bien montrer ce qu'il sait faire, il recommence généralement l'opération plusieurs fois de suite, sans s'arrêter.

DES SERVICES POSTAUX SPÉCIAUX

Le Poney Express
Au siècle dernier, les Américains ont créé un service postal original, à cheval, chargé de distribuer le courrier sur de longues distances, avant l'avènement du chemin de fer : le Pony Express. L'originalité de ce service ne vient pas des distances parcourues, ni des exploits des postiers de l'époque, mais bien des sacoches où l'on plaçait le courrier : le cavalier disposait de deux sacoches à l'avant et de deux à l'arrière reliées entre elles par une grande pièce de cuir qui habillait le siège de la selle. Cette particularité générait un gain de temps important lors du changement de cheval, et réduisait à néant le problème de la répartition du poids lors du chargement. Le postier n'avait plus en outre à se soucier de fixer son paquetage, puisqu'il voyageait dessus !

La Poste hongroise
Plus sportive est la célèbre Poste hongroise, qui se couvrit de gloire dans la Puszta, immense steppe à la végétation arborée si rare qu'elle permet des chevauchées à l'infini...
L'attelage traditionnel se compose de cinq chevaux, trois étant placés en tête (on dit : en volée) et deux en arrière. Sur chaque ligne, les chevaux sont reliés entre eux au niveau de la tête par une fine longe, et le postier ressemble à tout sauf à un postier tranquillement assis sur le siège de sa carriole, car il n'y a pas de voiture... Le postier hongrois est un cavalier émérite, adepte de la haute voltige, qui se tient debout, un pied sur la croupe des deux chevaux de l'arrière ! D'une main, il tient les guides et le fouet et, de l'autre, le courrier qu'il distribue au grand galop.
La Poste Hongroise est bien entendu une cascade fort difficile à réaliser. Il faut tout d'abord cinq chevaux de morphologie et de force similaires, pour qu'ils puissent tenir exactement les mêmes allures en même temps. Il faut ensuite cinq chevaux qui s'accordent entre eux, acceptant de galoper serrés côte à côte, ou nez dans croupe. Il faut encore cinq chevaux capables d'obéir parfaitement à la voix, de démarrer le galop après le pas en évitant le trot, allure très inconfortable pour le cavalier debout non pas sur une croupe, mais sur deux. Cinq chevaux qui reconnaissent leur gauche de leur droite, galopant comme des fous dans un ensemble parfait, capable de s'arrêter en douceur et tous ensemble, pour que ceux de l'arrière ne viennent pas buter dans ceux de l'avant... Il faut enfin un cavalier-voltigeur ayant un sens de l'équilibre hors du commun, un certain sens de la mesure et une bonne capacité d'appréciation pour canaliser la vitesse et coordonner les chevaux qu'il dirige d'une seule main.

A

rriver à conserver une trajectoire correcte, malgré le poids déséquilibrant du cavalier, est un des tout premiers exercices demandés au cheval. Quant au voltigeur, on lui demande de ne pas fermer les yeux !

La croix de la mort
Le cavalier se laisse pendre par les étriers le long du flanc de l'animal, la tête en bas.

Passage sous le ventre
Cela peut être très dangereux. Il faut posséder un cheval bien cadencé, dont les antérieurs ne remontent pas trop sous le ventre lors du galop. Ou alors, il faut être inconscient... pour se glisser d'un côté du cheval, lui passer sous le ventre, et remonter de l'autre côté. Cette figure aussi était un jeu indien.

Face à l'arrière
Dans ce cas, il s'agit de galoper assis à l'envers, la tête tournée vers la croupe.

Notons que toutes ces acrobaties s'effectuent non pas lors d'un petit galop tranquille, mais sur un cheval lancé à son maximum. Au départ, le cavalier se met normalement en selle, lance son cheval au triple galop, puis exécute sa figure quand celui-ci a atteint sa vitesse maximale. Il a alors environ quatre ou cinq secondes pour présenter sa figure, puis se remettre en selle correctement et arrêter sa monture. Le tout, sur 200 m...

Devenir voltigeur djiggite

Il n'est pas nécessaire d'avoir de gros bras pour être voltigeur, au contraire. Les exercices hautement spectaculaires de la voltige djiggite demandent avant tout une excellente souplesse, une maîtrise de soi absolue et un entraînement intense. Les femmes, aussi bien que les hommes, peuvent y exceller.
Afin de pouvoir se produire en spectacle, un bon Cosaque apprend à effectuer les figures à toutes les allures, à commencer par l'arrêt. Le cavalier s'exerce à tourner sur sa selle, à placer jambes et mains en fonction de la figure, et à enchaîner ses mouvements. Il lui faut un cheval patient, car de très nombreuses répétitions sont nécessaires pour rendre les gestes automatiques. Ensuite, quand on est capable d'enchaîner les figures les yeux fermés, on lance le cheval au pas, puis au trot, et enfin au galop. Notons que le trot est sans doute l'allure la plus difficile à soutenir, car les secousses qu'il provoque gênent considérablement le voltigeur. Quand les figures «passent» bien au trot, le galop est une véritable récompense, car son allure et la souplesse

qu'il crée sont particulièrement bien adaptées à ce genre de travail.
Dans un premier temps, vous travaillerez sur un cheval rompu à ce genre de fantaisies, qui accepte calmement vos erreurs et vos cris, sans quoi vous courrez à la catastrophe...

Rester lucide

La voltige sollicite durement le corps et l'esprit. Si les mouvements, les torsions et les enchaînements demandent une excellente condition physique, que l'on améliore par d'incessantes répétitions, leur réalisation et le sentiment que vous en aurez requièrent une forme psychique à toute épreuve.
Comme tout cascadeur qui se respecte, vous devez être à la fois suffisamment fou pour envisager de pratiquer ce genre d'exercices, assez téméraire pour les tenter, casse-cou juste ce qu'il faut pour y parvenir, mais aussi et surtout, parfaitement maître de votre art, de vos possibilités physiques, de votre corps, et faire montre d'une lucidité exemplaire en toute circonstance. Vous ne devez en aucun cas être surpris par la tournure des événements, mais en connaître toutes les formes, et ne vous lancer dans l'aventure qu'après en avoir calculé tous les risques possibles. Une règle d'or de la haute voltige est d'ailleurs de ne jamais tenter quoi que ce soit au-dessus de ses moyens, sans quoi on va droit à l'accident. Au cavalier de maîtriser et d'améliorer ses faiblesses par l'entraînement, et de se spécialiser sur ses points forts.
Dans le bruit et la fureur d'un galop fou, le spectateur vit des secondes haletantes qui durent une éternité. Son cœur bat à se rompre, et il n'est que de voir son exaltation à la fin du passage pour s'en convaincre. Mais que dire des quelques secondes de voltige vécues par le cavalier ? Pas question pour lui d'une faute d'attention. Utilisant l'impulsion donnée par la vitesse de son cheval, il travaille en souplesse, ne faisant appel que le moins possible à ses forces. C'est la vitesse qui le fait rebondir quand il «joue» à descendre de cheval, puis à passer d'un côté à l'autre pardessus la croupe. C'est la vitesse qui lui permet de tenir la tête en bas sans se fracasser le crâne au sol, ou contre les sabots qui le frôlent. C'est la vitesse, mais ce sont aussi la précision de ses gestes, sa maîtrise du risque, la connaissance qu'il a de son cheval, la confiance que celui-ci a de son cavalier. Là encore, la réussite ne tient pas seulement aux qualités d'un cheval ou d'un cavalier, mais au travail d'une équipe parfaitement soudée.

A cavalier téméraire, cheval de haute voltige

Les chevaux de voltige mesurent entre 1,55 m et 1,58 m au garrot et sont donc de taille moyenne pour faciliter les exercices. Si les Cosaques montaient les chevaux des steppes autochtones, les voltigeurs actuels portent plutôt leur dévolu sur l'Andalou ou l'Arabe, ou encore sur des croisements hispano-arabes. En effet l'Arabe comme l'Andalou aiment le spectacle, la parade. Ils apprécient les applaudissements, et sont suffisamment cabotins pour goûter les joies d'un beau défilé. De plus, leur belle prestance augmente l'aspect spectaculaire des jeux, grâce à une encolure altière, un fier port de tête et des allures relevées. En outre, l'origine ibérique de tels chevaux simplifie leur dressage, dans la mesure où ils sont coopératifs et conciliants de nature.
Un voltigeur professionnel consciencieux s'attachera à employer un cheval parvenu à un bon niveau de dressage en Basse École. L'animal devra répondre à la jambe isolée, pour favoriser un bon déplacement des hanches, et connaître la rêne d'appui, pour être dirigé par une seule main. Il devra être capable d'effectuer des figures classiques comme les épaules en dedans, les appuyers (un déplacement latéral du cheval) ou le rassembler.
Enfin, il doit pouvoir exécuter des figures tout aussi spectaculaires, telles que le passage ou le pas espagnol (les antérieurs effectuant un grand mouvement circulaire en avant), l'une après l'autre, sans broncher.
Par ailleurs, quand un cheval est lancé au galop, il a du mal à conserver une trajectoire rectiligne si son cavalier déporte son poids d'un côté ou de l'autre et aura tendance à se laisser entraîner par la poussée du cavalier.

Spectaculaire, mais terrifiante au premier abord pour le cheval, l'épreuve du feu démontre que l'animal est capable de se surpasser et que la confiance règne entre son cavalier et lui.

GRANDS CAVALIERS DU XXe SIÈCLE

Les troupes de cascadeurs professionnels sont en général composées de cinq à dix personnes, suivant la saison. De type ibérique, la plupart du temps, les chevaux demandent un travail quotidien d'entretien et d'amélioration de leurs connaissances. Partout, le cascadeur est demandé pour régler des problèmes techniques, que ce soit pour le cinéma, la télévision, le théâtre, le cabaret ou la publicité.
En France, on connaît Jean-Charles Andrieux et ses cavaliers voltigeurs, Jackie Venon et ses spectacles moyenâgeux, Georges Branche à la Mer de sable en forêt d'Ermenonville, Pierre Pakhomoff, spécialisé dans la voltige, Claude Auger et ses cobs normands, ou encore Mario Lurashi, qui régla les cascades équestres du film *Les Cavaliers de l'orage*. Sait-on que François Nadal, engagé par un studio américain, eut besoin d'une année pour régler la fameuse course de chars de *Ben-Hur* ?

Aussi, il doit tenter de faire disparaître progressivement cette tendance par un travail progressif au cours duquel le cavalier, penché d'un côté, redresse la trajectoire par une indication des rênes tenues suffisamment longues. Peu à peu, le cheval apprend à suivre une ligne droite en compensant par un effort musculaire important la force qui tend à le déporter. Il aura totalement assimilé cet apprentissage le jour où son cavalier pourra lâcher les rênes sans que la trajectoire soit changée.

Un équipement spécial

Il n'est pas possible d'exécuter les figures acrobatiques des Cosaques avec une selle anglaise ou américaine, et il importe d'utiliser une selle de voltige. Pesant entre 10 et 15 kg, sa conception remonte à la grande époque des Cosaques, et le modèle actuellement en vente est directement inspiré de la selle djiggite, dont il reprend la forme et le dessin. Difficile à trouver, on est souvent obligé d'en commander spécialement la fabrication à un bourrelier. Certains cascadeurs la fabriquent d'ailleurs eux-mêmes, comme le fait notamment Jean-Louis Armant.
Ce voltigeur utilise deux arçons en forme d'hélice, fabriqués en bois lamellé-collé. Le pommeau, démontable pour les besoins de la cause, ressemble à un petit manche. Les poignées en cuir peuvent prendre diverses positions, permettant au cavalier de trouver ses marques pour chaque figure. Trois sangles assurent le maintien de la selle sur le dos du cheval : l'une se trouve au passage normal de sangle, l'autre se situe un peu en arrière et la troisième prend la selle sur le dessus pour faire le tour de la cage thoracique de l'animal. La selle elle-même reçoit un épais coussin de cuir rouge ou noir sur le dessus et, sur le dessous, on colle un tapis de feutre doublé de cuir.
Un collier de chasse assure un maintien supplémentaire de la selle : deux sangles fixées de part et d'autre du pommeau rejoignent une sangle plus large disposée sur le poitrail, duquel part une autre sangle qui rejoint la sangle principale sous le ventre du cheval.
Ainsi sanglée, la selle supporte des tractions importantes et offre au cavalier une position confortable.

Un voltigeur, une selle. Chaque cavalier règle sa propre selle et y apporte les modifications nécessaires, en fonction de sa morphologie.

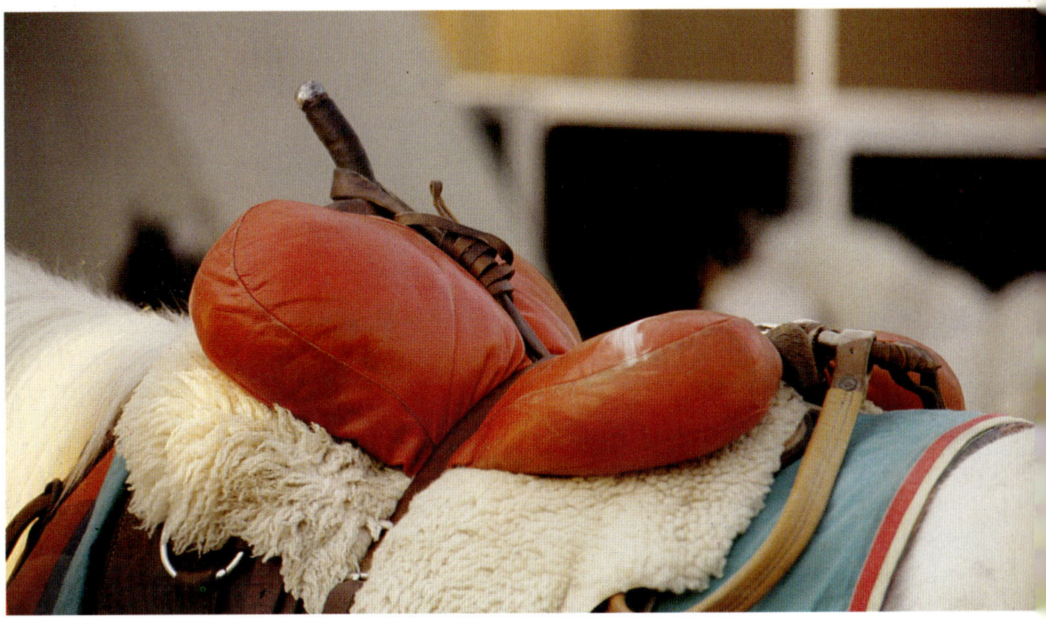

Un vêtement simple

Vous avez peut-être assisté à un spectacle donné par des Cosaques, habillés de pantalons bouffants et de chemises flottant au vent, mais, avant de parvenir à leur niveau d'équitation, contentez-vous d'un habit plus sobre, pour votre sécurité. Un pantalon trop large et une chemise bouffante augmentent les risques d'accrochage et d'accident lors d'une voltige. Aussi choisirez-vous un vêtement des plus simples, le plus moulant possible. Le pantalon collant d'équitation traditionnelle semble particulièrement adapté à ce genre d'évolution. De même, vous compléterez votre panoplie par des bottines souples (comme celles des Cosaques), et non par de grandes bottes rigides.

Voltigeons, voltigez

Si la voltige en ligne droite est un art davantage réservé aux professionnels du spectacle qu'aux moniteurs de centres équestres, certains d'entre eux la proposent toutefois de façon sérieuse, et vous les connaîtrez par l'intermédiaire des revues spécialisées.
Les professionnels de la voltige se produisent dans toute la France à l'occasion de spectacles équestres tels que foires, fêtes du cheval, ou salons. Certaines troupes ont pignon sur rue et n'acceptent guère les amateurs qu'el-

Lorsqu'on dit Camargue... on pense souvent Crin-Blanc. Mais au-delà de la célèbre histoire, il y a une race de petits chevaux blancs et de nombreuses traditions équestres : des jeux, tels que celui du foulard ou de la rose, et des courses de taureaux au cours desquelles le taurillon est saisi et immobilisé au moyen d'une grande fourche en bois afin d'être marqué.

En France, la chasse à courre concerne quelque 200 équipages. Les chevaux utilisés appartiennent généralement à la race des Trotteurs, endurants et calmes. Il est possible de suivre une chasse à courre dans les principales forêts domaniales. Mais, depuis peu, des «drags» sont organisés dans le centre de la France : il s'agit de parcourir bois et prairies à la poursuite d'un leurre ; des obstacles variés et plus ou moins difficiles à franchir sont placés sur le parcours, faisant de cette pratique un véritable sport.
En Grande-Bretagne et en Irlande, la chasse à courre est très prisée. Le Connemara, le Hunter (cheval de chasse à courre à part entière) sont dressés à sauter murets de pierre et clôtures, ce qui suppose un bon niveau d'équitation pour les cavaliers.

les refusent la plupart du temps de former. Néanmoins, vous pouvez toujours tenter votre chance, si vous avez contracté le virus de la voltige, auprès d'une troupe mixte, fonctionnant tant avec des amateurs qu'avec des professionnels, pour des raisons financières qu'il est aisé de concevoir. Les professionnels ayant tout intérêt à former au mieux les futurs voltigeurs, ils vous dispenseront un enseignement des plus honorables.
Les bases de la voltige dite académique, si vous les possédez, faciliteront votre apprentissage de la voltige en ligne mais les buts recherchés et l'esprit de la compétition sont très différents de l'une à l'autre. Si la voltige en ligne n'offre pas toujours des figures parfaites, pointes des pieds tendues ou ronds de bras par exemple, elle compense largement ces «faiblesses» par l'aspect spectaculaire et animé de ses prestations. En ligne, le cheval galope comme un damné, le cavalier voltige comme un fou, et les spectateurs exultent en applaudissant à tout rompre. La voltige en ligne, c'est la fête, et ce n'est pas pour déplaire à l'Andalou ou à l'Hispano-Arabe que vous chevauchez.

Le retour des chevaliers

Parodiant François Villon, ne pourrions-nous pas nous demander : «Mais où sont les chevaliers d'antan ?»
De fait, bien avant l'invasion de la culture américaine, nos âmes d'enfants étaient bercées par les exploits des chevaliers en armure. Nous étions Lancelot du Lac, Gauvain ou Perceval. Nous devenions Roland, et le sort de la bataille de Roncevaux s'en trouvait bouleversé. Nos têtes blondes s'emplissaient du fracas d'épées toutes plus magiques les unes que les autres, et résonnaient de lourdes cavalcades...
Or, voilà que ces preux chevaliers reviennent. A la différence près que ce ne sont plus des enfants qui jouent, mais des adultes, pour la plus grande joie de tous.
Chaque été, des reconstitutions historiques redonnent vie aux châteaux médiévaux dont la France regorge, et des troupes de cascadeurs font renaître les jeux équestres d'antan, lors de joutes ou de tournois spectaculaires. Mais il s'agit là d'un travail sérieux, bien plus que d'un jeu, car les risques de chute sont nombreux.
Si le cheval est le roi de ces manifestations, le chevalier est un cascadeur professionnel, qui doit apprendre à tomber sans se faire mal et de manière spectaculaire. On peut être désarçonné par une lance, traîné par un étrier, assommé par l'adversaire, mais, à chaque fois, il s'agit d'en sortir indemne pour que le spectacle continue. Excellent cavalier, le chevalier moderne doit avoir une très bonne condition physique et une réelle maîtrise de soi au moment des joutes.
La magie du spectacle consistant à faire croire que tout est facile requiert un travail de longue haleine, un sens du théâtre et une énergie sans bornes, pour quelques minutes d'illusion. Et il va de soi qu'on ne joue pas à se battre à coup de lance sur n'importe quel cheval.

Joutes et tournois

Duel à la lance entre chevaliers, la joute fit trépasser en son temps bon nombre de combattants, dont le plus célèbre fut certainement Henri II, l'œil transpercé par la lance adverse. Si, de nos jours, la joute n'est plus meurtrière, elle demeure assez «virile». Les matériaux ont évolué, et la lance moderne, qui n'est qu'une arme de théâtre, est faite en sapin, son extrémité étant en balsa pour éclater en morceaux au moment de l'impact sur le bouclier adverse.
De même, l'armure a quelque peu changé, et seuls le bustier et le bouclier sont en métal, le reste étant en polyester, plus léger, permettant de monter à cheval seul et de se relever après une chute. L'époque où les fiers chevaliers ressemblaient au sol à de gros coléoptères sur le dos, incapables de se redresser – hormis le roi d'Angleterre Henri VIII, mais c'était un colosse parmi les colosses –, est révolue : de nos jours, les chevaliers sautent sur leurs pieds après avoir été désarçonnés. Passe-temps favori des chevaliers et des seigneurs quand ils ne faisaient pas la guerre, le tournoi est codifié au IXe siècle par Geoffroy de Preuilly. Il oppose deux groupes (ou deux équipes) de chevaliers au cours de jeux divers, que les spectacles modernes et historico-folkloriques de chevalerie s'attachent à présenter au public dans leurs règles anciennes. En voici quelques-uns :

La quitenne, ou quitaine

Un mannequin tournant sur un axe vertical tient un blason au bout d'un bras, et une masse d'armes au bout de l'autre. Le jeu consiste à se lancer au galop et à frapper de la lance le bouclier, en passant assez vite pour éviter la traîtrise du boulet qui vient vous assommer par derrière. Le problème est que plus le cheval va vite, plus le coup de lance est violent, et plus la rotation du mannequin est rapide, donc plus on risque d'être frappé par la masse d'armes. Le chevalier doit être souple et vigilant pour se baisser juste après avoir heurté le bouclier, et son cheval doit être assez bien dressé pour accélérer franchement à ce moment-là. En bref, on tombe souvent !

Les anneaux

Ils font appel uniquement à l'adresse du cavalier. De nos jours, les enfants y jouent sur les manèges des fêtes foraines. Le chevalier en armure doit enfiler sur sa lance le plus grand

nombre possible d'anneaux suspendus à une potence, en passant au grand galop. Il doit faire preuve d'adresse et de sang-froid, et son cheval doit être particulièrement entraîné à changer de trajectoire au dernier moment s'il a été mal dirigé au départ.

Les reconstitutions de tournois de chevalerie sont organisées par d'habiles cascadeurs, pour le plus grand plaisir des spectateurs et, pourquoi pas, des chevaux !

Le jeu des écus, le lancer de javelot ou le tir à l'arc
Ils font également partie du spectacle et se pratiquent au galop en une fraction de seconde.
Habileté, précision, force, sens de l'équilibre et du cheval sont les éléments nécessaires de la réussite. Notons au passage que le tir à l'arc à cheval, qui consiste à tirer sur une cible placée parallèlement à l'axe de la course, est une activité de plus en plus en vogue aux États-Unis, et que c'est une très ancienne tradition de l'archerie japonaise et indienne.

Chevaux de chevalerie

Datant de la fin du XIIe siècle, l'*Histoire des Quatre Fils Aymon,* plus connue sous le nom de geste *Renaud de Montauban,* met en scène un cheval légendaire appartenant aux quatre frères Aalard, Renaud, Guichard et Richart, avec lequel ils passent une partie de leur vie à fuir l'impérial courroux de Charlemagne. Ce cheval légendaire avait pour nom Bayard (de l'ancien français, qui veut sans doute dire «bai»), et il ne faut pas le confondre avec le *Chevalier sans peur et sans reproche,* qui vécut trois siècles plus tard et se couvrit de gloire sous Louis XII et François Ier.
Dans la *Chanson de Roland,* Veillantif est le cheval du héros malheureux, Sorel celui du comte Gérin, et Passe-cerf celui de son compagnon Gerier.
Participant corps et âme aux combats, faisant partie intégrante de la vie du chevalier, les chevaux sont tout aussi légendaires que leurs maîtres. Mais quelles étaient ces nobles montures ?

• Au Moyen Age, le *destrier* était un cheval que l'écuyer menait de la main droite (d'où son nom) en le tenant par la bride, et que le chevalier ne montait qu'au moment de combattre. Robuste, il devait supporter le poids d'un homme en armure et appartenait aux races de demi-trait, comme le Cob Normand par exemple.
• Le *palefroi* était un cheval de voyage et de parade, léger et gracieux, qui avait l'honneur des fêtes et des exercices équestres. Il était ordinairement blanc, gris ou noir, et on le montait pour pénétrer dans une ville. Pour améliorer le confort des voyages, on le dressait à marcher l'amble, déplacement simultané des membres d'un même côté qui procure une démarche très souple fort prisée des dames montant en amazone. (Certains chevaux, comme le poney d'Islande ou le Paso péruvien, marchent naturellement l'amble, mais les autres ont besoin de subir un dressage approprié.)
• Le *roussin,* solide cheval utilisé de préférence entier, était de grande taille et plein d'allant. Il s'illustrait sur les champs de bataille, et on le montait aussi pour chasser.
• Le *sommier* était l'équivalent de notre actuel cheval de bât, et transportait vivres et bagages du seigneur et de sa suite en déplacement.

Palefroi de tréteaux

De nos jours, tous ces chevaux sont remplacés depuis longtemps par l'automobile ou le char d'assaut, et seul le *palefroi* a survécu. Mais, si la variété des chevaux s'est réduite comme une peau de chagrin par rapport à celle du Moyen Age, c'est toujours leur présence qui émerveille les foules et met en valeur l'or des étendards ou les heaumes luisants des chevaliers. C'est toujours grâce à eux que les spectacles sont vivants, et que l'illusion s'installe le temps d'un combat ou d'une parade. Si dans le spectacle les cris des chevaliers ont parfois un je ne sais quoi d'incongru, les hennissements des chevaux sonnent toujours sur la juste note, comme il y a des siècles. N'est-ce pas justement parce que nous avons perdu l'habitude de les côtoyer et qu'ils ne jouent pas totalement la comédie, galopant exactement comme ils galopaient jadis ? N'est-ce pas surtout parce que *Le Cheval* devient peu à peu un animal mythique, après avoir été si longtemps notre compagnon de tous les jours et de toutes les besognes ?
Aujourd'hui, on utilise le *palefroi* lors des reconstitutions médiévales équestres. Acteur au même titre que son cavalier, il est capable de jouer plusieurs rôles, selon les besoins de la cause, ce qui était impensable du temps des destriers. On fait endosser au cheval une

HAUTS LIEUX DES FÊTES ÉQUESTRES

Sanctuaires des épopées moyenâgeuses, les châteaux de Montségur, de Peyrepertuse, de Quéribus ou de Foix, ceux de Saint-Fargeau, de Murol ou du Puy-du-Fou, revivent leurs fastes et leurs tragédies passés, le temps d'un été. Avec eux, renaît un village ou une région, chaque habitant concerné mettant un point d'honneur à ce que «sa» fête soit plus belle et plus «vraie» que celle du voisin. Le cheval est roi, et aux nombreux figurants costumés se mêlent parfois les cavaliers du pays. C'est alors pour eux (pour vous), l'occasion de s'initier à la voltige ou à la cascade, si le cœur leur en dit, et de goûter le spectacle en ayant l'impression d'y participer.

grande cape, sorte de couverture décorée des armoiries du seigneur, qui le couvre parfois de la tête à la croupe. Si la selle et le filet, décorés pour la circonstance, ne sont pas d'époque, ils sont plus confortables pour l'animal et son cavalier...
Commence alors l'échauffement derrière les tentes des seigneurs, à l'abri des regards indiscrets. Comme un sportif avant une épreuve, le *palefroi* de spectacle demande quelques soins, et ses muscles ont besoin d'être assouplis. Habitué aux spectacles, il sait que l'heure d'entrer en scène approche, entend les gradins se remplir, «sent» la foule, écoute la musique annonçant l'ouverture des jeux.
Il a le trac, comme tout acteur qui se respecte, comme le chevalier juché sur son dos, qui s'efforce de le calmer et qui lui demande de s'avancer au pas vers la lice colorée dès les premiers roulements de tambour. Alors le trac disparaît, et commence le travail, com mence le spectacle.
A 150 m de lui, le cheval aperçoit son compagnon d'écurie avec lequel il va lutter. La lance remonte doucement le long de son encolure, le bouclier grince, le chevalier ajuste les rênes et, dès lors, il faut galoper vite et droit, galoper sans défaillir, même si les rênes pendent sur l'encolure, galoper sans marquer l'instant du choc fracassant, continuer en droite ligne jusqu'au bout, jusqu'au temps de reprendre son souffle, flatté par un chevalier qui est resté en selle et qui exulte sous les applaudissements et les cris des spectateurs.
Il va falloir faire quelques appuyers devant les gradins, saluer sur les postérieurs, piaffer un peu pour faire croire qu'on s'énerve et impressionner l'adversaire (et la foule), puis se replacer sur la ligne de départ.
Parfois, le vent fait tourbillonner la poussière autour du cheval, et se mêler crinière et couverture. Piaffant, l'animal est prêt à s'élancer au moindre signal, au petit galop tout d'abord pour jauger l'adversaire, puis à fond dans les derniers mètres avant l'affrontement.
Il entend les lances se fracasser sur les boucliers, les cris des chevaliers, sent son cavalier désarçonné, tiré par un étrier, mais ne dévie pas sa route malgré ce poids qui le déporte. Il ne s'arrête qu'en bout de lice dans un nuage de poussière et attend calmement que le chevalier se relève et remonte sur son dos.
Le dressage du *palefroi* ne s'arrête pas au galop intensif. L'animal connaît les rênes d'appui, la jambe isolée, le bruit des armes, le vent et la poussière, la foule massée tout près de lui qui vocifère, la chute du cavalier. Le cheval connaît «son métier» sur le bout des sabots et se prend au jeu autant que les hommes. Sans lui, sans son approche professionnelle du tournoi, les reconstitutions historiques ne seraient que mascarades imparfaites.

Dans les coulisses

Si les chevaux qui combattent ne reflètent pas exactement la réalité historique, dans la mesure où ce ne sont pas des *destriers*, les costumes et les décors sont par contre copies conformes du passé. Ils sont issus de descriptions précises données par les textes anciens, les gravures et les historiens, avec le même souci de vérité qui fait qu'on joue désormais la musique de l'époque sur des instruments de l'époque (en fait, des copies exactes). Si un tournoi est prévu pour commémorer la naissance d'un quelconque prélat, à une date et en un lieu donnés, les chevaliers et les chevaux revêtiront les parures de l'époque, et non celles qu'on portait un siècle plus tôt ou plus tard, à mille lieues de là.
Dans le même sens, on ne montre plus n'importe quoi n'importe comment pourvu qu'il y ait de belles chutes, mais on s'efforce de construire un scénario précis, tentant de reconstituer le spectacle authentique, celui qui s'est déroulé sous les yeux de nos lointains ancêtres...
Puisque les combats ne sont que spectacle, et que le spectacle n'est qu'illusion, chaque chevalier, chaque cheval doit tenir un rôle bien précis. On ne tombe plus au petit bonheur, mais au moment voulu, de la façon voulue, et au lieu choisi. Pour ce faire, on répète inlassablement le spectacle, comme n'importe quelle troupe de comédiens prépare le sien. De la sorte, si le spectacle ne perd en rien son intensité, on évite au maximum les erreurs grossières et les blessures, toujours possibles dans ce genre d'activité.

La piste aux étoiles

Ronde et moelleuse, entourée d'un muret recouvert de moquette rouge, la piste du cirque fascine toujours petits et grands. La magie de ce lieu intemporel les entraîne dans un voyage où le rêve envahit même les incrédules.

En butte à des problèmes économiques sans précédent, le cirque continue de vivre, vaille que vaille, et le cheval y tient une place toujours importante. Dressage en liberté ou monté et voltige en cercle sont les principaux numéros que l'animal effectue sous nos yeux.

Les saltimbanques animent à nouveau les places des villages. Basile, ce malicieux cheval de trait, fait preuve d'une compréhension et d'un sens du spectacle étonnants, et il adore jouer un bon tour à son dresseur pour amuser la galerie.

Le dressage en liberté

Sur la piste évoluent des chevaux libres, menés par un homme muni d'un stick et d'une chambrière (sorte de fouet à long manche), placé au centre du cercle. Au claquement du fouet ou de la langue, au son de la voix du dresseur, accompagnés par une musique dont ils connaissent toutes les mesures et tous les rythmes, les chevaux exécutent diverses figures, des carrousels, des voltes, des cabrades, dans un ensemble parfaitement synchronisé. Ils vont par couples, trios, quadriges ou formations plus importantes, si la fortune du cirque et la largeur de la piste le permettent. Ils se croisent, se suivent et se regroupent en ligne, en cercle ou en étoile, selon la volonté de leur dresseur.

Le dressage monté

Il connut ses heures de gloire au XIXe siècle, quand François Baucher présenta des chevaux dressés de Haute École. Dans la même lignée, Yves Bienaimé présente des airs classiques, associés parfois à une ballerine pour un pas de deux, au Musée vivant du cheval et du poney de Chantilly, dans le cadre prestigieux des grandes écuries du château.

La voltige en cercle

Elle relève de la gymnastique et de l'acrobatie. Si elle est moins spectaculaire et moins rapide que la voltige en ligne des Cosaques, elle n'en est pas moins difficile, ni digne d'intérêt. Au petit galop, l'artiste se tient debout sur la croupe du cheval, pour exécuter toutes sortes de numéros de jonglerie, faisant appel aux balles classiques, aux cerceaux et aux torches enflammées, dont le cheval ne doit avoir aucune crainte.

A deux, trois ou quatre chevaux, les cavaliers doivent faire preuve d'adresse et de grandes connaissances équestres pour monter au galop une poste hongroise ou une pyramide humaine. Les chevaux, quant à eux, doivent faire preuve d'une grande maturité, d'un excellent sens de la régularité de leur allure, aidés en cela par la musique, qui les «porte», et d'une grande confiance en leur dresseur.

Sur la piste magique du cirque, chevaux et artistes travaillent en étroite collaboration et perpétuent le dressage très particulier de la voltige en cercle, en émerveillant les spectateurs, petits ou grands...

Sauver les traditions

Malgré les difficultés rencontrées par la profession, l'avenir du cheval de cirque semble être assuré. En effet, les familles Knie à Genève, Krönes en Allemagne et Gruss en France s'attachent à perpétuer la tradition équestre du cirque et à la sauver du déclin. De son côté, Annie Fratellini forme des acrobates dans son École du cirque où la voltige à cheval a ses lettres de noblesse.

Patrick Gruss a monté une académie de voltige équestre, et son célèbre père Alexis racontait qu'il choisissait ses chevaux en fonction de leur regard : il devait être rieur ! Ses meilleurs chevaux (des Barbes arabes) lui furent ainsi fournis par les abattoirs de Marseille, ce qui semble surprenant. Mais si l'on considère que les animaux savent très bien ce qu'est un abattoir et ce qui les y attend, il faut reconnaître qu'un cheval au regard rieur en un tel lieu doit avoir un certain tempérament ! Et Alexis Gruss ne s'y trompait pas...

Parachevant l'entreprise de sauvetage du cirque, le ministère de la Culture, sensibilisé par le problème de la formation des artistes et de la transmission d'un art faisant partie de notre patrimoine, vient de créer une école du cirque à Chalon-sur-Saône.

Visages de

la compétition à cheval

Le goût de l'effort, l'attrait de la performance, le sens de la préparation sont autant d'éléments nécessaires à la compétition, univers où seul compte le résultat.
Indissociables, cheval et cavalier travaillent ensemble afin de partager l'euphorie de la victoire, même s'ils doivent se contenter bien souvent de l'amertume de la défaite.
L'essentiel n'est-il pas pour eux de vivre des heures et des mois d'une étroite collaboration pour parfaire une technique élaborée et de se sentir prêts quand vient le jour fatidique de l'épreuve ? Quelques secondes alors suffiront à les combler de bonheur.

Les trois disciplines olympiques

Quel cavalier n'a jamais été tenté de goûter aux joies de l'obstacle ? Saut d'obstacle rime avec spectacle, et cette discipline qui rassemble un grand nombre de pratiquants, aérienne et technique, a l'avantage d'être facilement compréhensible pour le spectateur. Mais cette facilité est beaucoup moins évidente pour le cavalier !

Le saut d'obstacle

Si les courses et le dressage ont depuis fort longtemps la faveur des cavaliers, le saut d'obstacle est une discipline relativement nouvelle, originaire de Grande Bretagne. En effet, Anglais et Irlandais chassent le renard à courre depuis des lustres et font sauter leurs chevaux par-dessus des obstacles naturels innombrables, lors de ces chasses, afin de poursuivre ce gibier difficile. De fil en aiguille, ils en sont venus à intégrer le saut d'obstacle dans leurs compétitions équestres, et cette discipline a été promue au rang glorieux de l'olympisme en 1912.

Depuis, règlements et techniques ont quelque peu évolué, mais, de nos jours, le saut d'obstacle est l'épreuve qui rassemble le plus

grand nombre de participants de tous les pays.
Pratiquer la compétition demande quelques moyens matériels, à moins de pouvoir se rendre sur le lieu du concours à cheval. De même qu'un coureur cycliste parcourt en voiture les routes qui séparent les villes où se déroulent les courses, la plupart du temps le cavalier transporte son cheval dans un camion ou une remorque jusqu'au terrain de concours.
Arrivé sur les lieux, il doit reconnaître le parcours, se préparer et préparer son cheval, l'échauffer dans le paddock et se concentrer en attendant son tour. Sur la piste, la moindre inattention est sanctionnée sans appel par la chute d'une barre défiant les lois de l'équilibre, posée sur des taquets de chandelier. Le cheval doit aussi être fin prêt et avoir une confiance absolue en son cavalier, sans quoi les fautes s'égrènent inexorablement les unes après les autres.

Un règlement simple

Le règlement du concours est simple : il s'agit de franchir un nombre précis d'obstacles, selon un ordre donné et un temps défini. La difficulté principale ne vient pas de la hauteur des obstacles à franchir (jusqu'à 1,65 m pour les concours de haut niveau), mais de pièges plus subtils, propres à faire perdre leur sang-froid au cheval et à son cavalier : virage serré qui déroute, faux plat qui coupe traîtreusement un bel élan, bosse qui efface une distance, pente qui accélère une allure quand il ne faudrait pas. En fait, à chaque épreuve, cavaliers et chevaux, qu'ils soient débutants ou habitués des concours, remettent en jeu leur travail et leur savoir-faire, car nul, même le meilleur, n'est à l'abri d'une faute.

Le bon dressage au bon âge

Observons un cheval qui saute un obstacle, et décomposons ses mouvements. Il lève les membres antérieurs, se propulse avec les postérieurs, semble planer au-dessus de l'obstacle, s'enroule autour de celui-ci en s'aidant de son encolure qui lui sert de balancier et retombe sur les antérieurs puis sur les postérieurs.
Effectué sans cavalier et sans répétition abusive, ce mouvement ne demande pas une musculature particulière, tous les chevaux étant «bâtis» pour courir et sauter. De même, un cheval normalement constitué franchit sans difficulté un obstacle d'un mètre de haut dans un pré, mais il lui est quasi impossible de répéter dix fois la même opération en un temps très court, comme c'est le cas sur un terrain de concours, car sa puissance physique ne le lui permet pas. Il faut donc l'entraîner et le muscler s'il est destiné à la compétition, exactement comme on le fait pour les sportifs de haut niveau.
De plus, avec un cavalier sur son dos, le cheval supporte un poids important et, s'il n'est pas entraîné, son équilibre risque d'être rompu. A l'homme alors d'intervenir par un dressage judicieux, et de ne pas tomber dans le piège consistant à vouloir faire trop tôt de son cheval une monture de compétition. Initié trop jeune, un cheval se fatigue et «s'use» vite ; entraîné trop souvent dans la semaine, il arrive épuisé à l'épreuve du dimanche.
Si l'on commence un dressage quelconque à l'âge de trois ans, il faut attendre cinq ans pour initier un cheval au saut. Pour cela, un travail à la longe le mettra en confiance devant les barres. Point n'est besoin de lui faire franchir des montagnes. Il s'agit seulement d'exploiter ses capacités naturelles au saut et de lui donner goût à cet exercice. En effet, dans son élément naturel, un cheval n'hésite généralement pas à sauter par-dessus un obstacle rencontré sur son chemin : un fossé, un tronc d'arbre, un muret, une palissade ou une rivière (un étalon franchit volontiers les obstacles qui le séparent du pré où s'ébat une jument en chaleur). Bien sûr, il en est qui ne le font que s'ils sont contraints, la plupart du temps par la peur et l'instinct de fuite ou l'impérieux besoin de trouver une nourriture qui fait défaut où ils se trouvent. Mais la plupart se prennent naturellement au jeu et il ne faut surtout pas commencer l'entraînement par des difficultés techniques qui les rebuteront.
Une fois que le cheval franchit correctement et sans appréhension de simples barres, on peut commencer à lui présenter certaines

Le saut d'un obstacle en cinq séquences

1

2

Dans les épreuves de saut d'obstacle, l'encolure du cheval joue un rôle fondamental dans le maintien de l'équilibre, et ceci à tous les stades du saut. 1-2-3 - A l'abord de l'obstacle, l'élévation de l'avant-main permet aux postérieurs de se rassembler, puis de se tendre afin de propulser l'ensemble de la masse par-dessus l'obstacle.
4 - Puis, lors du «planer», l'encolure oriente la descente du corps, évitant ainsi l'abaissement trop rapide des postérieurs, malgré l'abaissement du centre de gravité.

3

4

5 - Enfin, à la réception, l'encolure contribue toujours à l'équilibre de l'ensemble du corps du cheval et lui permet de repartir au galop.

5

En conséquence, permettre au cheval de franchir un obstacle dans de bonnes conditions, c'est user des rênes avec prudence et doigté.
Nombre de cavaliers anglais (Nick Kelton en est un exemple) pratiquent le saut d'obstacle avec des rênes longues, à la différence des cavaliers allemands qui, eux, laissent peu d'initiative à leurs chevaux.
Quant aux cavaliers américains, ils s'inspirent de l'équitation française, laquelle correspond à un compromis intéressant entre les deux précédentes techniques.

PETIT BOUT DE ZAN

Il défraie les chroniques équestres, il est l'idole des foules : Jappeloup de Luze est le cheval d'un cavalier : Pierre Durand.
Ce couple gagnant, indissociable, est unique dans l'histoire de la compétition équestre.

C'est un petit bai-brun mesurant 1,55 m seulement au garrot, véritable bombe capable de s'envoler au-dessus d'obstacles de 1,60 m de hauteur : vous avez sans doute reconnu Jappeloup de Luze, le médaillé des derniers jeux Olympiques de Séoul. Petit, il l'est certes, mais ses potentialités sont immenses et ses qualités exceptionnelles. Fidèle, il témoigne une confiance absolue envers Pierre Durand, son cavalier. Tous deux forment un couple indissociable qui a su vaincre l'échec.
Jappeloup est un seigneur qui attire les regards et, si vous assistez un jour à une compétition internationale, vous ne manquerez pas d'être hypnotisé par ce petit bout de zan qui a fait des émules.
Ainsi, en 1989, une petite jument fait parler d'elle sur les terrains de concours. Elle n'est pas facile, mais pleine de talent et de punch : La Belletière Moët et Chandon, montée par Hervé Godignon, devient championne de France.
Chez les trotteurs, en 1981, un cheval bai-brun gagne 11 courses de trot sur 14, dont le prix d'Amérique, le critérium de vitesse et le championnat du monde : Idéal du Gazeau défraie la chronique du monde turfiste, mais il ne correspond pas au type du trotteur classique, et les éleveurs le boudent. Il est conduit en Suède, où l'attendent presque toutes les poulinières du monde.
Les petits chevaux réactifs et pleins de vitalité seraient-ils en train de supplanter les grands chevaux dans les concours et les courses devenus de plus en plus techniques, et où la force pure apparaît moins importante ?

combinaisons, telles que des croisillons, des barres d'appel, des oxers ou des verticaux. Au début, on lui fait franchir les obstacles individuellement et, quand l'animal les a bien assimilés, on peut les combiner pour les lui faire enchaîner avec des intervalles de 7 à 12 mètres.

Lui donner un bon dos et de bons muscles

Le travail à la longe, qui nécessite un terrain approprié ou se pratique en carrière (terme un peu obsolète, définissant le lieu de travail dans lequel le cheval évolue), permet à l'animal de fortifier sa musculature, clef de voûte de la réussite en compétition. Une carence musculaire risque très vite de le dégoûter s'il n'a pas les moyens de réaliser ce que lui demande son cavalier, et le résultat lors d'un concours sera sans appel. L'animal va devenir exécrable, parce qu'il s'épuisera inutilement et travaillera davantage avec ses nerfs qu'avec ses muscles ; il refusera de sauter et rentrera le plus rapidement possible au paddock parce qu'il sera physiquement limité par manque de préparation. L'expression couramment employée pour désigner un cheval «au refus» sur un obstacle est éloquente : on dit qu'il «est au patin».

Un cheval en bonne condition physique a un dos rectiligne, une encolure développée, un poitrail éclaté, une avant-main et une arrière-main puissamment dessinées par des muscles visibles à fleur de peau.

Le dos, sur lequel repose le cavalier, est particulièrement sollicité, car il reçoit un poids mobile, et sert de courroie de transmission aux membres postérieurs. Sa musculature lui assure une souplesse au-dessus de tout soupçon et permet le maintien des vertèbres, ainsi que, dans une certaine mesure, leur protection. Il emporte l'ensemble cheval-cavalier quand les postérieurs passent sous la masse pour la soulever : le dos s'arrondit tout d'abord, puis se détend par-dessus l'obstacle. Certains chevaux utilisent naturellement la puissance de leur dos pour monter au-dessus de l'obstacle tandis que d'autres ont besoin d'être travaillés pour bien s'en servir et ne pas compter sur la seule force des postérieurs.

Vient ensuite la musculature de l'encolure qui agit comme un véritable balancier. Plus elle est puissante et souple, plus le balancier est efficace. Enfin, il faut muscler les épaules, les abdominaux et les membres.

Prendre de bonnes habitudes

Le travail à la longe en liberté et le travail monté font obligatoirement partie de l'apprentissage du cheval. Lors du saut monté, l'animal apprend à trouver un nouvel équilibre en tenant compte du poids de son cavalier et de l'action de sa main.

L'initiation, progressive afin de ne pas fatiguer ni décourager l'animal, est effectuée lors de séances courtes mais intenses, entrecoupées de sorties de détente en extérieur. Pour lui, rien de tel qu'une bonne balade en forêt pour fortifier son moral et parfaire sa condition physique.

Le pas est la meilleure allure pour développer le souffle, le trot muscle le dos et un galop d'échauffement sur un kilomètre, ni précipité ni excessif jusqu'au défoulement, favorise la fortification des muscles et des tendons. Le cheval doit être en avant : acquisition de l'impulsion, qui commence dès les premières leçons à la longe, puis s'assimile en travail monté, pour s'affiner sur les terrains de concours. Le cavalier, quant à lui, doit avoir une main de velours et tenir les rênes pas trop courtes.

Le travail à la longe convient aussi bien au dressage du jeune cheval que de l'adulte : débourrage, détente, assouplissement, sensibilisation à la voix, cadence des allures. Un cheval «cadencé», droit sur le cercle (qui ne «se couche» pas sur le cercle, ni ne fuit au niveau des hanches), s'obtient grâce à des séances d'entraînement régulières, dont la durée n'est jamais supérieure à vingt minutes, qui ont lieu alternativement à main droite et à main gauche.

En carrière, le cheval apprendra les départs au galop, les arrêts, les allongements et les changements de direction. L'usage de l'enrênement le contraint s'il est réticent devant certaines gymnastiques, notamment pour abaisser l'encolure afin de lui arrondir le dos et d'engager les jarrets. Le Gogue, le Chambon, les rênes allemandes ou les élastiques sont parfois employés par les dresseurs, pour certains chevaux, mais leur efficacité est variable, et leur usage n'a rien d'obligatoire, ni de permanent.

Savoir s'entraîner...

Dans un premier temps, le seul fait d'avoir une bonne position en selle et une assiette correcte, puis de garder son équilibre aux trois allures du cheval, suffit pour envisager le saut. Mais, dès que se présente l'obstacle, si bas soit-il, il n'est pas un cavalier qui ne soit pris d'une certaine angoisse, plus ou moins maîtrisée selon le tempérament de chacun. Il faut donc être en pleine possession de ses moyens, tout à fait motivé, et avoir confiance en soi pour vaincre son appréhension. De plus, il est évident qu'un bon entraînement, un échauffement progressif et une bonne connaissance de sa monture s'imposent.

On s'échauffe tout d'abord au pas, puis aux allures rapides sur des cercles, des «huit-de-chiffres» (figures décrivant un huit), des courbes et des allongements.

Ce faisant, le cavalier échauffe ses propres muscles, s'applique à déchausser les étriers au trot et au galop pour affiner son assiette même s'il redoute de le faire (en fait, s'il chute, il ne risquera pas d'être traîné par un étrier). Il apprend aussi à se mettre en suspension aux allures rapides ; c'est-à-dire qu'il se tient debout sur les étriers, en équilibre au-dessus du pommeau de la selle s'attachant à conserver une bonne souplesse aux articulations des genoux et des chevilles, la jambe fonctionnant comme une bielle et la cuisse tenant le rôle d'amortisseur. Les mains sont alors posées de chaque côté de l'encolure, et le cavalier ne doit pas regarder la nuque de son cheval, mais droit devant lui. Ensuite, les exercices évoluent en fonction des aptitudes de chacun, faisant germer la confiance entre l'homme et le cheval.

Pour un premier saut, les barres sont posées au sol, et on les franchit au trot, ce qui est un jeu d'enfant pour le cheval, mais pas pour le cavalier néophyte. En suspension sur sa selle, celui-ci doit apprendre à avancer les mains au moment du franchissement de l'obstacle, au lieu d'avoir le réflexe de cramponner les rênes ; il doit accompagner son cheval au moment du saut. Sinon, on dit qu'il a «un métro de retard», ou qu'il «prend un taxi» (expressions courantes dans le jargon équestre...), pour signaler le retard qu'il prend par rapport à son cheval : le cavalier est encore assis en arrière quand l'animal élève ses antérieurs et, à la réception, le premier retombe lourdement sur le dos du second.

... puis passer aux choses sérieuses

Le cheval prend le galop à la sortie d'une courbe pour se présenter devant l'obstacle. Il faut maintenir l'impulsion jusqu'à lui, ne voir que lui, le voir se rapprocher, grandir, puis fermer les jambes, tout en maintenant la

De nombreux professionnels pensent encore que les poneys trapus comme le Mérens, le Fjord, le Highland ou le Haflinger ne sautent pas, ou très mal. Cette notion erronée est ici parfaitement démentie par Olivia de Beauvoir, magnifique Mérens, qui fait une belle démonstration de ses possibilités en emportant sa cavalière au-dessus de l'obstacle.

*L'équitation sur poney connaît actuellement un bel engouement, si bien que de nombreux centres diversifient leurs activités en proposant un enseignement adapté aux enfants.
On peut aussi s'initier à cette plaisante équitation dans les centres de vacances, de plus en plus nombreux à proposer une approche du poney.*

trajectoire. Les antérieurs du cheval frappent le sol. Le cavalier avance les mains et les pose de chaque côté de l'encolure. On se sent propulsé par une force indicible, on plane un instant au-dessus de la barre, un dixième de seconde qui semble une éternité. A la réception, tout va bien, les jambes flottent, on continue à regarder devant soi, on reprend le cheval. C'est fini jusqu'à l'obstacle suivant. L'exultation de la réussite passée se mêle à l'angoisse de l'épreuve à venir, si proche, si brutalement immédiate, si semblable aux autres, mais pourtant tellement unique.

A la fin, on se rend compte qu'on a appris à diriger son cheval, à le «tendre» vers l'obstacle et à sentir ses hésitations ou sa confiance à quelques mètres des barres. On sait libérer l'animal ou le retenir s'il va trop vite. On sait trouver le point d'équilibre sur l'animal pour que celui-ci ne subisse aucune contrainte. Les mains ne freinent plus l'extension ni l'action de balancier de l'encolure, le corps du cavalier se place de lui-même en suspension, soulageant ainsi l'arrière-main du cheval. On a appris tous les gestes qui garantissent les meilleurs conditions de franchissement d'un obstacle, on mesure le chemin parcouru depuis l'apprentissage, et une immense joie gonfle les poumons. Flattez votre cheval, transmettez-lui votre joie : il est au moins aussi heureux que vous !
Puis, on mesure l'autre distance, celle qui sépare un bon cavalier d'un champion capable de calculer sa foulée au millimètre près. Mais l'essentiel n'est-il pas de se faire plaisir, dans la mesure de ses moyens, nul n'étant tenu d'être un champion ?

Avant et pendant un concours

Pour être apte à concourir, il faut savoir «se fouler», c'est-à-dire calculer le nombre de foulées entre deux obstacles et la longueur approximative de chacune d'elles, avant d'en arriver à les évaluer au millimètre comme certains. Pour cela, il convient de faire une reconnaissance du terrain.
Les cavaliers en tenue de rigueur (bombe, veste, pantalon et bottes obligatoires) reconnaissent le parcours en retenant mentalement l'ordre dans lequel se présentent les obstacles et tentent d'évaluer les difficultés. Cela peut être l'état du terrain, la disposition des obstacles répartis en fonction de la tribune et du paddock, ou encore l'emplacement des pots de fleurs qui peuvent gêner le cheval au moment du saut et engendrer un refus qu'il faudra essayer d'éviter. Ils évaluent leur trajectoire, les tournants qu'ils vont prendre en fonction des possibilités de leur monture et enfin calculent leurs foulées dont le nombre varie selon la puissance du cheval, la distance entre les obstacles et la nature de ceux-ci.

Entre en scène le cheval, qui franchit l'obstacle au milieu d'une foulée de galop. La première phase se déroule avant l'obstacle en une battue des postérieurs, la seconde partie étant la réception sur les antérieurs, de l'autre côté. Avant de s'élever, le cheval prend appel sur les antérieurs et, pour le cavalier, avoir le sens de cette foulée fatidique, c'est être apte à prévoir l'endroit où l'animal va prendre son appel. Le cavalier doit rapidement juger si cette battue est à bonne distance, afin d'éviter la faute. Il intervient en corrigeant le galop du cheval, soit en le ralentissant s'il est trop rapide, soit en l'accélérant, pour que la foulée arrive au bon moment et au bon endroit. Ainsi, on franchit un obstacle droit de loin, alors qu'un obstacle large s'aborde au plus près. Parfois, la distance entre deux obstacles oblige à effectuer une fausse foulée, et d'autres seront abordés de biais. Certains sont disposés dos au paddock pour augmenter la difficulté et empêcher le cheval de rentrer aux écuries.

Pour apprendre à déjouer tous ces traquenards, une bonne recette consiste à monter des chevaux différents, habitués aux concours, et non pas toujours le même, car chacun a sa manière propre d'aborder un obstacle. Celui que tel ou tel cheval refusera de franchir n'impressionnera pas tel autre, et inversement. De la sorte, le cavalier est à même de juger exactement le travail qu'il doit imposer à son cheval.

S'entraîner en centre équestre et en poney-club

Au centre équestre, le tarif des reprises (ou cours) et le prix de la carte nationale de cavalier sont affichés. Cette carte, délivrée par la Fédération française d'équitation (Délégation nationale des sports équestres), est une assurance individuelle. Elle sert de référence pour le club. Plus un club vend de cartes, plus il prend d'importance, mais vous devez néanmoins aborder la plupart des clubs avec circonspection.

Un certain nombre d'entre eux sont de véritables «usines à chevaux» où l'on propose comme seule activité des cours en manège (d'où l'expression «faire la rame»), et où l'intérêt financier passe avant celui du cavalier en herbe, et la santé du cheval.

Depuis quelques années, l'abandon systématique de l'équitation par des cavaliers insatisfaits a enfin mis en émoi les responsables des centres équestres.

Si l'on en croit une enquête de *Cheval Magazine,* 35 p. 100 des débutants et 7 p. 100 des cavaliers confirmés abandonnent le cheval chaque année. A ces chiffres, il faut ajouter 40 p. 100 d'arrêts temporaires chez les cavaliers de niveau moyen.

Heureusement, les temps changent. Une pédagogie adaptée se met en place pour satisfaire une clientèle qui vient pratiquer un loisir dans la joie et la bonne humeur.

En effet, mettre quelqu'un sur le dos d'un cheval ne suffit pas à combler ses vœux. Il faut posséder de bons chevaux, des structures propres, proposer des animations variées et entretenir une excellente ambiance au sein du groupe de cavaliers.

Désormais, les centres équestres font appel à des moniteurs diplômés d'État qui dispensent un enseignement général allant de l'initiation au perfectionnement, jusqu'à la préparation aux examens fédéraux. Nombre d'entre eux sont spécialisés dans la préparation au concours hippique.

Où dénicher un centre équestre ? Vous trouverez la liste des centres agréés pour chaque département dans les mairies, les offices du tourisme ou au ministère de la Jeunesse et des Sports.

Les premiers pas

Familiarisez-vous avec les locaux (sellerie, emplacement du matériel de pansage...) et les gens du club. Apprenez à connaître les habitués toujours prêts à rendre service et à donner des conseils à ceux qui ont des difficultés (pour seller et brider, par exemple).

L'équipement complet d'équitation n'est pas nécessaire au début, et des bottes en caoutchouc, un jean ou un pantalon de jogging suffisent largement pour les premiers cours. Plus tard, vous aurez tout le loisir d'acheter des vêtements adaptés. Le club fournit la bombe, ou le casque pour les enfants.

Les premières heures d'initiation vous feront découvrir le charme et le plaisir d'être à cheval. N'ayez aucune appréhension, les chevaux d'école sont de véritables professionnels, qui connaissent parfaitement leur affaire, rompus au désagrément de porter un cavalier ignorant sur leur dos. Généralement, ils ne bougent pas une oreille, et vous n'avez qu'à vous soucier de votre équilibre. Peu à peu, la confiance apparaît, vous apprenez quelques données techniques et, d'un coup, votre cheval semble revivre ; il répond à vos sollicitations et commence à vous montrer la réalité de l'équitation.

Chaque cheval est différent de son voisin, et la manière de composer avec lui l'est aussi, si bien que monter des chevaux différents ne rassure pas vraiment au début. Certains enseignants préfèrent habituer le débutant à une seule monture, avec laquelle s'établit un climat de confiance. A partir de là, les progrès du cavalier novice sont fonction de ses propres aptitudes et de son assiduité au cours. Il faut savoir qu'il n'y a pas d'âge limite pour apprendre à monter à cheval.

Au bout d'un an, si vous avez suivi assidûment les cours et pratiqué un peu le saut d'obstacle, vous pouvez tenter de passer l'étrier de bronze, puis l'éperon de bronze, le premier niveau d'équitation (soit l'ancien premier degré). Vient ensuite l'étrier d'argent puis l'éperon d'argent, qui est le deuxième niveau d'équitation (soit l'ancien deuxième degré), pour lequel il vous faudra suivre des leçons pendant au moins deux ou trois ans.

Si tous les centres équestres ne peuvent présenter leurs élèves à l'éperon d'argent faute de chevaux qualifiés, vous pouvez toujours opter pour un stage chez d'autres professionnels.

L'univers du concours

Les concours d'entraînement

Organisés à la sortie de l'hiver, les concours d'entraînement ne demandent aucun diplôme équestre, et n'importe qui peut y participer sur n'importe quel cheval. Le but est de remettre les chevaux en condition («en jambes») après quelques mois d'interruption de la compétition. Pour certains, l'arrêt est dû à une période de vacances des cavaliers, mais, pour la plupart des chevaux de concours hippique, c'est un arrêt forcé dû aux mauvaises conditions météorologiques hivernales, qui rendent les terrains de saut impraticables. En effet, un terrain lourd et détrempé fatigue les tendons des membres des chevaux, déjà très sollicités par la compétition.

Les concours officiels

Placés sous l'égide de la Société hippique française et de la Société des steeple chases, les concours officiels apparaissent aussi avec le printemps, tant en intérieur qu'en extérieur. Là, les choses changent, et le cavalier débutant s'assied sur les gradins pour regarder évoluer ceux qui ont atteint le niveau de l'éperon d'argent et se sont inscrits au moins dix jours avant l'épreuve. Pour concourir, on doit acquitter une autorisation de monter (dite A.M. en jargon équestre) pour l'année, dont le prix varie selon le niveau de la catégorie dans laquelle on est inscrit.

Quatre catégories déterminent des niveaux, par ordre décroissant, la quatrième s'adressant aux cavaliers débutants. Dans cette catégorie, les parcours ne sont pas trop techniques, et les obstacles dépassent rarement un mètre de haut. Le prix de l'A.M. est alors de 600 FF. Bien sûr, quand on change de catégorie, on doit franchir des obstacles de plus en plus hauts, et les difficultés croissantes des épreuves obligent les cavaliers à monter des chevaux ayant des possibilités physiques de plus en plus grandes.

Puisque les cavaliers se retrouvent classés en catégories de 1 à 4, les épreuves sont elles aussi classées, mais de A à D, l'épreuve A, la plus difficile, correspondant à la classe 1 des cavaliers les meilleurs.

Prévoir un bon budget

Si vous parvenez à un certain niveau, et si vous persistez dans l'idée de pratiquer le concours hippique, vous pouvez vous heurter à de sérieux problèmes financiers. En effet, prendre des cours, participer à des stages de perfectionnement et partir avec le club pour aller concourir exige un certain budget.

Le club loue le cheval, demande une participation aux frais de transport, dépenses auxquelles vous devez ajouter le prix de votre en-

gagement, sans négliger les menus frais sur place.
Tôt ou tard, on est tenté par l'idée de posséder son propre cheval, mais il faut savoir qu'un cheval de concours demande un entretien beaucoup plus délicat qu'un poney des Pyrénées. Il a besoin d'une alimentation très équilibrée et savamment dosée, de soins particuliers pour ses membres soumis à rude épreuve (douches, bandages de repos...) et, en outre, il est de santé morale et physique plutôt fragile. Parfois victime de la grippe, il est aussi très fréquemment atteint par le stress, dû à l'ambiance même des concours, au changement permanent de décor et aux voyages incessants en van, en camion ou en avion.
De retour à l'écurie, il faut le sortir au moins deux fois par semaine et le faire travailler en carrière, de façon à entretenir sa condition physique et son bagage technique.
Souvent dirigées par un cavalier de concours de haut niveau, les écuries privées peuvent prendre en charge les problèmes techniques tels que les soins, les sorties et les séances de travail avec ou sans cavalier. Il vous en coûte entre 1 500 et 2 000 FF par mois, auxquels vous devez ajouter les frais inhérents à la compétition.
Une formule intéressante consiste à créer un groupement de propriétaires de chevaux, qui gèrent leur écurie en commun, diminuant de la sorte considérablement les frais. On fait alors appel à un intervenant extérieur pour organiser de manière ponctuelle les différents stages de mise à niveau. Néanmoins, quelle que soit la solution adoptée, participer activement aux concours hippiques coûte assez cher, et il faut bien reconnaître que ce sport n'est pas encore à la portée de toutes les bourses.
Malgré tout, que ce soit en écurie privée ou en centre équestre, l'attrait du concours séduit un grand nombre de pratiquants et de passionnés. On y rencontre l'éleveur captivé par les résultats sportifs et les progrès de ses chevaux, comme le cavalier de haut niveau à la recherche de la perle rare qui le fera monter sur la plus haute marche des podiums. On y croise les cavaliers du club local, et on déambule devant un public grandissant de néophytes venus se plonger en quelque sorte dans les coulisses de l'exploit qu'ils rêvent un jour d'accomplir.

L'École nationale d'équitation basée à Saumur offre de magnifiques installations dans un cadre prestigieux, telles que les manèges couverts hersés automatiquement, des pistes de copeaux de bois, diverses carrières et des terrains de concours. Chevaux et poneys s'y entraînent régulièrement, et les compétitions sur poney attirent chaque année un grand nombre de cavaliers.

Le concours complet d'équitation

C'est une épreuve officielle appartenant aux trois disciplines olympiques, dont le saut d'obstacle, évoqué précédemment, et le dressage. En fait, le concours complet d'équitation est l'épreuve reine, car il réunit à lui seul trois disciplines déjà difficiles par essence : le dressage, le cross et le saut d'obstacle.
Si le concours complet connaît un succès énorme en Grande-Bretagne (les Britanniques enlèvent souvent les premières places dans les compétitions internationales), en France, il est moins pratiqué ; le plus grand nombre de concours locaux a lieu dans le Sud-Ouest, région où la passion de ce sport est vive. Si le cœur vous en dit, sachez que quelques centres équestres proposent des stages d'initiation ou de perfectionnement, dirigés par un cavalier spécialisé, et que l'organisation des concours complets relève de la Délégation nationale des sports équestres, laquelle vous donnera tous les renseignements que vous désirez.
Peu nombreux en France, les sites utilisés ne changent pas d'une année à l'autre, car la mise en place de telles compétitions est assez onéreuse. Seuls, les obstacles sont renouvelés.

Trois épreuves en une

Le goût de l'effort, le sens du risque et surtout la maîtrise de soi sont des qualités morales indispensables au cavalier de «complet». En effet, cette compétition s'adresse avant tout aux grands sportifs, et un débutant en équitation ne peut en aucun cas prétendre y participer. D'ailleurs, on exige un niveau équestre de base, au même titre que pour le saut d'obstacle. Le cavalier doit absolument être

Epreuve des grands frissons, le concours complet allie spectacle et beauté. Les obstacles se suivent et ne se ressemblent pas : hauteurs et difficultés varient presque à l'infini.

CHEVAUX DE SPORT

Ayant une aptitude certaine aux trois disciplines olympiques, saut d'obstacle, dressage et concours complet, le cheval de sport a longtemps été le favori des Haras nationaux. Deux races françaises prédominent sur les terrains de concours français : le Selle Français et l'Anglo-Arabe.

Selle Français et Anglo-Arabe

Berceau de l'ancien Demi-Sang Normand, la Normandie est aussi celui du Selle Français. Dès le début du siècle, les bouleversements de l'élevage chevalin ont conduit les Normands à s'orienter vers celui du cheval de sport. Véritable réservoir génétique du Selle Français, la Normandie possède un potentiel d'éleveurs et de cavaliers incomparable mais, actuellement, d'autres régions commencent à lui faire concurrence.

• Le Selle Français a été obtenu par le croisement de Pur-Sang Anglais et de juments autochtones. C'est un grand cheval possédant une forte ossature et un degré de sang variable selon son origine. Quelques géniteurs célèbres ont marqué la race : Furioso, Uriel, Ibrahim...

• L'Anglo-Arabe est né dans le Sud-Ouest, au XIXe siècle, d'un apport de sang arabe et anglais sur des produits du terroir. D'une taille généralement comprise entre 1,45 m et 1,60 m, bien qu'elle ait actuellement tendance à croître, l'Anglo-Arabe est un excellent cheval de course apprécié sur les hippodromes du Sud-Ouest. D'un tempérament chaud et méditerranéen, il n'est pas toujours facile à monter, mais il est délicat et réactif, et l'on dit qu'il est la monture de son seul propriétaire. Il excelle en concours complet, ainsi qu'en dressage et en saut d'obstacle.

Ces deux races font l'objet d'une sélection particulière. Chaque sujet (étalon ou non) est répertorié au S.I.R.E. (Système d'Identification Répertoriant les Équidés) sur la base de deux indices calculés suivant les résultats obtenus en concours, qui permettent à l'acheteur éventuel de juger de la qualité potentielle du cheval :

- *les indices individuels,* qui sont calculés sur les gains dans une année en concours de saut d'obstacle, concours complet d'équitation ou dressage et tiennent compte de l'âge et du sexe de l'animal. Un indice supérieur à 120 indique qu'on a affaire à un bon cheval ;
- *les indices sur la descendance des étalons* qui correspondent au cumul des indices individuels affectés aux produits d'un étalon.

Pur-Sang Anglais et Trotteur Français

•Le Pur-Sang Anglais peut lui aussi être un très bon cheval de sport, s'il n'a pas été surentraîné : jarrets affaiblis, animal «brûlé par l'avoine», c'est-à-dire dont la capacité d'ingestion est amoindrie en raison des excès passés. Il doit faire l'objet d'un redressage, pour qu'il ne prenne pas la moindre carrière ou le moindre terrain pour un champ de courses.

• Il en va de même pour le Trotteur Français, cheval plus solide et plus rustique, capable de sauter à un niveau honorable. Lui aussi a besoin d'un redressage dans la mesure où il ne connaît pas le galop et ses finesses.

La mode actuelle veut que l'on tente de croiser ces deux derniers chevaux, pour associer le «sang» et la réactivité du premier à la puissance et à la rusticité du second.

Le Selle Français n'est pas seulement un cheval de sport. Sa force réside aussi dans les potentialités de son élevage. Ainsi des reproducteurs prestigieux ont influencé les races du monde entier et contribué à leur amélioration : I love you en Italie, Galoubet aux États-Unis, Furioso II en Allemagne, Almé en Belgique et en Hollande.

En taillant la queue du cheval à un travers de main au-dessus de la pointe du jarret, on suit à la lettre les règles de toilettage de l'équitation classique, surtout si cette coupe est effectuée en sifflet (pointe basse remontant vers l'intérieur), au moyen d'un couteau. Mais le cheval paraît tout aussi propre si la queue est égalisée à quelques centimètres au-dessus du sol.
Le nattage de la queue s'effectue à partir du haut. Les petites mèches situées sur les bords extérieurs sont nattés entre elles jusqu'à la dernière vertèbre. Puis les mèches étant plus longues vers la base de la queue, elles permettent de réaliser une grosse natte centrale maintenue par un lien de laine ou un élastique.

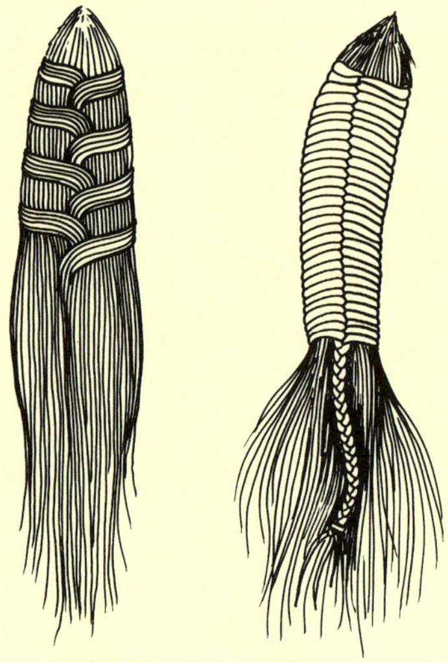

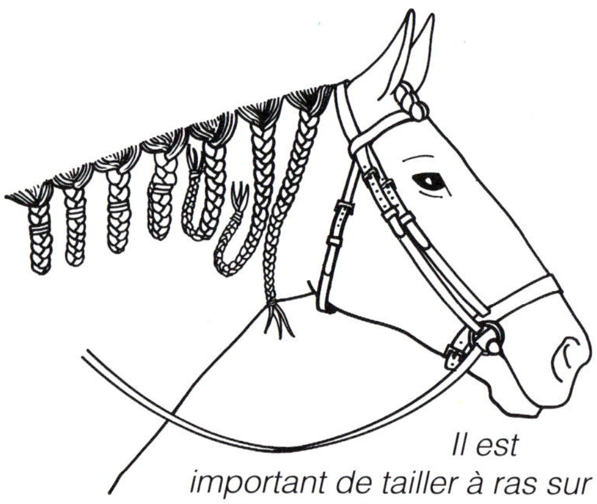

Il est important de tailler à ras sur une largeur de deux doigts la crinière du cheval à l'emplacement du licol ou du filet ; on facilite ainsi la mise en place du harnachement.
Pour effectuer un nattage correct en vue d'une compétition, il faut d'abord démêler les crins, avec un peigne par exemple. Puis on égalise l'ensemble de la crinière en enroulant les mèches les plus longues autour des doigts de la main droite pour les arracher d'un coup sec.

maître de son équilibre aux trois allures du cheval, et dominer parfaitement l'indépendance de ses aides (jambes et mains).
Les épreuves se déroulent toujours en plein air, et sur deux ou trois jours selon le niveau. Le concours commence par le dressage qui indique aux juges le niveau technique du cheval. Vient ensuite la redoutable épreuve de cross qui demande une dépense physique maximale, le saut d'obstacle terminant le concours par des combinaisons techniques et des hauteurs peu élevées, dont le but est d'apprécier l'état de fraîcheur du cheval à la fin du parcours.

Une rude épreuve : le cross

Dressage et saut d'obstacle sont des parties de plaisir, comparés à l'épreuve de cross ! Celle-ci se court sur 2 000 m en moyenne, et le parcours est semé d'obstacles fixes, à la différence de ceux du «jumping», qui tombent quand ils sont heurtés. Variant entre une hauteur de 1 à 1,10 m, pour une largeur de 1,20 à 1,60 m, les contre-hauts, les contre-bas, les buttes, les gués ou les stères de bois ne tombent pas si le cheval les heurte à pleine vitesse, provoquant parfois de graves accidents, tant pour les hommes que pour leur monture. Ces obstacles font du cross une épreuve spectaculaire, impressionnante et rude, qui malmène les concurrents et font frémir les spectateurs.

La tonte

La tonte s'effectue dès que le poil d'hiver a poussé. Elle se pratique avec une tondeuse qui doit être régulièrement trempée dans un bain d'huile pour faciliter le mouvement des peignes. Auparavant, il faut délimiter les zones à tondre en les marquant à la craie. Le cheval tondu sèche plus rapidement après une promenade au cours de laquelle il aura transpiré, mais il faudra le protéger du froid, la nuit notamment.

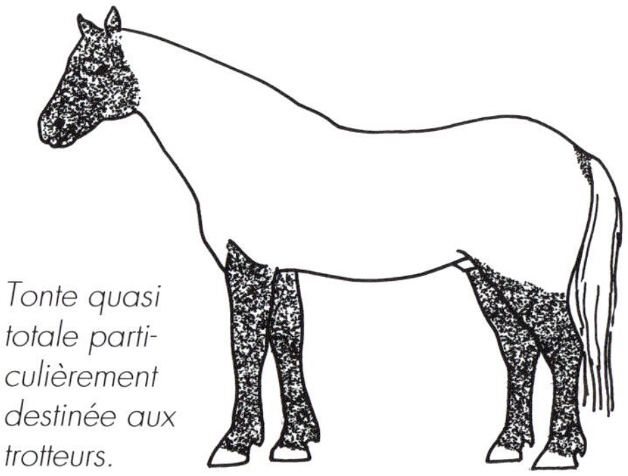

Tonte quasi totale particulièrement destinée aux trotteurs.

Tonte dite en manteau ou en sac destinée aux galopeurs.

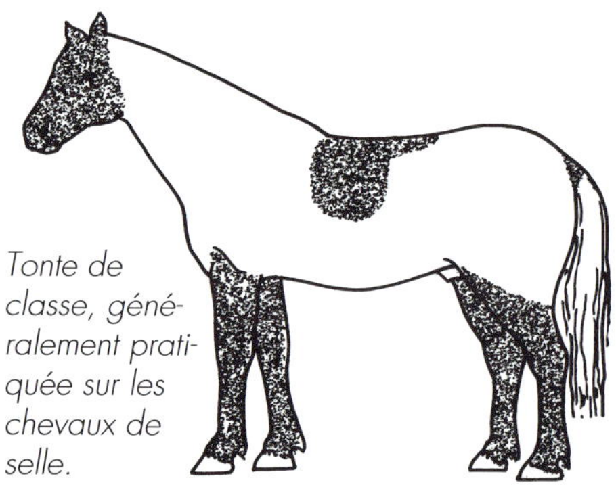

Tonte de classe, généralement pratiquée sur les chevaux de selle.

Parties du corps non tondues.

Le passage du gué est l'occasion pour certains cavaliers de goûter l'eau de belle manière, parfois en s'y trempant de la tête aux pieds.

Un cheval polyvalent pour un sport complet

Le cheval de cross idéal se modèle au fil des ans. Sa préparation est longue et rigoureuse, car cette compétition, exigeante sur le plan physique et difficile, peut mettre à mal muscles et tendons si un programme sérieux de travail n'est pas instauré.
Le cheval de concours complet doit être de tempérament calme et posséder à la fois influx et sang-froid. Le cheval doit être capable de mettre à la disposition de son cavalier des ressources nouvelles pour bien passer les difficultés nombreuses du parcours : à savoir de l'endurance, un excellent souffle et une capacité à travailler dehors par tous les temps. A l'entraînement, trottings et canters (galops modérés sur 1 000 m) lui donneront le sens du terrain, ainsi qu'au cavalier. Ensuite, chaque cheval se réglant sur une allure favorite et adoptant son propre rythme, il appartient au cavalier de les sentir et de les maintenir.
Un bon cheval de concours complet ne se laisse pas impressionner par les obstacles. Il doit être franc, parfois casse-cou et, par-dessus tout, capable de se montrer généreux dans l'effort, infatigable. En outre, il est indispensable qu'il forme un couple parfait

avec son cavalier, mais, là, on touche à la responsabilité de ce dernier, car c'est lui qui conduit le cheval. Ce couple indissociable, uni pour le meilleur et pour le pire, doit affronter sans sourciller trois épreuves dont le cross où il devra se donner à fond, sans appréhension et sans compter.

Le dressage

Appartenant à la jeune famille des disciplines olympiques, le dressage s'inspire de l'Art équestre du XVIIIe siècle. Si ce dernier n'a pas évolué depuis sa création, le dressage a suivi, en partie, les chemins des épreuves sportives et des loisirs, obéissant alors à des règles de compétitivité.
Selon le niveau des épreuves, le cavalier effectue sa reprise sous le regard impartial des juges qui le notent. Le silence est de rigueur pour ne pas déconcentrer cavalier et cheval.
Depuis une dizaine d'années, l'équitation germanique a influencé le règlement des épreuves et les critères de sélection des chevaux : taille importante, allures étendues, etc.

De confidentiel et quelque peu rébarbatif dans sa rigidité, le dressage tend à devenir plus plaisant grâce à l'influence bénéfique des khurs, ou reprises en musique, qui lui redonne une certaine dynamique et accentue l'aspect artistique de la discipline. Cheval et cavalier composent une sorte de chorégraphie, accomplissant des figures académiques sous les accents charmeurs de la musique.
Le dressage est une discipline difficile et ingrate, dont le travail n'a rien de spectaculaire (volte, demi-volte...), un peu comme les figures imposées du patinage artistique, où seul un œil averti de juge saisit les difficultés et les progrès.
Quant au cheval, il lui faut des années de travail pour progresser des reprises les plus simples à celles des grands prix, et il n'atteint sa maturité et son total épanouissement qu'à l'âge de sept ans.

Savoir se faire oublier

Le cavalier de dressage doit avant tout faire preuve de la plus grande discrétion. Pour

Médaille d'argent aux jeux Olympiques de Séoul, Corlandus et Margit Otto Crespin rayonnent sur les terrains de concours. «Ni dieu ni maître» : la personnalité de ce cheval au caractère très affirmé en fait un athlète hors du commun.

L'origine du Welsh-Cob remonterait à la défaite de l'Invincible Armada au large des côtes galloises : les chevaux espagnols et arabes nagèrent jusqu'à la côte, et, par la suite, furent croisés avec les chevaux du pays. Le Welsh, influencé par l'apport de sang Arabe, allie finesse, solidité et «sang». Selon la catégorie à laquelle il appartient (A, B, C et D), le Welsh convient pour les petits et les grands, et brille en compétition : obstacle, concours complet, dressage et attelage.

Catégories, définies par la hauteur au garrot :
A : jusqu'à 1,22 m ;
B : 1,23 à 1,37 m ;
C : jusqu'à 1,37 m ;
D : en moyenne 1,47 m.

PONEYS DE SPORT

Pour préparer les futurs champions, on organise des compétitions regroupant toutes les disciplines olympiques, réservées aux jeunes de moins de dix-huit ans qui montent des poneys et non de grands chevaux. Il existe ainsi un Championnat de France et un Championnat d'Europe. Des cavaliers à la carrière internationale confirmée comme Philippe Rozier ou Roger-Yves Bost ont couru sur poney dans leurs jeunes années.
Si les valeurs sûres sont britanniques, avec le Connemarra, le New Forest, le Welsh et le Dartmoor excellent sur les terrains de concours, la valeur montante est française avec le Poney Français de Selle, issu de croisements entre différentes races de poneys ainsi que du cheval arabe, petit frère du Selle Français. Poney de sport par excellence, créé pour ces disciplines, cet animal prend de plus en plus d'importance, tant par le nombre des individus que par les concours auxquels il participe.
Les produits sont défendus avec ferveur par les associations qui organisent des concours d'élevage, ou d'utilisation sous la selle (à l'âge de trois ans, ils sont jugés sur leur aisance à effectuer un certain nombre d'exercices : soumission, trot de travail, arrêt...). Certains poneys de haut niveau en compétition atteignent des prix astronomiques, comme les chevaux. Aussi, si d'aventure vous êtes tenté par l'achat d'un poney de sport pour votre enfant, sachez que vous ne comblerez jamais le déficit causé par l'animal, son entretien, les frais d'inscription aux compétitions, car les concours d'enfants n'ont pas le droit d'être cotés, et ne rapportent jamais d'argent.
Néanmoins, la compétition sur poney est une excellente classe préparatoire, avant d'aborder la grande école, où l'on monte des chevaux. Elle donne le goût de la compétition et des responsabilités.

Battue par les vents et la pluie, l'Irlande possède un poney, le Connemara, digne de son terroir. A la fois rustique, solide, tonique et agile, il excelle dans la chasse à courre, et ce succès lui ouvre désormais les places d'honneur sur les terrains de compétition.

paraître parfait aux yeux du jury, il fera corps avec sa monture, au point qu'on l'oubliera presque. On ne doit pas voir ses mains bouger, ou si peu ! Ses jambes descendues ne doivent ni reculer ni avancer de façon perceptible à l'œil.
L'exercice est extrêmement difficile, même si le cavalier possède une bonne assiette. Et si le cheval montre des signes de contrariété, comme un fouaillement de la queue par exemple, le jury en tiendra compte. Un cheval quelque peu inconstant peut très bien se montrer sublime pendant l'échauffement, et ne plus être concentré devant les juges, c'est pourquoi son cavalier ne lui fera pas trop répéter les reprises juste avant l'épreuve, de peur de le lasser.
Base de toutes les équitations, le dressage est pratiqué dans la plupart des centres équestres.
Certains le développent et se tournent vers la compétition si un noyau de cavaliers mordus du dressage se forme en son sein, travaillant et se motivant ensemble.

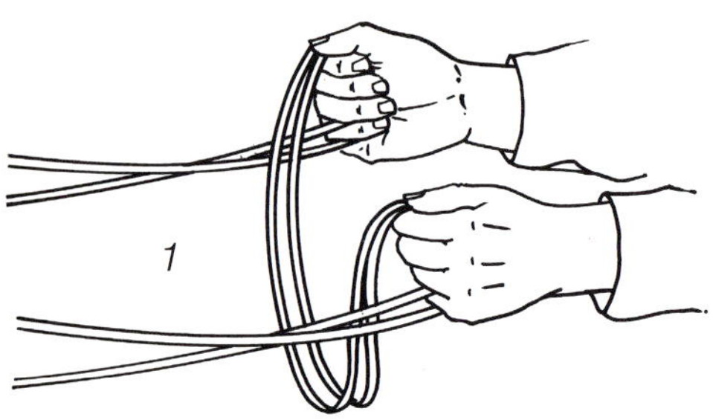

1

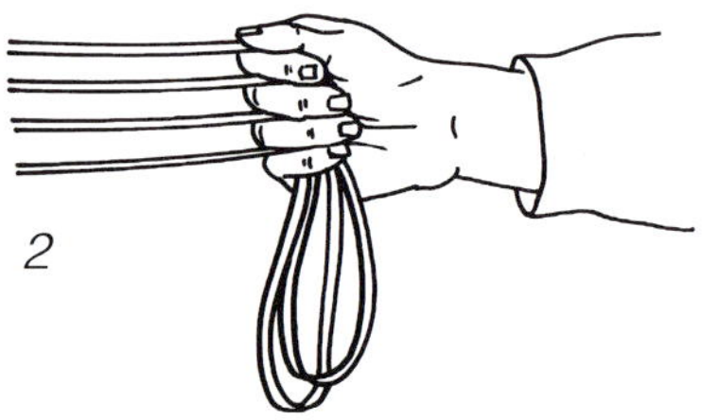

2

Comment tenir les rênes. Si le mors du filet agit sur les commissures des lèvres, celui de la bride agit sur les barres. Les branches de la bride servent de leviers et s'appuient sur la gourmette pour obtenir un abaissement de la tête, alors que le filet demande une élévation de la tête. Associée à une main douce qui «prend et rend» selon le proverbe, la bride facilite la décontraction de la bouche, la flexion de la nuque et le ploiement de l'encolure. Elle est souvent utilisée par le cavalier de dressage, associée au travail des éperons. Cheval et cavalier doivent bien entendu posséder un bon niveau d'équitation.

1 - Tenir les rênes à deux mains.

2 - Quand on tient rênes de filets et rênes de brides ensemble dans la main droite, la rêne de filet gauche passe entre le pouce et l'index, et la rêne de filet droite entre l'annulaire et le petit doigt ; la bride gauche passe entre l'index et le majeur et la bride droite entre le majeur et l'annulaire.

Le reculer à cheval

1

2

Avant d'obtenir le reculer à cheval, on prépare souvent l'animal à pied en touchant légèrement ses membres au moyen d'un stick.
A cheval, le cavalier commence par demander à l'animal d'avancer avant de le faire buter contre le mors par une pression de la main qui actionne les rênes de bas en haut. L'assiette du cavalier doit être légère pour permettre à l'arrière-main de se mouvoir.
Les petits pas, la précipitation, le manque de rectitude et le dos creux sont des signes d'un reculer mal exécuté. Difficile pour le cheval, le reculer doit être aussitôt suivi d'une mise en avant, car il ne doit pas être vécu comme un comportement de défense ou de fuite, mais bien comme un exercice imposé par le cavalier.

1 - Le cheval donne l'impression d'être au pas, en avant.
2 - Il engage le postérieur gauche sous la masse : il amorce le reculer.
3 - L'antérieur se soulève pour aller vers l'arrière : le cheval recule.

3

Les formules 1 du sport équestre

Tous les dimanches, les rois de l'hippodrome tiennent en haleine une foule hétéroclite de spectateurs. Parieurs, badauds, notables, entraîneurs et propriétaires se pressent pour voir leur cheval favori franchir en vainqueur la ligne d'arrivée. Pour le cheval, un seul objectif : courir devant, toujours devant...
Si les courses de chevaux existent depuis longtemps, ce sont les Anglais qui leur ont donné leur visage actuel à partir du XVIIIe siècle, époque à laquelle ils créent les hippodromes et les élevages spécialisés. Les grandes courses deviennent rapidement très populaires grâce à l'apparition des enjeux et des paris. Quatre sortes de courses permettent aux passionnés de se livrer aux paris les plus fous. Ce sont le galop (l'épreuve reine), le steeple-chase, le trot attelé et le trot monté. Toutes réunissent les conditions nécessaires à leur succès, même si les entraîneurs, les propriétaires et les chevaux des diverses disciplines n'appartiennent pas tout à fait au même monde. Le Pur-Sang destiné au galop fait figure d'aristocrate et se produit devant un parterre d'inconditionnels de la vitesse, alors que le Trotteur fait le bonheur des amateurs de la perfection technique.

Le galop, un monde fou, fou, fou

Les courses de galop se divisent en deux catégories : le plat et l'obstacle, le premier étant le domaine du Pur-Sang Anglais, le second plutôt celui des Anglo-Arabes et des Autres Que Pur-Sang (appelés A.Q.P.S.).
Le cheval de course, et plus précisément le Pur-Sang, est un athlète exigeant et fragile moralement et physiquement. Immortalisé par les gravures anglaises du siècle dernier, son modèle est considéré comme le *nec plus ultra* des races équines, et tout le monde s'accorde à considérer qu'il allie grâce, élégance et performance.
Toutefois, la violence de l'effort requis dans les courses de vitesse pures limite considérablement la longévité sportive de l'animal. Monté dès l'âge de deux ans, le Pur-Sang est engagé dans ses premières courses un an plus tard, et il termine sa carrière le plus souvent trois ans après, c'est-à-dire vers l'âge de six ans. Cependant, s'il n'a pas été trop «usé» par le plat, il peut se reconvertir en cheval de steeple-chase, qui commence généralement à courir à cinq ans et peut espérer se produire sur un hippodrome jusqu'à dix ans ou plus, à moins qu'il n'ait été victime d'un accident grave, toujours possible lors d'une course d'obstacles.

Acquérir un cheval de course

Si vous rêvez d'être l'heureux propriétaire d'un prestigieux cheval de course, toute question financière mise à part, vous avez trois solutions essentielles pour concrétiser vos souhaits :
Tout d'abord, vous pouvez vous rendre à l'une des ventes aux enchères organisées par les différentes sociétés des courses. Ainsi, Deauville est une flamboyante vitrine de la vente des yearlings, qui sont des poulains ou des pouliches de deux ans. Vous y croiserez des émirs, des Japonais ou des Américains à la recherche de la perle rare. Les prix des Pur-Sang montent en fonction des origines des géniteurs et atteignent des sommets.
Ensuite, vous pouvez assister à une course dite «à réclamer», où les chevaux qui courent sont mis en vente avant le départ. Dès que votre favori a franchi la ligne d'arrivée, vous disposez de quinze minutes pour vous décider et déposer un bulletin spécial dans une boîte non moins spéciale, prévue à cet effet. Votre prix peut être supérieur ou égal à celui fixé avant la course, mais en aucun cas inférieur. Les courses à réclamer représentent 21 p. 100 des épreuves disputées dans l'année.
Enfin, vous pouvez faire un achat à l'amiable, à la suite d'une course ou d'un entraînement auxquels vous avez assisté.
Dans tous les cas, il faudra environ trois mois à la Société d'encouragement pour vous ré-

En steeple, les jockeys chaussent leurs étriers plus long qu'en course de plat. Haies, rivières et banquettes sont les difficultés qu'ils rencontrent sur une distance supérieure à 3 000 m jalonnée par huit obstacles, dont quatre doivent être différents les uns des autres. Une course de haies se déroule sur 2 500 m, et la hauteur des obstacles ne dépasse pas 1,10 m.

pertorier en tant que nouveau propriétaire de l'animal. Placé chez un professionnel habilité à entraîner pour la course, votre cheval pourra alors courir sous vos propres couleurs, ou celles de l'écurie dont il fait partie.
Si le prix d'un yearling s'évalue selon ses ascendances, celui d'un cheval ayant déjà couru prend aussi en compte les résultats obtenus en course, si bien que plus il gagne, plus il est rapide et résistant, plus sa valeur augmente, cela va de soi.
Votre nouveau pensionnaire dûment acquis, il s'agit de lui trouver asile chez un professionnel qui aura la charge de le soigner, de l'entraîner et de le faire courir. D'importants frais mensuels se dessinent à l'horizon de vos finances : pension, soins, entraînement et engagement dans les courses. Toutefois, si le cheval se montre performant, les gains obtenus sur l'hippodrome peuvent équilibrer tant soit peu les dépenses...

Pousser la porte

On peut être propriétaire sans être cavalier, mais surtout, on peut être cavalier sans être propriétaire. Donc si vous avez très envie d'enfourcher, ne serait-ce qu'une fois, un prestigieux Pur-Sang, n'hésitez pas à forcer quelques portes. Et puis, contrairement aux idées reçues et aux *a priori* tenaces dans le milieu équestre amateur, le monde des courses est plutôt ouvert.
Il suffit de bien savoir monter à cheval et de faire montre d'un certain culot pour pénétrer

dans une écurie de courses. Mais il faut d'abord oser entrer dans la cour, demander à l'entraîneur s'il n'a pas besoin d'un cavalier, et encore oser monter le sprinter qu'il vous présente. Alors, vous découvrirez un univers où l'on parle cheval avant de parler gains et rapports : l'entraîneur est un «homme de cheval» dont la passion est de préparer le mieux possible ses coursiers ; les lads ne vivent que pour les chevaux dont ils ont la charge, et les jockeys se passionnent pour les performances de leur bolide. Une écurie de courses fonctionne avec une équipe soudée, dont la réussite des uns dépend étroitement du travail des autres, la motivation de chacun renforçant celle de ses partenaires. Bien souvent, les entraîneurs sont sensibles aux méthodes nouvelles. Ainsi, à titre d'exemple, une étude du stress des chevaux pendant leur transport en camion a permis de révéler qu'ils supportent mieux le voyage la croupe tournée vers le conducteur, et qu'ils arrivent ainsi sur l'hippodrome en de meilleures dispositions psychiques que lorsqu'ils voyageaient dans le sens de la marche.
Des cliniques vétérinaires ultramodernes jouxtent désormais les lieux d'entraînement et les écuries de courses, et l'on peut y pratiquer les manipulations traditionnelles comme les opérations les plus délicates, dans les plus brefs délais.
En fait, qu'est-ce qu'une écurie de courses, si ce n'est un lieu où l'on vit pour le cheval, et grâce à lui. Si elle inspire une certaine méfiance de prime abord, n'est-ce pas tout simplement parce qu'elle est associée, dans l'esprit du public, à une masse d'argent considérable, dont les gains des parieurs ne représentent que la partie émergée d'un iceberg ? N'est-ce pas surtout parce que le monde des courses est un milieu mythique, à la fois respecté, envié et soupçonné de quelque perversité ? Pourtant, ce milieu difficile et exigeant, qui est avant tout affaire de professionnels, offre quelques ouvertures aux amateurs. Pour peu que ceux-ci sachent s'y prendre, ils peuvent un jour ou l'autre monter un cheval de course à l'entraînement, et pourquoi pas, en course.

Monter un cheval de course

Sans craindre les clichés, on peut dire qu'une cour d'écurie ressemble, tôt le matin, à une ruche, tant l'activité qu'on y déploie est grande. On se lève aux aurores, car les chevaux mangent à 6 heures. On cure les écuries, on herse les allées et, à sept heures, le premier «lot» de chevaux prend le chemin des pistes d'entraînement.
L'heureux amateur que vous êtes peut-être, néophyte en matière de courses, se verra confier par l'entraîneur un «poney», c'est-à-dire un cheval aimable au tempérament plutôt calme et docile pour un Pur-Sang. Il sera dérouté par le poids plume de la selle, et portera une attention toute particulière au

Éminent jockey, Yves Saint-Martin a bâti sa réputation non seulement sur son style, mais aussi sur ses facultés extraordinaires à déceler en quelques foulées les capacités d'un cheval. L'évolution de la monte en course est due principalement aux cavaliers de plat dont il fait partie. Le jockey de plat cherche à ne gêner en rien les mouvements de sa monture en chaussant court les étriers comme on le voit sur le dessin, sans déporter vers l'avant le centre de gravité du cheval. En revanche, les jockeys d'obstacle «montent plus long», car ils doivent suivre les amples mouvements du cheval au moment du franchissement d'un obstacle.

En France, les courses font vivre l'ensemble de l'équitation, dans la mesure où une partie des gains est prélevée pour être reversée aux différentes organisations équestres (élevage, épreuves sportives, etc.). Les jeux tels que le Loto ou le Loto sportif ont eu tendance à faire baisser le taux de fréquentation des hippodromes, c'est pourquoi les instances dirigeantes, conscientes de ce problème, ont mis en place certaines animations pour remplir de nouveau les hippodromes : jeux pour enfants, spectacles divers, poneys, etc.

passage de la sangle, car l'athlète a la peau fragile, facilement sujette aux blessures.
Pour une première monte, les étriers ne sont pas chaussés trop court, et le cavalier se met lestement en selle, sans attendre que son cheval soit immobile, car un «Pur» n'a pas un niveau de dressage élevé, à fortiori à l'âge de deux ans. De plus, il est hypernerveux, réactif et ne tient pas en place, exigeant douceur et patience de la part de son cavalier, lequel doit avoir une excellente maîtrise de lui-même. Un filet simple servira à le contrôler un minimum.
Au début de l'entraînement, on fait alterner le pas et le trot pendant une heure afin de travailler le souffle, heure mise à profit par le débutant pour s'habituer à sa monture, puis arrive le moment tant attendu des périodes de galop.
On commence par un petit galop (un canter) de 400 à 700 m, puis on enchaîne sur un galop demi-train plus rapide, qui demande au cheval d'étendre davantage son action. Le «bout-vite», galop rapide sur 1 000 à 2 000 m, n'est couru qu'une ou deux fois par semaine, car le cheval galope au maximum de ses possibilités. Pour l'amateur, c'est le grand frisson, car un cavalier, si bon soit-il et même s'il a l'habitude de lancer son cheval dans quelques galops éperdus, est à cent lieues d'imaginer la sensation offerte par ce galop d'un Pur-Sang évoluant sur une piste de sable. Le cheval attend le moment où il va se propulser en avant, étendre son encolure et mettre en marche chaque partie de son corps, pour aller le plus vite possible. Les mains posées sur le haut de l'encolure, le cavalier se dresse sur les étriers pour suivre le mouvement sans gêner l'extension, et accompagner son cheval.
Le galop d'un «Pur», c'est le kilomètre en moins de soixante secondes, avec des foulées de plus de 5 m... Est-il nécessaire de préciser que le Pur-Sang est le cheval le plus rapide du monde ?
Le bout de la piste approche à toute vitesse et à longues foulées, puis le cheval ralentit progressivement selon l'indication donnée par les rênes, mais ne s'arrête pas tout de suite : il va reprendre son souffle au trot, puis au pas, pendant que son cavalier essuie les larmes que la vitesse, et peut-être aussi l'émotion, lui a fait venir aux yeux. Enfin, couvert de sueur, le cheval rentre tranquillement à l'écurie, où il est dessellé, puis douché et

FAIRE DU SKI A CHEVAL

Saint-Moritz en Suisse est le paradis du ski, c'est certain, mais c'est aussi celui du cheval, ce qui est moins évident ! En effet, on y organise des courses de ski à cheval sur un lac gelé.
Cette discipline, qui s'appelle le *ski-joring,* nous vient de Scandinavie et comprend plusieurs épreuves :
- le skieur est tiré par un cheval monté ;
- le skieur est tiré par un cheval non monté ;
- le driver est assis sur un traîneau et mène son cheval.

La vitesse est impressionnante, faisant voler la neige autour du skieur équipé d'un casque, de gants et d'une chaude combinaison.
Moins périlleuse, mais tout aussi amusante est la balade à skis, où l'on est tiré par un cheval monté par un cavalier.

séché aux infrarouges comme chez le coiffeur, dans une pièce conçue à cet effet. Ensuite, il retourne dans son boxe prendre un repos bien mérité, en attendant le repas. Distribuées à heures fixes, trois rations règlent son rythme journalier au cours de la semaine, mais, quand vient le week-end, ce train-train est quelque peu bousculé.

Gentlemen riders

Si, au fil des jours, il vous vient l'envie de monter en courses, sachez qu'elles ne sont pas réservées aux seuls jockeys professionnels.
Bien sûr, vous ne courrez pas le prix de l'Arc de Triomphe, ni toute autre course avec les «pros», mais vous pouvez faire partie de ces amateurs qu'on appelle élégamment *gentlemen riders,* et courir sur les mêmes terrains et dans les mêmes conditions que les jockeys. Vous obéirez aux mêmes règles qu'eux, votre poids ne devra pas dépasser 54 kg pour le plat et 60 kg pour l'obstacle ; vous serez soumis à la pression des engagements pris aux quatre coins de la France ; votre cheval fera l'objet de paris et, si le cœur vous en dit, vous serez tous les week-ends sur les hippodromes, les courses que vous disputerez ayant lieu en alternance avec celles des jockeys professionnels.
Comme eux, vous courrez sous les couleurs d'une écurie, d'un entraîneur ou d'un propriétaire.
Quelle différence, alors, avec le monde professionnel ? Tout d'abord, vous n'êtes pas officiellement rémunéré, mais seulement indemnisé, et puis, même si les chevaux que vous montez ont une certaine valeur dans la mesure où ils sont cotés, ils ne sont pas des vedettes. Le Club des Gentlemen Riders vous représentera auprès de vos différents partenaires, que ce soient les hippodromes ou les sociétés de courses, pour organiser vos prestations.
De grands entraîneurs comme François Mathet ou Patrick-Louis Biancone ont été dans leur jeunesse d'excellents *gentlemen riders*. Il reste que les places sont limitées au sein du Club et, en réalité, ne fait pas des courses qui veut, mais plutôt qui peut.

Près du peuple : le trotteur

Si le galopeur, le roi du sprint, a depuis longtemps la faveur des puristes, il n'en est pas allé de même pour son cousin le trotteur. En effet, ce dernier apportait des gains généralement moins importants, ses entraîneurs étaient moins considérés, et son public populaire n'incitait pas la «High Society» des courses à fréquenter les hippodromes où il se produisait.
Cependant, les courses de trot ont progressé en technicité et en fréquentation, si l'on en juge par les tribunes de Vincennes noires de monde lors des nocturnes. En fait, le trot attire de plus en plus, magnifié par la gloire de quelques-uns de ses cracks : Ourasi, Idéal du Gazeau, Une de Mai…, si bien que les paris augmentent.

Le trot : un art difficile

Pousser un cheval au maximum de son trot sans que celui-ci ne se transforme en galop, n'est pas une mince affaire. Si l'encolure descend tant soit peu, le cheval passe tout naturellement au galop, aussi l'enrênement sert-il à lui tenir la tête haute. L'équilibre du trotteur est assuré par un réglage approprié de l'enrênement, mais aussi par des fers spéciaux, plombés comme des jantes de voiture. Qu'il soit attelé ou monté, le cheval adopte un trot de course appelé *trot allongé* ou *flying trot,* dans lequel il ne peut augmenter sa vitesse qu'en rusant (puisqu'il n'a pas le droit de passer au galop). Pour ce faire, il allonge sa foulée en posant le postérieur en avant de l'antérieur, soit en passant le premier à l'extérieur du second pour le poser loin devant, soit en relevant brusquement l'antérieur pour faire passer le postérieur qui prend alors appui loin devant l'empreinte laissée par l'antérieur. Dans ce genre de foulée acrobatique, le temps de suspension augmente alors que celui de l'appui diminue, plaçant en permanence le cheval en équilibre instable. Ses jambes, soumises à rude épreuve, sont protégées par des guêtres, et ses sabots par des cloches en caoutchouc solide.
L'art consiste donc à faire acquérir à l'animal un trot instinctif, qu'il ne dépassera jamais en

Les juges en voiture surveillent la course et sanctionnent les chevaux qui en retardent le départ en refusant d'entrer dans les «boîtes de départ», ou qui gênent son déroulement. Les juges sanctionnent également les allures, et les chevaux qui galopent, trottent avec les antérieurs et galopent avec les postérieurs sont repérés.

galopant : c'est là qu'interviennent le driver et l'entraîneur. On comprend donc l'importance de l'entraînement, car la synchronisation des battues, la souplesse des foulées et l'énergie des impulsions permettent au trotteur de donner le maximum de lui-même. Entraîneur et driver veillent scrupuleusement à obtenir les meilleurs réglages, qui demandent un certain temps pour être parfaits. C'est pourquoi un trotteur atteint sa pleine maturité après un long apprentissage, vers l'âge de sept ans. Il est également important que cheval et driver forment une équipe soudée, dont chaque élément connaît parfaitement

GROSBOIS, TEMPLE DU TROTTEUR

Le monde entier connaît la piste des Lions de Chantilly et nous envie le Centre des Trotteurs de Grosbois. A 15 km de Vincennes, le domaine de Grosbois est réservé aux entraîneurs, aux drivers et aux chevaux. Quelques chiffres suffisent à montrer les qualités du domaine :

- 450 hectares et 30 km de pistes cavalières pour que les chevaux s'entraînent.
- 1 290 boxes pour les résidents et les chevaux venus de l'étranger.
- Deux pistes de 1 000 m en mâchefer (matériaux filtrant l'eau de pluie).
- Une piste ovale couverte de 350 m.
- Un manège couvert de 75 m sur 25.
- Une sellerie, une graineterie, un grenier à foin et à paille, une forge et un atelier de maréchalerie, des douches pour les chevaux.
- Des chambres pour les palefreniers, un restaurant, un bar et des salles de télévision.
- Une clinique vétérinaire ultramoderne, équipée d'un service de radiologie, d'un laboratoire d'analyses, d'une salle de consultations, et d'un bloc opératoire où de grands spécialistes viennent officier.

les qualités et les défauts de l'autre, aussi les entraînements sont-ils le plus souvent réalisés par les drivers eux-mêmes. Jean-René Goujon et le célèbre Ourasi ne nous contrediront certainement pas !

Dans les courses de trot, le poids minimum des cavaliers est fixé en fonction de leur âge, et les dépassements sont autorisés, si bien que, dans ces handicaps, l'égalisation des chances n'est pas déterminée par rapport au poids comme dans les courses de galop, mais sur la distance à parcourir. Ainsi, plus les gains obtenus par un cheval dans de précédentes courses sont élevés, plus la distance qu'il devra couvrir sera importante ; c'est-à-dire qu'il se trouvera en position de retrait par rapport à la ligne de départ, retrait qui peut aller de 25 à 75 m.

Acquérir un trotteur

Si les éleveurs de trotteurs ont longtemps été des agriculteurs possédant une ou deux juments, les choses changent peu à peu. Mais la sélection des coursiers est toujours aussi draconienne.

En fait, comme pour un Pur-Sang destiné au galop, l'achat d'un poulain trotteur n'offre aucune garantie, que l'on possède ou non les références du père et de la mère. Aussi est-il judicieux de se faire conseiller par un amateur averti ou un professionnel compétent, car tous les trotteurs ne courent pas sur les hippodromes, loin de là, et seulement 45 p. 100 des poulains nés de mère trotteuse auront un jour la possibilité de battre la piste de leurs sabots plombés.

A l'âge de deux ans, le jeune cheval doit courir le kilomètre en 1,25 minute pour être sélectionné. A défaut, il pourra toujours accéder à d'autres genres d'activités, comme la compétition d'endurance, de saut d'obstacle, etc. Pour éviter toute mauvaise surprise, vous avez la possibilité d'acheter un cheval qui court déjà, ce qui signifie qu'il a passé brillamment ses examens d'entrée dans le monde impitoyable des courses. Pour cela, des ventes aux enchères ont lieu régulièrement à Vincennes et à Deauville.

Sachez qu'un trotteur ayant derrière lui une belle carrière de coursier parisien peut encore prétendre obtenir d'excellents résultats sur les hippodromes de province, mais que l'inverse est beaucoup plus difficile. Ne voyez pas là une injustice de la centralisation, non ; c'est tout simplement que les professionnels qui fréquentent les champs de courses ont tôt fait de repérer les bons chevaux, lesquels ont très vite droit aux honneurs de Vincennes.

Vous pouvez aussi acquérir un trotteur dans une écurie, si l'entraîneur est réaliste quant aux possibilités réelles de son protégé. Les quelques courses qu'il aura déjà disputées vous permettront de juger de ses capacités physiques et de sa forme. Pour l'entraîneur, l'affaire est intéressante, car plus on lui achète de chevaux, plus son écurie peut tourner, d'autant que 25 p. 100 des gains obtenus en course lui sont reversés...

PONEY TROTTEUR

De race Landaise, Pottock ou Welsh, le poney trotteur ne doit pas dépasser 1,40 m au garrot. Il trotte le kilomètre entre 1,34 et 1,46 minute, et n'a donc rien à envier à ses grands frères, puisque ce sont là les temps demandés aux chevaux de deux ans. On le voit trotter en course sur les hippodromes de La Rochelle, Toulouse, Biarritz, et Moulins, mais le P.M.U. refuse toujours d'autoriser et d'officialiser les courses avec paris.

Le poney Landais vit dans les Barthes, région marécageuse située au sud de Pau, généreusement arrosée par l'Adour. On l'utilisait autrefois pour transporter le lait de ferme en ferme, et il avait la réputation d'avoir un trot actif et soutenu. Actuellement, il retrouve une nouvelle jeunesse dans les courses de poneys trotteurs, bien qu'il soit aussi capable de briller dans d'autres compétitions.

G lisser sur la neige derrière un cheval lancé au grand galop, voilà un plaisir certain ! Toutefois, les chevaux de course demandent une acclimatation spéciale à l'altitude, et leur entraînement à Saint-Moritz évolue quelque peu : désormais, ils arrivent un bon mois à l'avance sur le lieu des épreuves et sont entraînés progressivement.

Autre solution : vous pouvez acheter une part d'un cheval. Certains étalons prestigieux sont ainsi l'objet d'une multipropriété. Un syndicat gère alors leur entraînement ou leurs saillies, suivant leurs activités, et les gains obtenus sont répartis entre les différents actionnaires. Cette curieuse formule de copropriété adaptée à l'achat d'un animal permet en fait d'enrayer l'hémorragie des meilleurs chevaux de l'élevage français vers l'étranger, car leur prix atteint des hauteurs faramineuses, à la seule portée des bourses américaines, japonaises, ou des émirats arabes.

La rigueur pour l'entraîneur

Entraîner un trotteur exige d'avoir une parfaite connaissance technique de la ferrure, du harnachement, de l'attelage et de la préparation physique. C'est au point que la Société du Cheval Français délivre deux catégories de permis d'entraîner :

• Le permis A est octroyé à une personne possédant ses propres couleurs et une autorisation de conduire (*driver...*) en amateur ; l'effectif des chevaux que l'entraîneur détenteur du permis A a le droit d'avoir dans ses écuries est limité à cinq.

• Le permis B revient aux personnes ne conduisant pas personnellement en course, et qui ont une profession relevant du domaine agricole ; l'effectif des chevaux n'est alors pas limité.

De plus, quiconque désire entraîner un trotteur doit être parrainé par deux entraîneurs et posséder deux attestations de commissaires de courses, stipulant que le demandeur possède les installations suffisantes pour se livrer à l'entraînement.

Ces mesures d'apparence tatillonne n'ont en fait qu'un seul but : protéger les chevaux en leur offrant les meilleures garanties à l'entraînement. En effet, il ne suffit pas d'acheter des chevaux et de leur donner un boxe, encore faut-il pouvoir leur offrir une piste de trot, un camion pour les transporter, de bons harnais, des cloches pour les sabots, des guêtres pour les tendons des genoux, des jarrets et des coudes ; il faut posséder des sulkys pour le trot attelé, bref, tout ce matériel et cet

espace, aptes à faire travailler les animaux dans de bonnes conditions, ne sont pas à la portée de tous.
Si l'on peut acquérir progressivement et par soi-même un savoir-faire technique satisfaisant, il est bon de faire quelques stages chez un professionnel afin de parfaitement maîtriser les subtilités de l'entraînement.
Pour bien conduire en course il faut s'exercer sur des pistes d'entraînement, ce qui est accessible par tous ou presque. Il est bien rare en effet qu'un entraîneur n'ait pas un cheval à sortir, ne serait-ce que pour parfaire un réglage, ou pour améliorer la condition physique de l'animal. Si vous êtes intéressé par cette discipline, vous trouverez toujours une écurie d'entraînement disposée à vous donner des notions d'attelage et de conduite du cheval, au même titre qu'un jour vous avez appris à le monter.

Trot attelé et trot monté

Le trot attelé

Une fois le cheval installé dans les brancards, le conducteur (on dit *driver...*), habillé chaudement, portant casque et lunettes pare-boue, s'installe sur le sulky et cale ses pieds dans les étriers. Puis, le stick dans une main et les guides dans l'autre, il se dirige au pas vers la piste. L'échauffement se fait au pas puis au petit trot, pour régler le souffle. Déjà, la vitesse est impressionnante, et le sulky semble glisser sur la piste. Le cheval prend appui sur le mors et augmente sa vitesse ; les postérieurs s'écartent et poussent fort : il faut faire attention à ne pas provoquer la faute qui conduit le trotteur à effectuer quelques foulées d'un galop éliminatoire. La sensation est unique, et l'on a parfois l'impression que le cheval vole littéralement.
En vérité, le trot attelé exige une grande finesse, tant chez le driver que chez le cheval, car ils sont tous les deux toujours à l'extrême limite de la faute, toujours à tenter de conserver un équilibre on ne peut plus précaire.

Le trot monté

Représentant 14 p. 100 du programme français des courses de trot, les courses de trot monté ne sont organisées qu'en France et en Belgique.

LES POIDS LOURDS ENTRENT EN PISTE

Les Japonais ont eu un jour l'idée de nous acheter de nombreux chevaux de trait pour les besoins d'une course qu'ils ont inventée : le trait-tract. Si bien que des Percherons, des Boulonnais et d'autres chevaux de trait se retrouvent sur les hippodromes, tirant des charges de 600 kg et franchissant des buttes, encouragés par des jockeys.
Ces courses attirent un grand nombre de parieurs au Japon, mais pas en France, car elles n'y sont pas officielles, même si un public nombreux y assiste. Peut-être est-ce là un moyen de faire revivre les lourds chevaux de trait, condamnés par la technique.

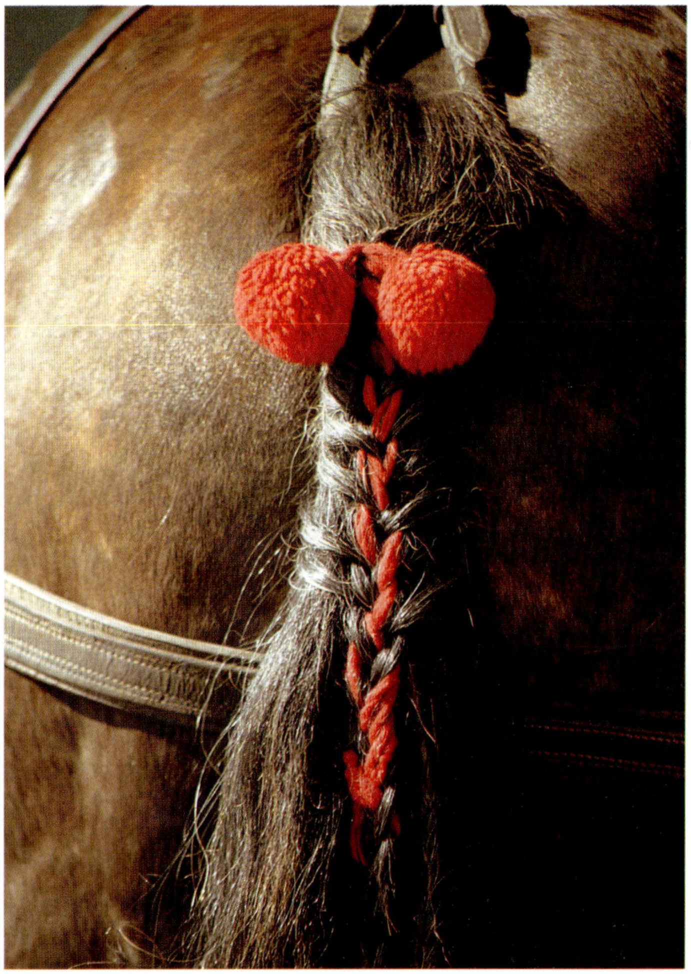

Autrefois, chaque région produisait «son» cheval de race, pour les besoins de l'agriculture. Ainsi, le Percheron vient du Perche, le Comtois de Franche-Comté, le Trait Breton de Bretagne. Quant au Boulonnais, il a pris le nom de la région elle-même.
Chaque région ayant sa personnalité, les coutumes varient de l'une à l'autre, comme le marquage et le nattage. De nos jours, malgré la persistance heureuse d'une certaine tradition, les éleveurs répugnent de plus en plus à pratiquer la caudectomie, qui n'a plus de raison d'être dans la mesure où les chevaux de trait tirent plutôt des roulottes ou des traîneaux que des charrues. Nous ne pouvons que nous réjouir de voir ainsi disparaître une pratique cruelle (on ignorait l'anesthésie...) devenue totalement inutile.

Quand la randonnée joue à la compétition

L'équitation dite de loisir est à l'origine d'un certain type de compétition qui attire de plus en plus de cavaliers. Se promener par monts et par vaux, c'est la randonnée à caractère convivial, plus ou moins touristique. En revanche, courir par monts et par vaux relève de la compétition : c'est l'endurance.

L'endurance

Discipline sportive récente, l'endurance existe en fait depuis que les hommes ont appris à monter à cheval, les manœuvres de guerre et la création des transports rapides ayant été ses premiers terrains d'expression. Une fois détrôné par le chemin de fer et l'automobile, le cheval est d'abord devenu un moyen de se balader tranquillement puis, l'esprit de compétition étant propre à l'espèce humaine, la balade devint tout naturellement raid d'endurance.

Le cavalier et sa monture doivent parcourir des distances de 30 à 160 km, ni trop vite ni trop lentement, afin d'arriver en excellente condition physique, les premiers si possible. On peut comparer le cheval d'endurance au marathonien, car sa préparation physique et morale et sa faculté de récupération sont sensiblement les mêmes. Au bout d'un périple effectué dans le meilleur temps, l'animal doit arriver dans un état de fraîcheur jugé satisfaisant par les vétérinaires de l'épreuve, qui effectuent des contrôles tout le long du parcours. Ils surveillent l'état des chevaux, limitant certains excès, sanctionnant les abus, et interviennent dans le classement final : il ne s'agit pas d'arriver en tête sur une monture fourbue et prête à rendre l'âme.

Les raids ont lieu sur divers terrains, et il est bien évident que l'effort varie en fonction de ceux-ci, de la nature du sol et du climat.

Bien récupérer pour durer

Véritable coureur de fond, le cheval d'endurance doit avoir un rythme cardiaque qui lui permette de tenir la durée de l'épreuve. Si le cœur d'un animal sédentaire bat à 40 pulsations par minute, celui du sportif de fond bat au rythme de 30 à 35 pulsations. En plein effort, le rythme augmente considérablement, mais un cheval bien entraîné verra redescendre ses pulsations à moins de 50 par minute au bout de dix minutes. Le rythme doit être redevenu normal au bout de vingt minutes.

Quant au rythme respiratoire, il est de 15 cycles par minute (un cycle comprenant une inspiration et une expiration). La rapidité de récupération cardiaque permet de retrouver rapidement le souffle et donc d'aborder une suite de difficultés sans grand problème, ou d'entamer un petit trot dès que le terrain le permet. Nous, humains, sommes soumis aux mêmes lois. Arrivé au sommet d'une côte, un coureur cycliste repart de plus belle après un très court temps de récupération, alors que l'amateur du dimanche, lui, prétextera la contemplation d'un paysage magnifique pour s'arrêter et attendre une bonne dizaine de minutes avant de repartir péniblement...

Les contrôles vétérinaires servent à relever les rythmes respiratoires et cardiaques des chevaux à l'arrivée, puis vingt minutes après. Ceux dont le rythme dépasse la norme sont pénalisés, et certains ne sont même pas autorisés à engager l'étape suivante afin d'écarter tout risque d'accident, si l'on juge leur état général alarmant : récupération nulle ou trop lente, importante sudation, boiterie, ou déshydratation grave.

La sévérité de tels contrôles a donc pour but essentiel de protéger la santé des chevaux.

Le bon cheval

En principe, n'importe quel cheval peut participer à des raids d'endurance. Ainsi, la plupart des chevaux de club prennent part aux épreuves de 30 km, donc il n'y a pas de raison que le vôtre n'en fasse pas autant. Mais, les difficultés apparaissent à partir de l'épreuve de 60 km et augmentent en intensité au fur et à mesure que la distance s'allonge : on ne

court pas sur 90, 120 ou 160 km comme sur 30 km. De cela, il découle qu'une course d'endurance se prépare avec minutie, longtemps à l'avance, pendant des mois ou des années : un jeune cheval fougueux sera sans doute un excellent sprinter, tandis qu'un cheval mûr et bien entraîné aura nettement plus d'endurance, même s'il ne va pas aussi vite. C'est la revanche de ceux «qui balance[nt] entre deux âges», car ils vont loin sans s'essouffler... Autrement dit, «patience et longueur de temps» font le bon cheval d'endurance. Il est assez difficile, voire impossible, de choisir au premier coup d'œil l'animal qui fera un bon cheval d'endurance, car il n'existe pas de race parfaite : on peut trouver dans n'importe quelle race la monture idéale. Si bien que de nombreux cavaliers choisissent de façonner eux-mêmes la monture qu'ils destinent à l'endurance.
Pour cela, un cheval acheté au hasard d'une foire peut très bien faire l'affaire et s'avérer par la suite très honorable dans les épreuves d'endurance. La chance de dénicher l'exception est bien mince, et l'improvisation demeure la règle dans bien des cas, dans la mesure où l'élevage spécifique de chevaux destinés à l'endurance n'en est qu'à ses premiers balbutiements.
Certaines races possèdent toutefois des prédispositions naturelles, comme le Barbe arabe, ou le Pur-Sang Arabe, la plus ancienne race pure du monde, considérée à juste titre comme amélioratrice des autres races – l'extraordinaire Pur-Sang Anglais n'a-t-il pas du sang arabe, depuis la fin du XVIIe siècle, dans ses veines ? – Ces chevaux du désert, élevés à la dure, ont depuis belle lurette l'habitude des longues courses, quels que soient les terrains et la température ambiante, aussi donnent-ils de bons résultats en compétition.
A l'inverse, il est des «sans-grade» parmi les poneys et les mulets qui tiennent gaillardement tête aux chevaux spécialement élevés pour les raids d'endurance. Partant de cette constatation, on peut songer qu'une race rustique, habituée aux pires conditions climatiques et topographiques, aura toutes les

*Léger, gracieux et racé, ce roi du désert est considéré comme l'améliorateur numéro un des races de chevaux.
Sa taille moyenne est de 1,40 m à 1,60 m. Sa tête fine est caractéristique : front plat, chanfrein droit et grands yeux mobiles. L'encolure légère est bien orientée, le dos, le rein et la croupe sont droits.
Sobre et résistant, le Pur-Sang Arabe connaît un regain de succès dans les courses d'endurance.
Parallèlement à cet engouement, les éleveurs tentent de réhabiliter les courses spécifiques à ce cheval sur hippodrome, ne serait-ce que pour le faire sortir de l'image de cheval-de-salon à laquelle on était habitué et lui redonner son rôle premier : celui d'un cheval de courses.*

MUSCLER SON CHEVAL D'après le docteur Pierre Granier, «Le Cheval en endurance»	
Exercices	***Muscles - Actions***
Pas en terrain varié	Échauffement et assouplissement de tous les muscles
Trot ordinaire	Tension, extension, flexion du rachis avec musculation du dos et des abdominaux
Changement de direction (voltes)	Assouplissement des épaules, engagement des jarrets
Trot allongé	Extension du bras, de l'avant-bras et des postérieurs
Trot en montée encolure tendue	Tension du dessus
Trot en descente en équilibre	Équilibre, travail des muscles dorsaux et abdominaux
Épaule en dedans	Mobilité, souplesse, équilibre, impulsion
Pas de côté	Assouplissement général, équilibre
Galop ordinaire	Musculation du rein, de la croupe, du dos
Galop à faux	Mobilité, tension, souplesse, équilibre, intervention de tous les muscles
Obstacles	Impulsion, adresse, assouplissement (ligaments, tendons)
Contre-haut Contrebas Talus	Assouplissement, musculation générale

chances de donner de bons chevaux d'endurance.

Une bonne morphologie pour une bonne préparation

Préparer un cheval aux raids de compétition ne consiste pas à avaler kilomètre sur kilomètre au fil des jours et des mois, comme d'aucuns pourraient le penser. Certes, l'animal doit acquérir une bonne résistance et une parfaite connaissance de tous les terrains possibles, mais son tempérament est avant tout forgé par la façon dont on l'élève. Il doit passer l'essentiel de sa vie au grand air par tous les temps, histoire de se constituer une santé à toute épreuve.
De même, pour se forger une ossature et une musculature au-dessus de tout soupçon, il faut l'habituer très tôt aux terrains pierreux et accidentés. Une ossature légère mais solide contribuera à l'alléger sans le fragiliser (les coureurs de fond ne sont-ils pas menus et secs, comparés aux lourds et puissants sprinters ?). De taille variable n'atteignant toutefois pas 1,80 m, il doit avoir une croupe puissante, un rein bien attaché, une cage thoracique bien développée, et des membres sains.
Dans les premiers temps de l'entraînement, il devra se contenter de repas frugaux, pour ne pas prendre de graisse inutile et apprendre à s'économiser. En toute occasion, il saura supporter les grosses chaleurs sans transpirer fortement au moindre effort.
Ensuite, on lui imposera de longues marches solitaires (en fait, il n'est pas seul, puisque vous êtes sur son dos !), et on lui apprendra, surtout, à se laisser dépasser par un concurrent sans chercher à le rattraper. Enfin il évitera d'user son énergie à hennir, à bouger et à s'agiter pendant les haltes. Un bon cheval d'endurance est calme, volontaire, doté d'une grande force de caractère, et fournit le juste effort nécessaire au moment opportun.
Avec l'expérience, il acquiert le sens de la course. Il rythme son trot dès les premiers mètres, prend le pas pour récupérer son souffle, gonfle ses poumons avant l'ascension d'une butte. En bref, il gère son effort en fonction de son état de fraîcheur physique. Son cavalier est à l'affût de ses réactions, l'aide et le soutient, n'hésitant pas à sauter à terre pour le soulager et à courir à ses côtés.

Former une véritable équipe

Homme et cheval se doivent de former un véritable couple qui se connaît, se comprend, et s'entraide quand il le faut.

Les longues heures d'entraînement et l'expérience acquise ensemble au fil des pistes favorisent la naissance d'une confiance réciproque, nécessaire à la réussite de l'entreprise. Il faut savoir qu'un raid dure entre six et dix heures d'affilée. Bien souvent, les concurrents partent dans la pénombre du petit matin et éclairent leur route à la lampe frontale en attendant le lever du jour ; ce sont des heures pénibles, car elles sont très souvent glaciales, et rapidement démoralisantes pour les cavaliers encore engourdis de sommeil. Le rythme est soutenu, fait de beaucoup de trot et de quelques galops entrecoupés de passages réparateurs au pas. Les pauses permettent de se désaltérer et de se restaurer. Il faut aussi s'arrêter aux contrôles vétérinaires. Mais, outre ces quelques moments de relâche, toute la journée, l'équipe doit tenir et continuer le raid.

Le cheval n'est pas seul à souffrir ; son cavalier fournit aussi des efforts physiques. Le rythme élevé et constant fatigue les articulations des genoux et des chevilles. Les muscles durcissent jusqu'à la crampe, le buste se raidit, le dos devient douloureux, et même les orteils connaissent des moments pénibles.

Le cavalier doit garder sa lucidité en toute circonstance pour éviter les erreurs tactiques. Malgré quelques passages à vide, il doit aussi oublier sa douleur et sa fatigue pour rester à l'écoute de son cheval. Si celui-ci émet des signes tangibles de fatigue, il ralentira l'allure, sautera à terre et courra à côté de sa monture pour la soulager – certains cavaliers de haut niveau s'entraînent d'ailleurs régulièrement à la course à pied. Il faut adopter cette tactique dès les premiers signes de fatigue et descendre de cheval quand les dénivelées sont importantes pour économiser les forces de l'animal. Le cavalier attrape la queue de son cheval et se laisse guider, sans pour autant se faire tirer car il freinerait alors l'élan de l'animal. Marchant d'un bon pas, ou courant à côté du cheval, le compétiteur choisira des vêtements qui ne gênent en rien ses mouvements : ni trop légers (à cause du froid) ni trop lourds. Il portera des chaussures de sport souples et élastiques, confortables aux pieds. En effet, ceux-ci sont soumis à des efforts permanents, que ce soit en appui sur les étriers lors des trots enlevés, ou au sol lors des courses à côté du cheval. Le traditionnel pantalon d'équitation s'adapte parfaitement au raid d'endurance, et l'on peut porter des mini-chaps ou des guêtres pour protéger le bas des jambes.

A cheval, et notamment au trot, on transpire vite, même si la température est plutôt fraîche. Aussi faut-il se méfier des chauds-et-froids que le corps peut subir tout au long de la journée. Dans le meilleur des cas, on part à la fraîcheur le matin, on subit la canicule de midi, puis l'humidité de plus en plus pénétrante du soir, sans compter les variations climatiques dues aux différentes régions que l'on traverse.

Quelques carrés de chocolat ou des barres d'aliments énergétiques serviront à redonner le petit coup de fouet nécessaire au cavalier comme au cheval. On pourra les ranger dans

Courir, toujours, reprendre son souffle, récupérer quelques instants avant le prochain contrôle vétérinaire, tel est le souci du cavalier d'endurance.

des petites fontes prévues à cet effet, si la selle comporte des anneaux de fixation.
Passé les difficultés de l'étape, l'équipe soudée que forment le cavalier et son cheval goûtera la satisfaction d'arriver à bon port en pleine forme, d'avoir passé un moment important ensemble, et de pouvoir repartir...

La selle, les accessoires, l'intendance

La participation à un raid exige un minimum d'organisation et de préparation.
Il faut notamment prévoir un seau pour faire boire le cheval et le doucher, une couverture pour le protéger du froid quand il a transpiré, du matériel de pansage et des rations-repas bien équilibrées et bien dosées.
Côté matériel, on trouve de nombreux modèles de selles adaptées à l'endurance aux États-Unis où elle est pratiquée depuis longtemps, alors qu'en France un nombre infime est disponible sur le marché. Pour tenter de combler ce vide pratique et commercial, quelques professionnels se sont penchés depuis peu sur le problème et proposent des selles conçues en fonction de leur expérience personnelle (c'est le cas de Gaston Mercier, deux fois champion d'Europe).
La selle anglaise est légère, mais ne possède pas une surface portante suffisamment grande, bien qu'elle ait besoin d'un tapis de selle épais permettant de mieux répartir le poids.
Souvent trop lourdes, les selles américaines auront besoin d'être allégées, mais on se gardera bien de leur ôter les étriers, nettement supérieurs aux étriers des selles anglaises. En effet, ces derniers possèdent un plancher étroit en métal, et le pied subit une importante pression, source de bien des désagréments et des crampes, surtout au trot en suspension. Par contre, les étriers en bois des selles américaines offrent un large plancher confortable, diminuant la pression par sa largeur, et faisant office d'isolant par sa matière.
Les embouchures varient en fonction du cheval, le hackamore étant le plus souvent choisi, bien que certains cavaliers lui préfèrent un filet simple, tout en conservant des rênes longues. Confortables et souples, suffisamment longues, celles-ci sont tenues en main toute la journée et feront donc l'objet de soins attentifs. Tout le matériel devra être nettoyé, lavé et graissé, de façon à écarter tout risque de rupture fâcheuse au cours du raid.
En outre, un matériel bien entretenu et propre ne risque pas de blesser le cheval. Ainsi, le tapis de selle et la sangle devront être exempts de sueur séchée et collée, susceptible de provoquer des irritations de la peau.
Si dur soit-il, un raid n'est pas une aventure solitaire, et une bonne intendance aide efficacement une équipe, la soulage, et lui redonne espoir à l'occasion.
L'intendance s'occupe des problèmes matériels du cavalier, échauffe le cheval, assiste les concurrents là où les difficultés de terrain sont les plus grandes et prépare des jerricanes d'eau quand son absence se fait cruellement sentir. Elle s'occupe du cheval pendant les contrôles vétérinaires, lui fait prendre une douche si besoin est, le sèche et le bouchonne, lui donne une ration-repas, pendant que le cavalier se ravitaille.
Une intendance bien conçue, c'est une équipe au service d'un couple, toujours prête à le soutenir et à l'aider. De sa logistique et de son efficacité dépend le moral des participants, homme et cheval. Elle est absolument indispensable dès que l'épreuve atteint le niveau d'une compétition internationale.

Apprendre sur le tas

La préparation spécifique de ce sport demande une connaissance de l'équitation autre que celle pratiquée dans un club. Or, malheureusement, on voit encore trop de chevaux mal préparés au cours des épreuves engagées dans notre pays. Ce qui revient à dire que nombre de cavaliers croient encore pouvoir participer à un raid en n'ayant à leur actif que quelques petites promenades tranquilles à travers les bois, et, comme dans la plupart des disciplines de compétition, l'amateurisme conduit à des abus très néfastes pour la santé du cheval.
Pour s'initier, on peut s'adresser aux quelques centres existant en France, qui proposent des stages d'une semaine ou d'un week-end, où

l'on peut généralement venir avec son propre cheval.
Sous la direction d'un cavalier expérimenté sont enseignées les bases tactiques de l'endurance sur des circuits appropriés. On apprend à percevoir l'état de fraîcheur du cheval, à déterminer le train à prendre en fonction du terrain, à mettre pied à terre pour marcher à côté de l'animal dès que c'est nécessaire et à le faire boire par intermittence. Le stagiaire apprend à se servir d'un stéthoscope pour connaître les rythmes respiratoire et cardiaque de son cheval avant, pendant et après l'effort, ainsi que sa faculté de récupération, qui progressera avec l'entraînement. Il apprend en outre à déceler les symptômes de méforme.
Après un stage, on possède des bases suffisantes pour envisager d'entraîner soi-même son cheval, en vue de lui faire pratiquer la compétition dans de bonnes conditions. Mais, avant d'avoir une chance d'obtenir des résultats en endurance, il faut acquérir une expérience solide et profiter de ses échecs pour se remettre en question.

Un peu de diététique

Athlète de haut niveau, le cheval d'endurance demande une alimentation particulièrement soignée, qui fait l'objet de nombreuses études ayant pour but de l'améliorer sans cesse. Gros consommateur d'énergie, il a des besoins spécifiques très différents de ceux d'un cheval de course ou de concours.
Il est tout d'abord indispensable de donner des aliments de première qualité, qu'ils soient traditionnels à base de céréales (orge, avoine) ou modernes sous forme de granulés complémentaires ou complets. En aucun cas, ces aliments ne doivent «gaver» ou exciter le cheval, tant à l'entraînement qu'en compétition. L'animal doit être nourri juste ce qu'il faut, pas plus, et cette nourriture doit être à la fois immédiatement assimilable pour l'effort proche, et servir de réserve de carburant pour l'effort de longue durée qui caractérise les épreuves d'endurance.

Régime spécial endurance

On lui donnera du sucre, régulièrement et en petite quantité à chaque fois, avant et pendant un raid, pour éviter l'hypoglycémie et la fatigue musculaire. Les sucres dits lents sont les plus indiqués car ils contribuent au maintien d'un effort prolongé, tandis que les sucres «rapides» (le saccharose notamment, représenté par le traditionnel morceau de sucre) conviennent davantage – à petite dose toujours – à un effort de courte durée.
L'apport d'aliments gras est le bienvenu également. On n'oubliera surtout pas de donner du sel au cheval d'endurance pour pallier les pertes dues à la transpiration et lui permettre de lutter contre la fatigue.
Calcium, potassium et magnésium doivent également être apportés dans la ration alimentaire afin d'éviter les carences liées à la perte d'eau, laquelle, lorsqu'elle devient trop importante, risque de conduire à une déshydratation. Il faut savoir qu'un cheval perd près de 10 litres d'eau en une heure, lors d'un effort prolongé, lorsque la température extérieure n'est pas trop élevée. On veillera donc à ce qu'il boive souvent et suffisamment suivant l'intensité de l'effort demandé. On apportera également des vitamines et des matières azotées (trèfle, luzerne).
On répartira les rations tout au long de la journée pour que les aliments soient mieux assimilés, respectant ainsi la règle d'or qui consiste à manger souvent, mais peu à chaque fois, des aliments énergétiques. Le

*Le trot est une allure qu'un cheval peut tenir longtemps, lors d'un raid d'endurance ou d'un entraînement intensif.
S'il monte le «trot en lever», le cavalier change de diagonale au bout de quelques minutes pour soulager le cheval : quand ce dernier lève l'antérieur droit, le cavalier se soulève de la selle, et s'y assoit au moment où l'antérieur se pose à terre ; au bout d'un temps très court, il fait la même chose lorsque le cheval lève et pose son antérieur gauche.
Le trot en suspension est une autre solution : debout sur les étriers, le cavalier pose ses mains sur l'encolure du cheval qui trotte alors librement.*

cheval fera donc de trois à cinq repas par jour en fonction du travail qui lui est demandé. Régulières, les rations augmentent en quantité et en qualité selon l'intensité de l'effort passé ou à venir.

Un régime sur mesure

En outre, tous les chevaux ne mangent pas la même chose, ce serait trop facile, et à chacun convient un régime particulier, si bien que le propriétaire attentif et scrupuleux observera les effets produits par le régime alimentaire auquel il soumet son cheval et s'inquiétera si l'animal est anormalement excité, s'il rechigne à avancer, s'il transpire abondamment, ou donne des signes d'inappétence.

Enfin, une alimentation équilibrée et bien conçue favorise une bonne condition morale au même titre qu'un pansage énergique et soigné, un boxe propre et agréable, une promenade de santé, de longues heures passées en compagnie d'un maître attentif, la présence de quelques semblables avec lesquels on s'entend bien (les chevaux détestent la solitude), ou encore les indispensables caresses, flatteries et récompenses.

Les premiers pas

Quand on entame la compétition, on a tout intérêt à commencer modestement par les épreuves de 30 ou de 60 km : objectifs raisonnables, tant pour le cheval que pour soi-même. En effet, l'endurance est un sport dont l'expérience s'acquiert lentement, au fil des ans et des épreuves. Comme dans tout sport, une certaine proportion d'échecs permet de faire le point sur ses compétences, sur la qualité de l'entraînement pratiqué, sur les efforts demandés à un cheval parfois mal préparé et sur mille autres petits détails qui font qu'un jour rien ne va comme on veut alors que les succès passés permettaient de penser qu'on était au point.

Écoutons ce que dit Xavier Libbrecht (journaliste français) du dernier champion d'Europe : «Un seul exemple suffira à illustrer notre propos, (...) celui de Gaston Mercier : on ne devient pas champion d'Europe pour la deuxième fois par hasard. Certes Mao IV, issu du croisement d'un Pur-Sang Arabe et d'une jument aux origines espagnoles certaines, est un cheval d'exception : un cœur qui bat comme un diesel, une capacité de récupération fantastique, des membres et des pieds en titane, une force dans l'arrière-main qui lui permet (...) de surclasser tous ses adversaires lorsqu'il s'agit de galoper en montant, et de sprinter. A cela s'ajoute un caractère idéal pour ce genre d'effort, et une forme d'intelligence aussi : Mao possède l'art de s'économiser, mais aussi l'instinct de la course... Bonne connaissance de son cheval et respect de celui-ci sont à mettre au crédit de l'homme.»

La randonnée de compétition

Aux yeux du grand public, la randonnée équestre véhicule encore, parfois, l'image d'un cavalier incapable de contrôler un cheval visiblement peu ou mal dressé. Il est certain que, comme dans presque tous les domaines sportifs sortant de l'ordinaire, les abus de toutes sortes, les erreurs humaines et l'inconscience de certains ont quelque peu discrédité la pratique d'un tel loisir. Pour combattre cette tendance et redorer le blason de la randonnée, on en a fait une discipline sportive en créant les épreuves de T.R.E.C. ou Techniques de randonnée équestre en compétition.

Le T.R.E.C.

La compétition est divisée en quatre épreuves issues directement de la randonnée touristique et se réfère à une connaissance que tout cavalier sérieux se doit de posséder. Il s'agit d'une course d'orientation, d'un parcours de randonnée proprement dit, d'une maîtrise des allures et d'un examen du matériel.

La course d'orientation

Elle oscille entre 50 et 60 km, et elle est truffée de pièges. On devra chevaucher sur un parcours non tracé, utiliser la boussole, savoir lire correctement une carte et interpréter les courbes de niveau. Le rythme est imposé et on aura à subir des contrôles volants : il faut être dans le temps et aller ni trop lentement, ni trop vite. En outre, si l'on ne possède pas un solide sens de l'orientation, on risque fort de se perdre et d'être disqualifié en arrivant trop tard à l'étape. Ressemblant à une mini-épreuve d'endurance, la course d'orientation demande au cavalier de prendre toutes ses décisions dans un minimum de temps et de se repérer sur un terrain inconnu dont la nature peut à tout instant augmenter les difficultés liées à la topographie. Les adeptes de la randonnée solitaire auront toutes les chances de briller dans cette épreuve.

Le Parcours en compétition du cheval de randonnée (P.C.C.R.)

Il concentre les difficultés rencontrées sur le terrain, et l'on doit s'acquitter d'une quinzaine de tâches dans les meilleures conditions. Il s'agit d'ouvrir une barrière sans descendre de cheval, de côtoyer un tracteur pétaradant, de passer sous un tunnel de feuillage, de sauter dans un gué, de reculer entre des barres disposées en L, de laisser son cheval seul au milieu d'un cercle sans qu'il bouge, et de quelques autres subtilités où chaque fois un juge note les réactions du cheval. Au cavalier d'avoir une monture sûre et franche, n'ayant pas peur de l'inconnu.

La maîtrise des allures

Très technique, la maîtrise des allures demande d'aller au pas le plus rapidement possible et de galoper le plus lentement possible sur 250 m environ, le chronomètre étant le seul juge.

Le choix du matériel

Au cours de cette dernière épreuve, passive et orale, les juges notent le couple cavalier-cheval prêt à partir. On juge le choix du paquetage, de la selle, de l'embouchure, la qualité de la ferrure, bref, tout ce qui sert à monter à cheval et à vivre avec lui pendant quelque temps. Le cavalier doit justifier l'emploi du matériel dont il se sert en randonnée, en se montrant crédible et convaincant.

Ces épreuves qui font sourire les vieux routards habitués à la randonnée (peut-être parce qu'ils craignent de se mesurer à d'autres...) ne sont pas aussi simples qu'elles en ont l'air. Elles donnent au randonneur consciencieux

Lors d'une randonnée, cavalier et cheval rencontrent maintes difficultés, qu'elles soient naturelles et liées au terrain, ou artificielles et dues à la civilisation. Bien souvent, on est obligé de marcher devant le cheval pour lui montrer le chemin.

Cette situation est recréée artificiellement lors d'une compétition, de façon à permettre aux juges d'évaluer les capacités physiques et morales du cheval et de son cavalier à se jouer des obstacles ou des pièges divers rencontrés sur le parcours.

«MENS SANA IN CORPORE SANO»

C'est ce que réclame un cheval pour faire de la compétition : à l'aise dans un corps parfait, il ignore les problèmes d'ordre psychique. Si son moral passe par une excellente condition physique, celle-ci ne s'obtient pas sans effort ni à n'importe quel âge. Elle exige un travail et un entretien quotidien, ainsi que des moments de repos mérités.

la possibilité de se perfectionner en confrontant ses connaissances et sa pratique à celles d'autres concurrents, tout en s'adonnant à sa passion.

Savoir se préparer

Si l'on veut obtenir un bon classement dans une épreuve de T.R.E.C., une préparation de fond s'impose, comme pour toute autre forme de compétition. A moins d'être parfaitement inconscient, nul ne songerait à participer à une régate sans posséder un minimum de connaissances techniques, alors pourquoi n'en serait-il pas de même pour la randonnée ? L'improvisation n'est pas de mise en effet, un cheval peu ou mal dressé n'ayant aucune chance de réussir. Tout au plus, les concurrents se livreront-ils à des bagarres inutiles et parfois dangereuses. On rencontre trop souvent des cavaliers se plaignant d'avoir mal au dos après avoir trottiné pendant des heures sur un cheval dont ils ne cherchent pas à valoriser les qualités, qui fait ce qu'il peut en suivant son instinct et non ce qu'il devrait avoir appris à faire. S'ils se donnaient la peine d'approfondir leurs connaissances de base et de pousser un peu le dressage de leur cheval, gageons que leur randonnée douloureuse se transformerait en l'agréable promenade qu'elle devrait être. D'où l'intérêt de la compétition, dans la mesure où elle oblige les participants à progresser.

Un bon cheval de randonnée répondant à des critères moraux et morphologiques précis (voir le chapitre relatif à la randonnée), on le fera travailler sur le terrain pour parfaire ses qualités et corriger ses défauts. Il apprendra à répondre à la jambe isolée, à la rêne d'appui, au reculer et deviendra à la fois maniable et attentif.

L'usage de la jambe isolée se travaille à cheval ou à pied, au moyen d'une badine de dressage. On touche légèrement le flanc de l'animal pour qu'il apprenne à déplacer ses hanches et, une fois qu'il a assimilé le mouvement, la jambe remplace la cravache en se plaçant derrière la sangle. Il est important de travailler cette mobilité des hanches, car elle facilite les mouvements latéraux, permettant au cavalier de placer son cheval parallèlement à une barrière pour l'ouvrir et la fermer, ou de le «coller» contre la paroi d'une falaise. Les rênes d'appui permettent au cavalier de diriger son cheval d'une main, l'autre restant libre pour tenir une carte, ou tout autre chose. On porte la rêne droite au-dessus de l'encolure à la place normale de la main gauche, c'est-à-dire vers l'épaule gauche, en avant du garrot. Les jambes entretiennent l'impulsion, mais l'action de la jambe gauche est prédominante, et chasse les hanches à droite, la jambe droite limitant si besoin est ce déplacement. L'assiette doit toujours être dans le sens du mouvement, donc, dans le cas étudié, à gauche.

Pas question, lors du T.R.E.C., que le cheval «s'endorme» en allant au pas. Pour savoir s'il s'engage correctement, il suffit de regarder ses empreintes sur le sol : les postérieurs doivent laisser la marque de leurs fers en avant des antérieurs. Il faut trouver un équilibre entre l'action des jambes et des mains, les jambes donnant l'impulsion qui évite au cheval d'engager un petit trot, et les mains se faisant très légères. La voix peut faciliter le travail et remplacer dans une certaine mesure l'aide des jambes, mais il faut pour cela que le cheval apprenne à reconnaître l'intonation de la voix du cavalier qui donne les ordres. Si le cheval trottine, vous n'avancez pas plus rapidement que s'il marche d'un bon pas, mais vous souffrez vite du dos, et lui aussi. Quant au petit galop, on l'obtient à force d'exercices au petit trot, d'assouplissements divers et de travail à la longe. C'est une allure lente puisqu'on peut marcher à côté de son cheval, difficile à obtenir, qui oblige l'animal à passer les postérieurs sous la masse, à plier le rein et à monter son avant-main. La recherche de cet équilibre se traduit par un galop lent, décomposé et rythmé, qui exige de longues heures d'entraînement .

L'assimilation de ces notions est indispensable en randonnée de compétition. Elle permet au concurrent de se tirer d'un mauvais pas ou, plus simplement, de passer d'agréables heures en balade, au lieu de vivre une torture. Le cheval doit avancer franchement et être capable de traverser une simple bâche posée au sol sans rechigner. Au besoin, on mettra pied à terre pour passer devant lui la première fois. A force de patience et de

persévérance, on arrive généralement à vaincre les réticences naturelles du cheval. En fait, plus on sort son cheval, plus on lui fait faire de randonnées, plus on le fait travailler et s'entraîner, plus il est à l'aise et moins la nouveauté le déroute.
De même, le cavalier devra apprendre à lire une carte, à calculer sa vitesse au pas et au trot, à se diriger à la boussole et à sortir par tous les temps, y compris dans le brouillard le plus épais ou sous des trombes d'eau, pour avoir toutes les chances de passer les épreuves de T.R.E.C. avec brio. Qui plus est, il va tirer de son entraînement à la compétition un bénéfice certain pour ses propres randonnées.

Parmi les derniers nés de la compétition

La voltige de compétition

Au programme de recrutement des armées grecques et romaines, la voltige existe depuis fort longtemps. Au XIXe siècle, le général Lhotte initiait ses jeunes recrues à cet art afin de les mettre en confiance.
Issue de différents courants, la voltige académique fait son entrée aux jeux Olympiques d'Athènes en 1896. Ayant subi depuis les chaos, les bouleversements et les aléas de l'histoire, elle trouve actuellement un second souffle en France, où les voltigeurs sont déjà des cavaliers, à la différence de l'Allemagne où il n'est pas possible de pratiquer l'équitation sans apprendre la voltige.

Gymnastique à cheval

La voltige est en réalité une suite d'épreuves de gymnastique exécutées sur un cheval au galop sur un cercle de 13 m de diamètre. Attaché à une longe, celui-ci suit les indications données par un homme placé au centre du cercle, tenant l'autre extrémité de la longe (c'est le longeur). Les voltigeurs effectuent, individuellement ou en équipe, six mouvements de base :

• *Position à cheval :* il s'agit de sauter en position assise, bras écartés un peu au-dessus de l'horizontale, dos droit mais pas trop cambré, jambes au contact et pointes des pieds tendues vers le bas.
• *L'étendard* : le cavalier, à genoux sur le dos du cheval, prend appui sur la jambe gauche et le bras droit, allonge la jambe droite en arrière et le bras gauche en avant, le corps légèrement arqué de la pointe de la main à celle du pied.
• *Le moulin* : c'est une succession de quarts de tour dans le sens contraire des aiguilles d'une montre, le voltigeur effectuant un tour complet.

TENUE DE PISTE

Le voltigeur : il s'entraîne et s'échauffe en survêtement ou en tenue de jogging, avec ou sans pantalon d'équitation. En compétition, il ressemble à un gymnaste, habillé de vêtements élastiques et collants, permettant sans gêne l'exécution des mouvements. De même, il adopte des chaussons de danse ou de gymnastique, et non des bottes.

Le longeur : il porte un vêtement sobre. Il tient une longe plate en coton d'au moins 7 m de longueur, ainsi qu'une chambrière possédant une mèche aussi longue qui lui permet de toucher les jarrets du cheval sans quitter le centre du cercle.

Le cheval : on lui met un filet ou un bridon simple, ajusté à la tête, une muserolle allemande et des rênes fixes, un tapis de surfaix long et épais, recouvrant bien le dos, et enfin un surfaix, soit une sangle large dotée d'un arçon métallique, sur laquelle sont apposées des poignées. Le rôle de l'arçon est de renforcer la rigidité des poignées, car il s'est avéré que les surfaix traditionnels avaient des poignées trop faibles en compétition.

L a voltige est un judicieux moyen de mettre le cavalier débutant en confiance, petit ou grand. Pour peu qu'un enfant aime la gymnastique, il devient vite un mordu de cette équitation qui ressemble à un jeu. Quant aux poneys, ils se prêtent de fort bonne grâce à cette discipline.

• *L'amazone* : en appui sur les bras, on lance très haut les jambes pour s'asseoir, une fois du côté intérieur du cercle et une fois du côté extérieur.
• *Debout* : on se tient debout derrière le surfaix, bras étendus latéralement, l'équilibre étant conservé grâce au jeu des chevilles et des genoux.
• *Les ciseaux* : il s'agit d'effectuer un croisement des jambes lancées tendues haut au-dessus du cheval, avec des demi-rotations du corps, une fois vers l'avant et une fois vers l'arrière, en prenant appui sur les bras.

Chacune de ces figures doit être effectuée le temps de quatre foulées de galop et, à ces mouvements de base, s'ajoutent des figures libres, variées, effectuées en groupe ou individuellement.

Une école d'adresse

Pour le débutant, la voltige dédramatise considérablement les premiers contacts avec l'équitation, dans la mesure où il ne risque pas de perdre le contrôle de son cheval, celui-ci étant tenu par une longe et aux ordres du longeur. En outre, la peur de la chute se dissipe assez vite, car, même si l'on tombe souvent, on le fait sur le sol meuble d'un manège garni de copeaux de bois. Dans ces conditions, la chute devient presque un jeu ou, en tout cas, un excellent moyen de faire preuve de dextérité et d'adresse. De plus, même au galop, le cheval ne va jamais très vite, et les craintes du débutant s'en trouvent réduites d'autant. En conséquence, la voltige est sans doute le meilleur moyen de vaincre une appréhension légitime quand on se retrouve pour la première fois juché sur le dos d'un cheval.
Un enfant peut commencer à pratiquer la voltige dès l'âge de huit ans et il se prend très souvent à ces jeux de gymnastique un peu particuliers. A cet âge, la souplesse et l'adresse remplaçant largement la force physique, il a souvent moins de problèmes pour débuter qu'un adulte.
Comparée audacieusement à la gymnastique artistique, la voltige en possède à la fois l'aspect sportif, par l'esprit de compétition

individuelle qu'elle développe, la fierté de briller au sein d'une équipe que l'on contribue à faire gagner et l'aspect artistique dans la mesure où les figures exécutées à dos de cheval relèvent véritablement de la danse, requérant la maîtrise du corps, la légèreté des déplacements et la recherche d'une grâce corporelle dans un mouvement parfait.
Quoi qu'il en soit, la voltige demande beaucoup de travail, de nombreuses répétitions, un entraînement poussé, une bonne condition physique pour aller toujours plus loin dans la virtuosité et réussir des acrobaties dont la difficulté augmente au fil de la compétition.
Quand au longeur, son rôle ne se borne pas à faire tourner le cheval en rond sans se préoccuper des cavaliers. Au contraire, il a la difficile tâche de coordonner les mouvements de l'un et des autres dans un ensemble parfait, et son action n'échappe en rien à l'œil attentif du jury, qui note son travail au même titre que celui du cheval ou des acrobates.

L'entraînement, les leçons

Novice ou voltigeur confirmé, le cavalier commence par un échauffement musculaire et tendineux poussé, pour exploiter toute sa souplesse et éviter les accidents. Ensuite, un travail au sol, puis sur cheval d'arçon permet au débutant d'apprendre les figures et de se familiariser avec elles, tandis que les habitués y affinent leur technique. Le cheval, quant à lui, est échauffé par le longeur qui apporte un soin particulier au dos de l'animal, particulièrement sollicité dans cette discipline. Lorsque le cheval et les voltigeurs sont prêts, ils vont s'entraîner dans le cercle prévu pour ce type de compétition.
Au pas tout d'abord, puis au galop, les voltigeurs exécutent les différentes figures, l'un après l'autre, puis en équipe. Le galop rassemblé, bien cadencé, permet aux voltigeurs de se hisser sur le dos du cheval, tandis que le débutant s'habitue à courir en rythme à côté de l'animal, à saisir les poignées du surfaix, à basculer le corps et à sauter sur le dos de sa monture, ainsi qu'à en descendre. Ces séances d'entraînement qui durent une vingtaine de minutes se terminent par la recherche de figures libres.

Travail du cheval de voltige. Le cheval tourne autour du longeur placé au centre du cercle, dans l'axe des antérieurs. Orientée vers le bas, la chambrière agit sur les postérieurs et permet de mettre le cheval en avant par des mouvements délicats. La voix du longeur doit être régulière et précise. Son intonnation change en fonction de l'action, mais doit toujours être la même pour une même action. Elle aide l'accomplissement du travail et se manifeste pour encourager, punir ou donner un ordre.

Alors, les voltigeurs composent des figures aériennes et pyramidales, des sorties en arrière, des arabesques au cours desquelles un cavalier trouve son équilibre sur les épaules ou le dos d'un autre.
En concours, les juges notent la qualité de l'exécution, le maintien corporel, la composition des mouvements, leur amplitude, leur synchronisation et leur fluidité, ainsi que le travail du cheval et du longeur.

A voltige de qualité, cheval de bonne tenue

La dextérité et la légèreté des voltigeurs ne doivent pas faire oublier la présence de leur complice à quatre pattes, ni occulter les qualités de ce dernier.
Le cheval de voltige doit être un bon porteur, capable de supporter le poids de trois hommes quelle que soit la figure exécutée. Son dos sera à la fois long et doté d'un rein large pour offrir la surface nécessaire à l'exécution des mouvements. Ni chatouilleux ni craintif, il supportera qu'un cavalier place ses jambes très en arrière du passage de sangle, et acceptera calmement les arabesques de l'acrobate. Les professionnels disent, dans leur jargon imagé, que l'animal doit avoir «du sang sous la masse», pour conserver un galop rassemblé et cadencé, et «du calme», pour ne pas

En compétition, la voltige tient de la gymnastique, de l'art et de la danse, et il ne faut pas croire que le rôle du cheval se borne à celui de faire-valoir. Bien au contraire, sa présence et son niveau de dressage sont très importants tout au long de l'épreuve.

être impressionné par les pirouettes des voltigeurs.
Ainsi, les chevaux Demi-Sang font merveille dans l'art particulier de la voltige. On a l'embarras du choix entre le Selle Français, le Thrakehner, le Holstein et le Hanovrien allemands, ou encore les poneys porteurs de bonne taille, comme le Fjord, ancien cheval

des Vikings, le Haflinger, le Mérens, le Connemara ou le Highland.

Cheval débutant

Un cheval destiné à la voltige peut commencer à s'entraîner à partir de cinq ans, les séances de longe alternant avec le travail monté, pour ne pas le lasser.
Après un entraînement régulier, il aura un dos bien musclé, et une capacité respiratoire propre à soutenir un galop régulier pendant quinze minutes. Il saura galoper en équilibre, droit sur le cercle sans laisser fuir les hanches vers l'extérieur, tenir un galop régulier sans ralentir ou accélérer quand le cavalier se trouve sur sa croupe, ou charge son avant-main, et sera enfin capable d'exécuter un galop ralenti au maximum, permettant presque à un homme de marcher à côté de lui. Lors d'une compétition, les juges noteront son allure, la régularité de ses cadences, son maintien, sa rectitude sur le cercle, son impulsion et sa soumission aux indications du longeur.
Ainsi, le cheval de voltige est un véritable trait d'union entre un metteur en scène (le longeur) et des acteurs (les voltigeurs), et, s'il n'est pas capable de faire ce qu'on lui demande, leur prestation ne vaut pas grand-chose. En fait, il est acteur lui-même, mais son rôle, pourtant difficile et essentiel, est effacé par celui des voltigeurs. Heureusement le public ne s'y trompe pas, si les prouesses humaines restent époustouflantes, la beauté plastique du cheval crève la piste, tout au long du spectacle...

Où voltiger

Si de nombreux clubs proposent une initiation à la voltige, certains se sont spécialisés dans cette discipline. Ils offrent des chevaux bien dressés, un entraînement régulier, une formule de stages et la présence d'un moniteur extérieur. Ils sont affiliés à l'Association nationale de voltige équestre à laquelle les intéressés peuvent s'adresser pour obtenir les coordonnées des clubs de voltige.
Peut-être formerez-vous un jour une équipe, au cours des répétitions et des entraînements, l'un étant attiré par la danse, l'autre par la gymnastique, l'autre encore par les deux visages de la voltige, mais, dans tous les cas, vous respecterez la trilogie longeur-cheval-voltigeur, sans laquelle votre art ne saurait exister.

Faire tourner un cheval à la longe nécessite généralement l'emploi d'un caveçon, filet adapté à ce genre de travail. A défaut, on peut passer la longe dans la boucle du mors, comme sur le schéma, puis derrière les oreilles, pour la fixer sur l'autre boucle. Cette technique demande une main douce et délicate, mais elle offre l'avantage d'éviter au mors de traverser la bouche du cheval, comme c'est le cas quand on ne fixe la longe que sur un seul côté du mors.

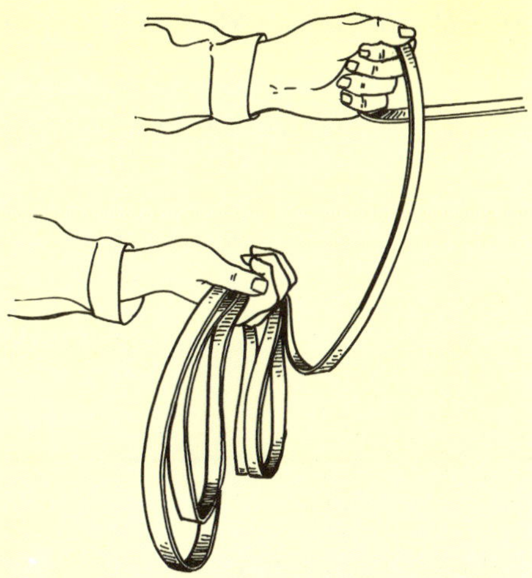

Tenue dans la main gauche et en contact avec la bouche du cheval, la longe est lovée dans la main droite sans faire de tour mort autour de celle-ci. La main gauche agit de même manière que sur une rêne de filet. Pour tourner à main gauche, il suffit d'inverser les tenues de longe.

L'univers des Amazones

Guerrières de légende ayant vécu dans l'Antiquité sur les bords de la mer Noire, en Asie Mineure, les Amazones avaient coutume de combattre à cheval en utilisant l'arc avec une efficacité redoutable. On raconte qu'elles brûlaient le sein droit de leurs filles, de façon à ce qu'elles puissent manier l'arme sans être gênées par leur poitrine. Aujourd'hui, on trouve de par le monde des milliers d'archères redoutables, nullement gênées dans la pratique de leur sport par leur poitrine. Mais,

Ni désuette, ni passéiste, la monte en amazone associe équitation fine et originalité. Elle connaît aujourd'hui un regain d'intérêt et concerne aussi bien les femmes que les hommes.

les idées reçues sont tenaces. D'aucuns ne prétendent-ils pas également que la compétition automobile ne peut être affaire de femmes, à cause des harnais de sécurité passant sur la poitrine ! D'autres clament que la pratique du cyclisme est anti-anatomique pour les femmes et qu'en outre elles sont disgracieuses, juchées sur leur machine roulante !
C'est exactement dans le même esprit que fut un jour créée la selle amazone car, à l'époque médiévale, il eût été fort incorrect qu'une femme montât à califourchon, comme un homme. Et les cavalières modernes qui chevauchent de cette façon le doivent en partie à George Sand qui, vêtue d'un pantalon et enfourchant son cheval, défraya la chronique mondaine de son temps, pas si éloigné du nôtre que cela !

Amazones des deux sexes

La monte en amazone est une technique très particulière, que tout cavalier peut avoir un jour envie d'essayer, pour parfaire sa connaissance de l'équitation ou, tout simplement, pour y trouver un autre plaisir. Oubliez donc les *a priori*, n'ayez cure des quolibets faciles et n'hésitez pas à tenter cette équitation différente.
C'est un non-sens de croire que seules les femmes ont la possibilité de monter d'une façon que jadis on leur imposait, et des hommes, peut-être attirés par un certain exotisme et plus certainement par l'originalité de cette équitation, n'hésitent plus à monter en amazone.

En selle

Dans la monte en amazone, on ne s'assied pas face à l'encolure du cheval, à califourchon, mais dans une position telle que les jambes se trouvent d'un même côté de la monture. On a une vision de l'équitation très différente et, les jambes n'enserrant pas le corps de la monture, on ne peut plus opérer de mise en avant, ni de prise de jambes «comme pour soulever le cheval de terre». Par ailleurs, la position des mains est plus fixe, et on utilise un stick de dressage pour remplacer l'action de la jambe droite.
La selle amazone comporte une fourche fixée sur l'un ou l'autre côté, selon que l'on est droitier ou gaucher. Il s'agit de deux pattes en forme de pétale, l'une orientée vers le haut, l'autre vers le bas, servant à caler les jambes. Un sanglage dit de balance règle la position de la selle : il faut en effet maintenir la selle au milieu du dos de l'animal au moyen d'une sangle qui part de l'arrière de la selle pour venir se fixer sur la sangle normale. De plus, le poids du cavalier doit être bien réparti sur le dos de l'animal. Un seul pied chausse un unique étrier : le pied gauche si l'on est droitier, et le droit si l'on est gaucher. Enfin, cette selle pesante nécessite un tapis épais pour ne pas blesser le dos du cheval.
On trouve plusieurs modèles de taille différente adaptés au poney ou au cheval.

Traditionnellement, la cavalière porte une jupe longue et une veste sombre. Sur la tête, elle arbore un petit haut-de-forme coiffant des cheveux resserrés en chignon et entourés d'un mince filet. Mais il va de soi que l'on peut de nos jours monter en amazone vêtue d'un pantalon.

La tradition, toujours, veut qu'un gentilhomme aide la cavalière à se mettre en selle en lui proposant sa main comme marchepied, l'élévation au-dessus de la selle devant être plus importante que lors d'une monte classique, afin de permettre aux jambes de se placer autour de la fourche.

Faisant fi de la tradition, cavaliers ou cavalières actuels veulent monter seuls. Pour cela, il faut se placer face à la tête du cheval, tenir les rênes dans la main gauche, mettre le pied gauche dans l'étrier (pour les droitiers), puis l'écarter vers l'extérieur pour pouvoir plier le genou, et se hisser loin de la selle afin de laisser passer la jambe droite par-dessus les fourches, la jupe étant tenue à l'écart par le bras gauche (on comprend l'intérêt du pantalon...). Une fois en place, il convient de se tenir droit dans la selle sans laisser aller son épaule droite en avant, et sans laisser s'affaisser la hanche gauche. La pointe du pied droit est abaissée en direction du pied gauche, lequel est normalement levé. Cette position des pieds accentue le rôle de l'assiette et donne à la jupe, quand on en a une, une tombée gracieuse.

En route !

Le pas et le galop sont les allures les plus confortables lorsqu'on monte en amazone, et l'on préférera le petit trot au trot actif ou en extension.

S'initier à cette monte demande seulement quelques leçons, mais se perfectionner exige de longues séances de travail et de mise en selle, où l'on s'évertue à coordonner la main, la cravache et l'action du cheval. A part ces petits détails inhérents à la monte elle-même, on a les mêmes possibilités en montant en amazone qu'à califourchon. D'ailleurs, les grandes écuyères amazones du cirque présentaient naguère des chevaux exécutant des figures de Haute École. Mme De Plas ne monte-t-elle pas en amazone, aujourd'hui encore, le superbe Frison à qui elle fait effectuer le passage ou la cabrade ? De même, les femmes désirant suivre une chasse à courre montent généralement de la sorte. Elles font galoper et franchir des obstacles à leurs chevaux comme n'importe quel autre cavalier. De nos jours, il existe des concours hippiques réservés à cette technique, où il est tout à fait possible de franchir des obstacles hauts de 1,30 m, mais dans lesquels ne se produisent que des cavalières chevronnées possédant une bonne assiette et une parfaite indépendance des aides.

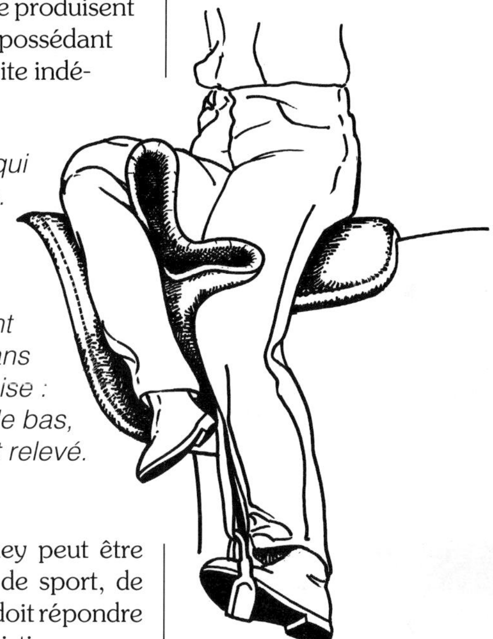

Position du cavalier qui monte en amazone. Lorsqu'une cavalière amazone porte une jupe, le pli de celle-ci tombe naturellement bien si la position dans les fourches est précise : pied gauche vers le bas, pied droit relevé.

Quel cheval ?

N'importe quel cheval ou poney peut être monté en amazone, qu'il soit de sport, de chasse ou de loisir. Toutefois, il doit répondre à un certain nombre de caractéristiques pour porter une charge de cette étrange façon.

Il devra être solide et porteur, doté d'un bon dos et d'un rein bien attaché. De plus, il sera particulièrement calme et ne s'affolera pas pour un rien, ce rien pouvant être une jupe amazonienne qui froufroute contre lui...

Au début, il peut être dérouté par le poids légèrement excentré sur son dos, mais on remarque que le cheval s'adapte rapidement à cette nouvelle situation et modifie tout naturellement son équilibre.

Pour l'habituer à cette nouvelle équitation, on veillera à ce qu'il soit détendu, on le familiarisera avec la jupe.

Dans les premiers temps de l'apprentissage, il vaut mieux monter un cheval très calme, et déjà habitué à la monte en amazone, de façon à éviter les mauvaises surprises. Peu à peu on s'aperçoit que cette approche du cheval demande un tact et une finesse dignes des équitations les plus nobles.

Des jeux très chics et très spéciaux

Le polo est un jeu encore réservé à une certaine société. Il demande un bon esprit d'équipe, une grande vivacité et une précision certaine aux participants, qui donnent bien souvent un spectacle fantastique sur le terrain.

Le polo

Le polo est un sport ancien, remis au goût du jour par les militaires anglais, qui connaît une grande vogue en Argentine, aux États-Unis, en Grande-Bretagne, en Australie, ainsi qu'en Inde et au Pakistan où l'Angleterre eut naguère une certaine influence.

Bagatelle, Cannes, Deauville ou Bordeaux sont les lieux de prédilection des joueurs de polo, qui ne fréquentent pas les clubs de tout un chacun et qui s'affrontent dans un sport qui exige d'importants moyens financiers. En effet, ne fait pas du polo qui veut, ni même qui peut. Les adeptes de ce sport forment de petits clubs très fermés, réunissant à peine une centaine de joueurs en France, sponsorisés par des marques de vins ou de parfums prestigieux. La plupart des clubs exigent un parrainage pour y entrer. Autant une certaine démocratisation du golf est en train de s'opérer actuellement, autant celle du polo semble peu envisageable. Une certaine élite, une certaine société...

Des chevaux, une balle et des cannes

Jouer au polo consiste à faire entrer une balle entre les barres des buts de l'équipe adverse à l'aide d'une canne ressemblant à un maillet. Les équipes, formées de quatre joueurs, se rencontrent pendant six à huit périodes de sept minutes et demie chacune, la partie étant interrompue par une mi-temps de trois à cinq minutes.

Le terrain mesure 275 m de longueur et 140 m de largeur, si bien que les finesses du jeu risquent fort d'échapper au spectateur non muni d'une paire de jumelles.

Une partie de polo, outre les difficultés techniques, c'est du bruit, des voix qui tonnent, des chevaux qui galopent, des maillets qui sifflent et s'entrechoquent parfois violemment, une balle qui fuse et vole à toute vitesse. A l'instar du rugby, le polo est un sport assez rude, mais il est moins populaire. Quoi qu'il en soit, les coups font aussi mal d'un côté ou de l'autre de la barrière sociale !

Des chevaux, encore des chevaux

Très sollicité par le rythme soutenu de la partie, le cheval couvre une importante surface, galope vite, s'arrête brutalement pour repartir aussitôt. Aussi, malgré une bonne préparation, il ne peut tenir plus d'une ou deux périodes. Son cavalier le remplace donc en cours de match, ce qui suppose qu'il possède plusieurs chevaux (en moyenne quatre ou cinq).
Il faut de plus disposer d'un matériel en rapport avec le nombre de chevaux et être capable d'assurer l'entretien et le transport de ce petit cheptel, si bien que les frais engendrés atteignent des sommets !

Le cheval de polo

On le nomme aussi poney de polo, car il n'est pas très grand et mesure environ 1,55 m au garrot.
On trouve le fin du fin en Argentine, pays où ce sport est très populaire, et qui possède un réservoir considérable de chevaux préparés pour le polo. Ce sont des animaux issus du rustique Criollo de la Pampa croisé avec le Pur-Sang Anglais.
Très réactif et rapide, apte à virevolter, à faire des demi-tours spectaculaires, à changer sans cesse de direction, à galoper de toutes ses forces et à s'arrêter sur 2 ou 3 m, le poney de polo doit posséder d'excellents jarrets, très résistants.
Il ne doit pas craindre le contact souvent brutal avec les autres chevaux et ne doit montrer aucune réaction de défense, ruade ou morsure.
Le dressage consiste à apprendre au cheval à se familiariser avec les mouvements du maillet qui lui frôle le corps à tout moment, avec le sifflement de la balle, les galops soutenus rênes longues et l'usage des rênes d'appui. Plus tard, le cheval apprend à aller au feu en se jetant dans le jeu, quitte parfois à anticiper les ordres donnés par le cavalier.
Pratiquant un sport on ne peut plus physique, il reçoit des bandes protectrices autour des membres et un protège-queue qui évite au cavalier d'attraper les crins lorsqu'il frappe la balle par-dessous la queue de sa monture.

Le joueur de polo

Avant tout, le joueur doit avoir un bon niveau d'équitation, pour ne pas être désarçonné au premier virage un peu brutal, une excellente condition physique, de l'adresse et une certaine force.
Sa tenue vestimentaire relève d'un grand classicisme : pantalon blanc, polo aux couleurs de l'équipe, casque spécifique à ce jeu, bottes spéciales en cuir fauve, éperons sans molette, genouillères et gants de cuir.
Les seuls accessoires sont la balle, fabriquée en saule ou en bambou, mesurant 8,5 cm de diamètre pour un poids de 120 à 130 g, et le sacro-saint maillet dont les formes varient.
La panoplie du joueur de polo allie élégance et efficacité, et codifie un sport dont les contraintes financières entravent (ou protègent, pour certains) grandement son développement.

Le faux frère plein de promesses

Le paddock-polo doit théoriquement faire croître le nombre de joueurs, car son règlement limite l'espace d'évolution à 115 m par 55, réduisant par la même occasion le nombre de chevaux indispensables aux cavaliers.
Les équipes se composent de trois cavaliers utilisant les mêmes maillets que pour le polo et tapant dans une balle en caoutchouc de 12,5 cm de diamètre.
Si le paddock-polo se veut en pleine extension, il subit néanmoins le poids des traditions et des mentalités particulières émanant du polo, si bien qu'au lieu d'être un sport plutôt ouvert il demeure un sport relativement fermé qui tend à être évincé par d'autres activités tout aussi ludiques et sportives, mais dont l'investissement matériel est moindre.

Très élégant, l'attelage

Conçu comme une occupation de vacances ou de loisirs, l'attelage est un moyen simple de se faire plaisir en famille ou entre amis, au hasard des petites routes tranquilles et des chemins de campagne. Conçu comme une compétition, il devient un moyen onéreux de rivaliser d'élégance, de précision, d'adresse et de vitesse. Mais alors il n'est plus à la portée de toutes les bourses, excepté pour certains bricoleurs ingénieux qui parviennent à s'immiscer dans la compétition et à se faire plaisir en se testant parmi les grands et en jouant parfois les trouble-fête.

Belles dames et beaux messieurs

La compétition d'attelage dure deux jours au cours desquels les meneurs se mesurent dans quatre épreuves. Les attelages peuvent être à un, deux ou quatre chevaux ou poneys et tous disputent les mêmes épreuves, chacun dans leur catégorie.

La présentation

La première épreuve est la plus sélective financièrement. On juge l'ensemble de l'équipage, c'est-à-dire le ou les chevaux, la voiture et le meneur. On juge l'état et la qualité des harnais, l'aspect extérieur et le luxe de l'attelage, si bien qu'une charrette paysanne, si rutilante soit-elle, n'a aucune chance face à un spider phaéton ! Les harnais doivent être, si possible, cousus à la main et parfaitement ajustés, sans le moindre défaut dans la couture, et sans que la moindre boucle ait échappé au chiffon lustreur.
Hommes et chevaux seront impeccablement vêtus de la tête aux pieds, sans faute de goût. Or, ce goût qui nous vient d'une grande île où l'amour de la tradition est tenace coûte cher, et l'emploi d'un collier anglais (entre 3 000 et 4 000 FF) est mieux perçu si le cheval est embouché avec un mors anglais (buxton ou liverpool) et si le meneur est habillé comme un lord (chapeau melon, anglais évidemment, etc.). Il n'y a aucun moyen d'éviter d'être coiffé, de porter des gants, de tenir un fouet d'attelage, ni de mettre sur les genoux un padd ou une couverture. De plus, la position du meneur à droite, *made in Britain* également, caractérise cette discipline.
Tout ce cérémonial, on s'en doute, coûte fort cher et décourage plus d'un meneur. Au même titre que le polo, l'attelage a longtemps été une activité élitiste, dont seuls quelques membres de la haute société pouvaient s'offrir le luxe, et dont l'esprit n'allait guère dans le sens d'une extension populaire. Or, contrairement au polo, cette image très réelle est en train de se modifier quelque peu grâce à la mentalité des nouveaux meneurs.

Le dressage

La deuxième épreuve met tous les meneurs à égalité, puisqu'ils doivent effectuer une reprise de dressage dans une carrière prévue à cet effet. Selon le programme établi, le meneur exécute les figures du pas, du trot, du galop, l'arrêt et le reculer.
Là, c'est le seul niveau de dressage qui fait la différence, et ce n'est pas par hasard que le Hollandais M. Chardon est champion du monde d'attelage à quatre : ses chevaux «déroulent» une épreuve de dressage d'un niveau élevé, dit niveau Saint-Georges.
L'attelage modifie les règles de l'équilibre du cheval qui, sans cavalier, doit faire porter tout son effort vers l'avant. L'œil averti remarque très vite le cheval d'attelage qui ne s'engage pas sous la masse, mais tire avec les épaules au lieu de se servir des postérieurs, qui sont ses extraordinaires moteurs naturels. L'animal doit donc s'engager tout en maintenant une action élevée de l'avant-main. En compétition, les chevaux qui ne sont pas travaillés dans ce sens-là n'obtiennent pas les résultats escomptés. Un travail sous la selle et l'usage des longues rênes permettent d'atténuer ce défaut majeur.
N'allez pas croire qu'il est plus facile de mener un attelage à un cheval qu'à deux. A deux, les chevaux s'entraident, alors que la confiance d'un animal seul ne repose que sur ses propres épaules et sur son meneur. Quant à l'attelage à quatre, il n'est pas à la portée du meneur débutant et requiert une sérieuse expérience de la compétition.

Le marathon

La troisième épreuve est la plus attendue des meneurs, des grooms (équipiers obligatoires sur les attelages à deux ou à quatre) et des spectateurs, car c'est la plus attrayante et la plus spectaculaire. Cette fois, la voiture a un passager supplémentaire : le juge, comme pour le permis de conduire.
Les équipages empruntent un parcours de 20 à 30 km tracé à travers la campagne, où des allures telles que le trot moyen et le trot

actif entre 12 et 18 km/h sont imposées sur certains tronçons selon la nature du terrain et selon que l'on a affaire à des chevaux ou à des poneys. On exige aussi un temps de pas, puis vient le moment fort de l'épreuve : le passage des obstacles. Il n'est bien entendu pas question de sauter par-dessus, mais de les contourner le mieux et le plus rapidement possible, car le chronomètre sanctionne cette partie de l'épreuve. Les chevaux entrent au galop dans la zone de pénalité, tournent, soufflent et tirent de toutes leurs forces la voiture coincée contre un arbre, le meneur usant de tout son art pour les encourager, et les grooms de toute leur patience et de leur self-control pour ne pas descendre mettre la main à la pâte, faute de quoi l'attelage serait pénalisé.

Au total, une dizaine de pièges attendent chevaux et meneurs, qui ont tout intérêt à en juger la difficulté en faisant, seuls, la veille la reconnaissance du parcours.

Cette épreuve est loin d'être une aimable promenade de campagne. Il arrive souvent que des voitures se renversent et cassent dans un passage difficile, comme au bon vieux temps des diligences.

La maniabilité

La quatrième épreuve permet de juger la maniabilité de l'attelage et l'habileté du meneur à le conduire. Il s'agit de faire progresser l'attelage entre des quilles, appelées quilles de Lubëck, qu'il ne faut pas renverser, sur lesquelles on a posé des balles de tennis qui ne doivent pas tomber, et ce, le plus vite possible, car l'épreuve est chronométrée. Trot et galop sont les allures prédominantes, et le meneur doit parfaitement avoir en mémoire l'empattement et la largeur de sa voiture, car elle passe très près des quilles.

Cette épreuve difficile demande au meneur une très grande maîtrise de soi, une adresse certaine et une grande précision dans la tenue des guides.

La préparation

Les deux jours de la compétition ne doivent pas faire oublier ceux qui les précèdent, au cours desquels les compétiteurs s'affairent pour préparer le matériel, entretenir la

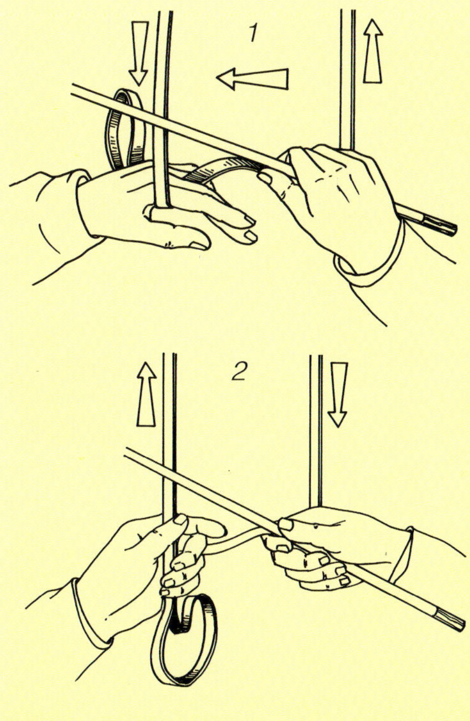

Conduite d'un attelage à un cheval.
1 - Pour tourner à gauche, la main droite doit avancer alors que la gauche se tend légèrement, le dos des mains étant situé vers le haut.
2 - Pour tourner à droite, la main gauche avance doucement alors que la droite résiste. Le dos des mains est orienté vers le bas.

Originaire des îles Shetland, au nord de l'Écosse, le poney Shetland est, proportionnellement à sa taille, le «cheval» le plus fort du monde. Il peut tirer une tonne, et on l'employait jadis dans les mines pour tirer les wagonnets.
L'attelage est une discipline où il excelle, mais il n'est pas facile à mener.

voiture et les cuirs qui doivent briller comme diamants au soleil, résoudre les problèmes de transport des chevaux et du véhicule jusqu'au terme de la compétition. La participation à de tels concours demande une organisation rigoureuse et pratique, surtout si l'on ne bénéficie pas de moyens financiers étendus. Dans ce cas, il est bon d'aménager un coin cuisine-couchette dans son camion et de faire la reconnaissance du terrain à cyclomoteur, à défaut de posséder un véhicule tout-terrain ultramoderne. Il vaut mieux aussi s'entendre avec les autres meneurs pour échanger les voitures de présentation.
Pour si étonnantes qu'elles soient dans un milieu réputé difficile d'accès, ces pratiques sont monnaie courante en compétitions d'attelage compte tenu de l'investissement que supposent celles-ci.

Un matériel de qualité

Le parcours de marathon sollicite durement le matériel et particulièrement les harnais qui sont soumis à de nombreuses contraintes. Il les faut donc solides, sans rivets et fortement couturés, car un harnais qui casse peut entraîner des catastrophes difficilement rattrapables : un cheval affolé qui se débat, cassant la voiture et ce qui reste du harnais, est peu enclin à se laisser de nouveau attelé. Dénichez donc le bon bourrelier qui vous fabriquera d'excellents harnais en cuir solide, qui ne casseront pas au moindre effort si vous les entretenez. Le prix moyen d'un bon harnais à un cheval, en cuir, oscille entre 4 000 et 5 000 FF, et si l'on ne peut se l'offrir, on peut toujours se tourner vers des harnais américains en sangle, peu onéreux, mais d'une

CHEVAL D'ATTELAGE

Si l'on en croit certains professionnels, tous les chevaux aiment être attelés. Toutefois, l'attelage est une discipline délicate, et l'on n'est jamais à l'abri d'un accident, aussi faut-il prendre un certain nombre de précautions et connaître quelques règles élémentaires avant d'acheter un cheval et de l'atteler :

- Connaître son propre niveau et ses compétences.
- Définir les utilisations futures du cheval : balade, loisirs ou compétition.
- Faire la différence entre le débourrage et l'utilisation proprement dite, car un débourrage ne s'improvise pas, sans quoi on va au-devant de gros problèmes avec l'animal : bagarres, mauvais souvenirs, cheval rétif.
- Un cheval débourré doit pouvoir être attelé à une voiture équipée de bandages métalliques qui l'habituent ainsi aux bruits provoqués par le frottement du métal sur la route.
- Le trotteur venant des courses est habitué à un attelage très léger, le sulky, et peut être réticent à tirer une plus lourde charge.
- Un cheval «près du sang» aura besoin d'un meneur sachant garder la tête froide, et sûr de lui.
- Un cheval issu de la compétition n'offre pas plus de garantie car il peut avoir des habitudes que le nouveau propriétaire, parfois novice, ne saura pas exploiter.
- Avant d'acheter, il est bon d'atteler le cheval et d'envisager une promenade à travers campagnes et villages.
- Dans un premier temps, préférer un père tranquille qui s'habituera à toutes les situations.
- Quelle que soit sa race, le poney s'attelle souvent avec bonheur, notamment le Shetland, bien souvent plus prompt à réagir et plus maniable que les grands chevaux.
- Les races de chevaux s'attelant correctement sont rares en France, et elles ont disparu chez les chevaux de sang. Si le Selle Français s'attelle, l'Anglo-Arabe est plus délicat à convaincre... Par contre, tous les chevaux de trait montrent une prédisposition naturelle à l'attelage, et on les a vus défendre chèrement leur place dans leur catégorie, lors de compétitions mixtes. Notez bien que c'est un peu normal, puisque les chevaux de trait ont été conçus dans le temps pour tirer une charrue ou une charrette lourdement chargée...
- Il faut penser que, désormais, les frontières d'Europe s'ouvrent, et que les chevaux allemands et hollandais sont souvent de redoutables concurrents en compétition d'attelage.

durée de vie moins longue que ceux en cuir. Quant au harnais de présentation, casser votre tirelire risque de ne pas suffire à vous le procurer.
De même on préférera la bricole, sorte de sangle passant sur le poitrail au collier, pour une question budgétaire, car le collier anglais est d'un coût de fabrication élevé. Il offre cependant l'avantage de se modeler peu à peu au cou du cheval en devenant de plus en plus confortable, un peu comme une bonne selle de vélo en cuir se moule à la morphologie du cycliste, et lui permet de rester assis de longues heures sans souffrir.
Les voitures de présentation en bois passeraient de vie à trépas si on les utilisait dans le marathon, aussi celles qui s'engagent dans cette épreuve sont-elles solidement construites en métal (quelques constructeurs fabriquent de superbes voitures de collection, destinées à la présentation, en métal sans que l'œil ne soit choqué). Elles sont équipées de roues à bandage caoutchouté et d'amortisseurs d'automobile.
Le timon, cet axe en bois ou en métal partant de l'avant de la voiture auquel sont attelés les chevaux dans les équipages à deux ou à quatre, fait lui aussi l'objet d'études poussées. A l'origine, il est destiné à suivre les mouvements latéraux des chevaux, mais on vient d'inventer le timon compensateur qui suit également les mouvements longitudinaux lors du franchissement des buttes et des obstacles en dévers.
Malgré tous les soins apportés par les artisans à la fabrication des véhicules (soudures sans bulles, métaux de première qualité), les voitures de marathon peuvent subir de multiples dommages, alourdissant encore les dépenses du concurrent. Les voitures neuves les moins chères atteignant tout de même 20 000 FF, certains se tournent vers les occasions. C'est une bonne solution, si l'on a en mémoire le coût de la réparation d'une lame de ressort, d'une roue ou d'un timon, le jour où l'on vient inspecter sous toutes ses coutures l'objet de ses rêves...
Activité onéreuse, l'attelage le devient de plus en plus au fur et à mesure que le niveau de compétition s'élève. On peut diminuer son coût en planifiant les achats, et en choisissant un matériel strictement adapté à la compétition que l'on pratique. On débutera souvent par des épreuves locales ou régionales qui permettent de s'entraîner et de tester les chevaux et le matériel. Certains meneurs, tôliers, soudeurs, mécaniciens et bourreliers à leurs heures perdues, fabriquent eux-mêmes leur équipement, sans compter leur temps. On profite de ces époques de tâtonnements pour passer les examens d'attelage permettant de prétendre aux compétitions officielles, examens organisés par les centres équestres, les meneurs professionnels ou les associations régionales dont l'attelage est la vocation. Ensuite, et seulement ensuite, quand on sera bien rodé, on pensera aux choses sérieuses, et l'on envisagera l'achat d'une voiture de qualité, munie de tous ses accessoires, eux-mêmes de première qualité.
Alors, on aura une chance de briller dans un concours officiel et, peut-être un jour, pourquoi pas, d'être sacré champion. En tout cas, il n'est pas interdit de rêver, sans quoi il n'y

Le passage des obstacles, toujours spectaculaire, attire les foules sur les parcours de marathon. Leur dessin et leur technicité varient selon le niveau de la compétition, et il n'est pas rare que le matériel casse, brisant net les espoirs du meneur et... des chevaux.

aurait plus de compétitions ni de passionnés pour parader dans de somptueuses voitures du passé, tandis que les chevaux d'attelage s'engageraient à nouveau sur la pente terrible de la disparition.

Une création française : le horse-ball

Lors d'une joyeuse soirée de fête dans un club hippique du Sud-Ouest, à Castillon-la-Bataille, il y a une dizaine d'années, germa l'idée saugrenue de placer un ballon de rugby dans un filet à foin, de le poser au sol, de le ramasser en plein galop et d'envoyer cette drôle de balle dans un but... Inspiré du basket, du handball, du polo et du rugby, ce jeu typiquement français baptisé *horse-ball*, né sans doute d'un génial esprit commence à faire fureur. Au point qu'il a été codifié, réglementé et qu'il est devenu, en 1978, une discipline sportive à part entière affiliée à la Fédération française d'équitation comme tout sport qui se respecte.

Un jeu spectaculaire

Le horse-ball se pratique sur un terrain de 40 à 75 m de longueur et de 20 à 25 m de largeur, les équipes étant composées de quatre cavaliers émérites, aussi battants les uns que les autres. La dimension relativement faible du terrain permet au spectateur de ne pas perdre un instant de la partie, riche en rebondissements et en morceaux de bravoure dignes des plus beaux matchs de rugby.

La partie se déroule en deux phases de dix minutes, coupées par une mi-temps de cinq minutes, pour permettre aux chevaux de souffler, chose qu'ils n'ont pas le loisir de faire pendant le jeu, car ils courent quasiment tout le temps. Le ramassage de la balle s'opère toujours en mouvement et, quand plusieurs cavaliers se présentent sur la balle, la lutte, l'arrachage en jargon de horse-ball, est sans complaisance. Autant dire que les contacts entre adversaires sont plutôt rudes. Comme au basket, les joueurs doivent faire au moins trois passes avant de prétendre marquer un but et ne peuvent pas conserver la balle plus de dix secondes en main. Cette balle a quelque peu perdu de son aspect folklorique, car ce n'est plus un ballon de rugby, mais de football junior. Elle est enfermée dans une sorte de filet en cuir muni de six poignées qui permettent le ramassage.

Hommes et femmes peuvent pratiquer ce jeu spectaculaire, et les équipes mixtes existent, sauf en première division, le plus haut niveau atteint en compétition. On peut légitimement se demander pourquoi...

L'équipement et le cheval

Très simple, celui du cavalier se compose d'un casque, d'un pantalon d'équitation, d'un maillot de sport et de bottes.

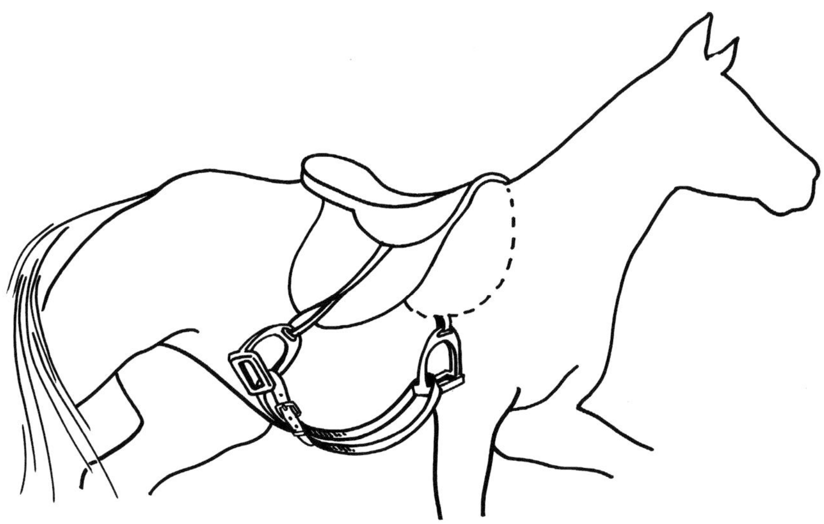

Pour pratiquer le horse-ball, il est indispensable de relier les étriers entre eux par une sangle passant sous le ventre du cheval. La tension de cette sangle doit permettre à l'étrier de remonter jusqu'à la moitié du quartier de la selle.

Le horse-ball est actuellement pratiqué par près de cinquante équipes, réparties en trois divisions. Le championnat de France consacre les vainqueurs de toutes les compétitions.

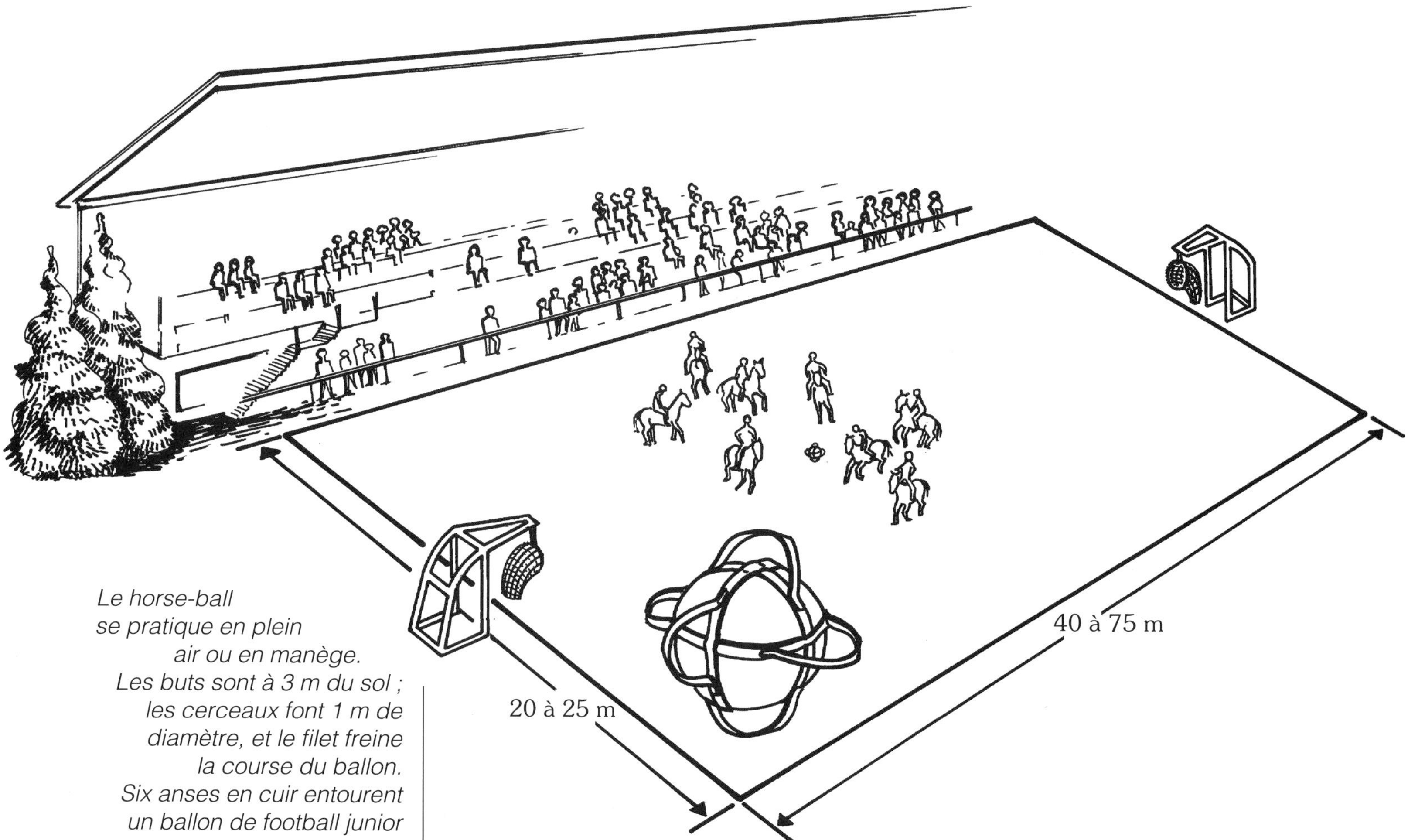

Le horse-ball se pratique en plein air ou en manège. Les buts sont à 3 m du sol ; les cerceaux font 1 m de diamètre, et le filet freine la course du ballon. Six anses en cuir entourent un ballon de football junior de 40 cm de diamètre.

Après le pansage habituel, le cheval reçoit une selle et un filet ordinaire. Le seul équipement spécial est une sangle reliant les étriers en passant sous le ventre de l'animal, pour éviter qu'ils remontent trop quand le cavalier se penche pour ramasser la balle. Ainsi tenus, les étriers forment un solide point d'appui d'autant plus nécessaire que bien souvent le joueur lâche les rênes pour se baisser, et que l'action se passe la plupart du temps en plein galop.

N'importe quel cheval de club peut participer à un match de horse-ball, à condition évidemment d'y être préparé. On l'habitue à voir son cavalier se baisser en faisant porter son poids d'un côté ou de l'autre et, surtout, au contact désagréable de la balle et de ses poignées sur l'encolure. On l'habitue à ne pas s'effrayer de la voir voler à toute vitesse devant sa tête lors d'une passe, et enfin on l'habitue aux contacts parfois brutaux avec ses congénères. On protégera ses membres par des bandages, ainsi que sa queue, comme au polo. Pour le reste, il devra être entraîné à galoper à fond sur de courtes distances, à s'arrêter net pour repartir de plus belle, à tourner brusquement et à ne pas tenter de mordre les adversaires qui passent à sa portée.

Le cavalier, quant à lui, devra posséder, outre une honorable condition physique et un bon niveau d'équitation, une bonne souplesse, une certaine adresse et une force relative. Mais quel sport ne demande pas de telles qualités pour être pratiqué ?

EXAMENS A TOUS CRINS

Si l'ensemble des disciplines est chapeauté par la Fédération équestre française (F.E.F.), chacune d'elles organise ses propres examens. Néanmoins, les examens des différentes disciplines ont une correspondance avec ceux de la F.E.F.

Actuellement, les choses changent, et la politique fédérale, qui consiste à rassembler tout le monde sous la même bagnière, fait que l'on assiste à une unification des brevets prévue pour septembre 1990. Le brevet unique s'appellera : Galop 1, Galop 2, etc, et concernera toutes les disciplines, de l'endurance au T.R.E.C. en passant par la voltige et l'attelage.

Cette nouvelle formule, très attendue, qui va dans le sens de la simplification, devrait permettre la création de brevets adaptés, la formation d'éducateurs compétents et être l'assurance de compétitions à succès.

Équitation sur poney

Sept niveaux sont actuellement définis par la Délégation nationale d'équitation sur poney (D.N.E.P.). Ils ont une correspondance avec les niveaux établis par la F.E.F. A partir de 1991, l'accès à la compétition sera refusé aux cavaliers de plus de seize ans.

Galop 1
Galop 2 .... Étrier de bronze
Galop 3 .... Éperon de bronze
Galop 4
Galop 5 .... Étrier d'argent
Galop 6
Galop 7 .... Éperon d'argent

Attelage

La commission Attelage de la F.E.F. retient trois niveaux :

1er degré : mener à un ou deux chevaux
2e degré : mener à un ou deux chevaux (accès à la compétition)
3e degré : mener à quatre chevaux (ou poneys)

Amazone

Les brevets (les fourches) de l'Association nationale des amazones traditionnelles (A.N.A.T.R.A.) correspondent à ceux de la Fédération (étrier, éperon). Mais, en montant dans les fourches, l'amazone peut tout de même prétendre aux brevets de la F.E.F.

1res fourches de bronze ...... Étrier de bronze
2es fourches de bronze .... Éperon de bronze
1res fourches d'argent .... Étrier d'argent
2es fourches d'argent .... Éperon d'argent
1res fourches d'or .... Étrier de vermeil
2es fourches d'or .... Éperon de vermeil

Tourisme équestre

Sous l'égide de l'Association nationale de tourisme équestre (A.N.T.E.), cinq niveaux sont définis :

Cavalier randonneur de bronze
Cavalier randonneur d'argent
Accompagnateur de tourisme équestre
Guide
Maître randonneur

Endurance

Comité nationale des raids équestres d'endurance (C.N.R.E.E.).

Il n'y a pas encore de brevets qui permettent d'accéder à la compétition.
La sélection se fait sur les épreuves de compétition elles-mêmes : qualificatives, régionales et nationales.

Voltige

En cercle

1er chausson
2e chausson
3e chausson
1er surfaix
2e surfaix (accès à la compétition pour les enfants de moins de dix ans)
3e surfaix (accès à la compétition pour les enfants de plus de dix ans)

En ligne

1er tallatchoc
2e tallatchoc
3e tallatchoc

L'univers convivial du cheval

Les métiers du cheval se mettent au goût du jour, à la pointe des modes d'aujourd'hui, ou à la recherche des traditions d'antan. L'artisan obéit aux règles d'un marché en perpétuelle mouvance. Il se fait créateur en inventant et en innovant sans cesse en fonction des technologies et des matériaux modernes. Virtuose, il passe du look branché à l'ultra-passéiste, en recherchant toujours l'originalité et la qualité.

Renaissance de métiers oubliés

Jusqu'à cette fin de millénaire où nous apprenons à le redécouvrir, le cheval a vécu mille aventures en compagnie des hommes, guerroyant ici, défrichant et labourant là, voyageant et voltigeant ailleurs, galopant ou trottant sur les champs de courses. Autour de cet univers en perpétuelle évolution se sont créés des métiers divers, parfois très étrangers les uns aux autres.
Mais nombre d'entre eux ont failli s'éteindre en même temps que le cheval disparaissait de notre vie quotidienne. Aujourd'hui, pourtant, la plupart revivent grâce au développement de l'équitation de loisir. Entrons donc dans leur monde renaissant, inconnu de la plupart d'entre nous.

L'ÉQUITHÉRAPIE

Ils sont heureux à cheval, et ils le montrent. Le moins bavard devient volubile avec son poney, et celui dont les mains ont peur de toucher quoi que ce soit passe des heures à caresser son cheval. Ce sont des cavaliers comme les autres, qui partent en randonnée, pratiquent le dressage, l'obstacle ou la voltige. Pour eux, l'équitation ne revient pas seulement à faire une balade récréative, mais à progresser, à devenir autonomes, à établir le contact avec l'animal, et surtout à se faire plaisir. On ne les voit pas beaucoup parce que les structures de nos cités ne leur permettent pas de sortir quand bon leur semble, mais vous en croiserez peut-être un jour à dos de cheval. Pour les handicapés, physiques ou mentaux, l'équitation est une des meilleures thérapies qui soient.

Étalonnier d'hier et d'aujourd'hui

Ce très ancien métier lié au cheval est toujours indispensable à la reproduction, mais il est aujourd'hui axé sur les activités de loisirs et la production de chevaux de sport.

Un aspect peu connu de l'élevage

En fait, l'étalonnier est un éleveur un peu particulier, dans la mesure où il cherche surtout à réussir les saillies dont il a la responsabilité et à produire des poulains de qualité susceptibles de devenir étalons eux-mêmes. L'étalonnier doit posséder une bonne connaissance généalogique de la race qu'il élève : des lignées et têtes de lignée, des mères d'étalons, des étalons prédisposés pour telle ou telle discipline sportive, et parfaitement maîtriser les indices génétiques concernant les performances et la descendance. Il connaît sur le bout des doigts toutes les «ficelles» de l'élevage de la race qui le concerne, ainsi que tous les systèmes de sélection, tels que les concours d'élevage, ceux du dépistage pour le saut d'obstacle, ou les concours de modèles et d'allures. Il est à la fois participant, juge et élève auprès des autres éleveurs. Il est capable de décrire parfaitement l'un ou l'autre de ses protégés en vue de lui donner la jument qui convient, et de savoir que tel étalon corrigera tel défaut de la future mère, ou que telle jument apportera à sa descendance ce que le père ne peut donner. Afin de se tenir informé, il est à l'écoute du marché et de la demande du public, il se rend aux rassemblements nationaux d'envergure ou y participe lui-même, pour se maintenir dans le courant du moment. Fin politique, il fait preuve d'un «flair» étonnant qui lui permet d'être a la pointe d'un élevage en perpétuelle mouvance. Parfois, il doit prendre un train en marche, quitte à arriver en gare avant les autres et faire figure de précurseur.
Apte à prévoir les moindres changements d'orientation permettant d'être sans cesse à l'avant-garde, il doit en outre être un habile commerçant qui n'hésite pas à troquer le bleu de travail porté dans les boxes pour le costume trois-pièces et l'attaché-case arborés dans les salons de la finance.

Une vie bien étalonnée

Tous les ans, l'étalonnier présente ses chevaux à la marque des étalons. Le géniteur passe devant une commission composée du directeur des Haras nationaux ou de son représentant dans la circonscription de l'éleveur, d'un juge de la race et d'un délégué des services vétérinaires, qui juge de sa bonne

Les éleveurs font rivaliser d'élégance leurs étalons lors des concours d'élevage et de présentation : le poil brille, la crinière est nettoyée, lissée et tressée, la barbe de l'auge est brûlée...

tenue et de son évolution sous le poids des ans, par rapport au modèle type de sa race. De cette visite obligatoire découle le nombre de saillies autorisées. Si une année l'étalon n'est pas présenté devant la commission, sa production n'est pas reconnue pour l'année en question.

La période consacrée aux saillies se situe entre les mois de février et de juillet, pendant laquelle les juments sont en chaleur toutes les trois semaines. A ce moment, deux solutions s'offrent au propriétaire d'une jument : soit il la laisse en pension chez l'étalonnier pendant trois semaines, en compagnie de l'étalon (les bons étalons vivent au milieu d'une cour dont le nombre découragerait bien des don juans !), et il verse à l'étalonnier un prix d'hébergement variant selon que la jument est en boxe ou au pré, soit il prend le parti de mener la dame rendre visite au monsieur tous les jours, jusqu'à ce qu'elle daigne lui accorder ses faveurs.

Bien entretenu et correctement nourri, un étalon de quatre ou cinq ans peut saillir de 80 à 90 juments dans la saison. En vieillissant, il perd quelque peu de ses facultés et monte moins de juments, mais cela ne signifie nullement que sa fécondité est affectée.

La manipulation lors d'une saillie, l'entretien des chevaux et le travail quotidien exigent une grande disponibilité de l'étalonnier, ainsi que des structures d'accueil bien conçues. Il faut préparer la jument, amener l'étalon, nettoyer la verge après chaque saillie et posséder des prés accueillants et des barres de saillie solides pour les juments. La nuit, il ne s'agit pas que l'étalon s'échappe de son boxe et monte les premières dames venues, aussi faut-il lui donner un boxe solide, capable de résister à ses mouvements incessants en période d'activité sexuelle.

Saillie libre ou contrôlée ?

Outre le fait qu'une saillie contrôlée par l'homme n'a rien de très romantique ni de très naturel, elle ne donne pas toujours des résultats, c'est pourquoi nous préférons franchement les saillies en liberté. En effet, pas moins de 90 p. 100 d'entre elles donnent des résultats positifs.

Le principe consistant à lâcher une jument dans un troupeau déjà constitué, ou à la laisser seule avec l'étalon dans un pré, est une pratique courante pour les chevaux de trait et les poneys. A l'étalon, alors, d'accepter et de saillir la jument selon des commandements naturels que nous connaissons tous, mais aussi en fonction de ses possibilités et, disons, de son sens du «métier», de son expérience. Un jeune étalon excité par la présence d'une jument aura tendance à vouloir la saillir d'emblée, oubliera les règles élémentaires de bienséance et s'exposera à recevoir quelques bons coups de pied, et à faire les frais de ruades et de morsures douloureuses. C'est pourquoi on recommande de déferrer la jument avant de la présenter à l'étalon et c'est aussi la raison pour laquelle les étalonniers pratiquent souvent la monte dite «en main», de crainte que leur étalon ne soit blessé.

CHOISIR UN ÉTALON EN VUE D'UNE SAILLIE

• On se méfiera des étalons très cotés car, s'ils ont souvent des juments «qualiteuses» à leur disposition, ce n'est pas pour cela que ce sont d'excellents reproducteurs.
• On choisira un étalon en fonction des caractères que l'on désire améliorer chez la jument qu'on possède, et dont on connaît toutes les qualités et tous les défauts.
• On se renseignera sur les qualités et les défauts du futur père et sur ses origines de façon à éviter toute consanguinité avec la jument. Ainsi, il faut s'informer sur la mère de l'étalon à qui l'on va présenter une jument et connaître son caractère, sa morphologie et sa taille. De même, il est bon de connaître quelques poulains dont il est le père, pour savoir s'il marque loin ou non.
• On s'assurera du sérieux de l'étalonnier.
• On réservera la saillie longtemps à l'avance, et l'on s'arrangera pour mener la jument à l'étalon au début ou au plus fort de la saison de monte car, en fin de saison, l'étalon peut être un peu moins fertile, et surtout, on aura une naissance de poulain tardive.
• Après la saillie, on fera procéder à une échographie afin de s'assurer que la jument est bien gravide.
• Enfin, il est inutile de chercher à produire systématiquement un futur étalon, ce dont d'autres se chargent fort bien, et il vaut toujours mieux tenter d'obtenir un bon cheval, pratique, utile et au caractère agréable.

L'ordinateur a fait désormais son entrée dans le monde de l'élevage : on répertorie les étalons, les juments, les poulains, on note les gains obtenus en concours, on classifie les individus selon leurs performances et leur descendance.

Par contre, un étalon averti saura esquiver les ruades et goûter pleinement «les jeux de l'amour et du hasard»... Après tout, les chattes font bien languir les chats pendant des journées entières avant de s'abandonner, et les matous ne se portent pas plus mal de recevoir parfois quelques bons coups de griffe. Quant aux chevaux, ils n'ont pas attendu d'être surveillés par l'homme pour songer à se reproduire, et les étalons ont toujours reçu force ruades bien assenées, sans que leur honneur en pâtisse. Le seul problème est que les chevaux qui ne sont pas destinés à la compétition n'ont pas la même valeur que leurs illustres congénères. Pour ces derniers, la saillie en main est généralement la seule pratiquée.

Lors de la monte en main, la jument est attachée, voire entravée pour l'empêcher de ruer, après quoi on pose sur son dos une épaisse protection de cuir la protégeant des morsures. Ces saillies assistées se passent plus ou moins bien suivant le degré de finesse et de métier de l'étalonnier et de son cheval, et certaines ont parfois tout du viol organisé. Souvent, l'étalonnier met un «souffleur» en présence de la jument, dont le rôle est de renifler celle-ci (en espérant qu'il déclenchera les chaleurs), préparant ainsi la jument à recevoir l'étalon qui piaffe et hennit dans son boxe. De cette façon, l'étalonnier se rend parfaitement compte du degré d'acceptation auquel est parvenue la jument. Quant au «souffleur», il cède la place à l'étalon reproducteur ronflant et hennissant, prêt à saillir, sachant très bien ce qu'on attend de lui.

Certains étalons sont plus câlins que d'autres et préfèrent faire connaissance avant toute chose. Il en est qui ont besoin d'une main agile pour les aider à introduire le pénis dans le vagin, tandis que d'autres se débrouillent très bien seuls. Les petits gabarits se montrent bien souvent plus habiles que les grands costauds. Bref, il y a les machos, les tendres et ceux qui jouent les seigneurs en prenant des poses altières : on trouve de tout dans le monde chevalin...

Une fois la période de sauts terminée, l'éleveur remet au propriétaire de la jument un certificat de saillie, puis une attestation après règlement de celle-ci et contrôle échographique de sa réussite, tandis que l'étalonnier adresse au directeur des Haras nationaux une déclaration de saut.

De son côté, le service des Haras a toujours la possibilité d'effectuer une prise de sang afin de contrôler la filiation.

On laisse couramment faire la nature, pour les poneys et les chevaux de trait et, de la sorte, le taux de réussite est nettement supérieur à celui obtenu lors d'une monte en main.

Avoir le sens de l'élevage

Produire des poulains est à la portée de n'importe quel éleveur, mais produire de futurs étalons reste le rêve de bon nombre d'entre eux.

Il faut savoir sélectionner les juments, leur présenter l'étalon qui convient, puis résister à l'envie de vendre leur rejeton et savoir l'élever : telles sont les conditions pour obtenir un jour un candidat étalon.

En outre, il ne suffit pas d'avoir la science de la sélection, encore faut-il en avoir les moyens, car l'investissement financier est considérable et se fait à long terme : il faut acheter et entretenir des juments aux origines fiables, soigner les poulains jusqu'au débourrage et aux premières participations en compétition pour se faire une idée de ce qu'ils valent. Après, seulement, on peut en envisager la vente ou les destiner à la saillie.

Si on s'occupe très tôt d'un poulain en l'habituant au licol et à la présence humaine, son débourrage sera facilité, car il fondera ses rapports avec l'homme sur la confiance.

Sur le plan équestre, la France est divisée en vingt-trois circonscriptions qui comprennent plusieurs départements. A chacune de ces circonscriptions correspond un Haras national dont dépendent les éleveurs. Le directeur des Haras joue un rôle très important au sein d'une région. Il mobilise les éleveurs, organise les concours d'élevage, contrôle l'état sanitaire des centres équestres et de leurs pensionnaires et assure la répartition des étalons nationaux dans les différentes stations de monte.

L'étalon met en jeu la réputation de l'élevage et la soutient par son taux de fécondité, sa production constante et son homogénéité de production. On dit qu'un étalon «marque loin» quand ses descendants lui ressemblent vraiment. L'étalonnier, pour sa part, suit la production des autres éleveurs, de façon à suivre tel ou tel poulain intéressant, à voir comment il grandit, ce qu'il va devenir, pour pouvoir l'acheter et en faire un étalon le moment venu.

Les services nationaux

Les Haras nationaux élèvent des étalons de sport, des poneys, des étalons de trait et quelques baudets du Poitou. On y rencontre le Selle Français, l'Anglo-Arabe, le Pur-Sang Anglais et le Pur-Sang Arabe, le Trotteur Français, le cheval de Mérens, le Landais, le Pottock, le Poney Français de Selle, le Connemara, le New Forest et le Welsh, ainsi que les lourds Percheron, Comtois, Ardennais, Trait Breton et Boulonnais. Le prix modéré de la saillie permet à n'importe quel propriétaire de jument de la faire saillir.

L'étalonnier privé

Si, jadis, l'étalonnier allait de ferme en ferme proposer les services de son cheval au petit bonheur, les choses ont quelque peu changé. D'abord, parce qu'il n'y a pratiquement plus que des tracteurs dans les fermes et, ensuite, parce que le nombre de chevaux s'étant réduit comme une peau de chagrin, l'art de la saillie n'est plus dirigé dans le même sens qu'autrefois. En effet, il y a moins de juments

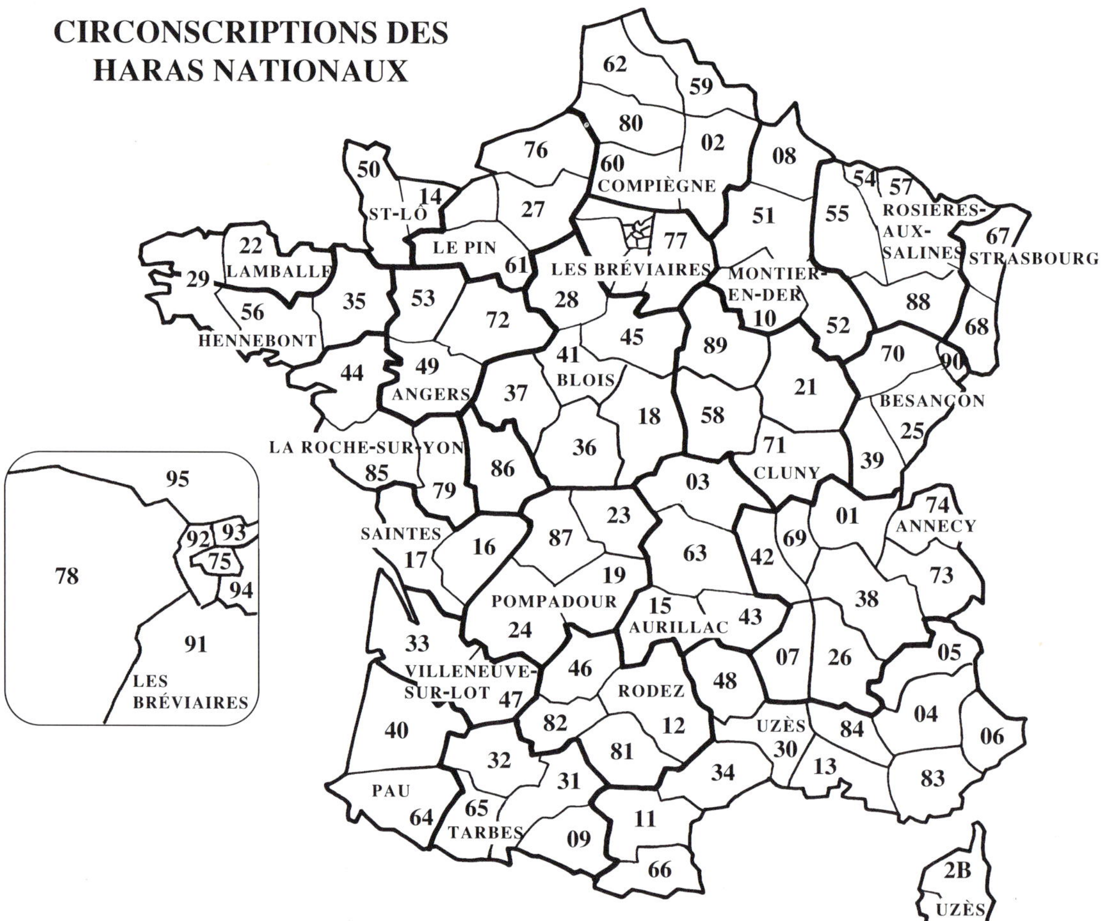

La circonscription porte le nom du lieu où est situé le Haras national.

JUMENTS LAITIÈRES

Les Mongols en font une boisson alcoolisée, Cléopâtre s'en passait sur le corps et, de fait, le lait de jument possède des propriétés physiologiques étonnantes. C'est le plus proche du lait humain, et son goût agréable rappelle la noisette. Utilisé en cosmétique, il sert à la fabrication de crèmes de jour et de nuit.

Les juments des poneys de toutes races produisent un lait très riche, de qualité, et certaines mères sont d'excellentes laitières qui donnent jusqu'à dix litres de lait par jour. Assez astreignante, la traite a lieu toutes les deux ou quatre heures, en fonction de la taille du poulain et de la quantité de lait qu'on désire lui laisser téter.

La naissance d'un poulain est toujours très attendue, mais elle se passe rarement en plein jour car les juments préfèrent le calme de l'aurore à l'abri des regards indiscrets.

S.O.S. POULAIN

Orphelin... un poulain peut l'être lorsque sa mère a eu une gestation difficile. Il peut se faire aussi que la mère manque de lait, qu'elle soit trop âgée et qu'elle doit être ménagée... En tout état de cause, la croissance du poulain risque d'être perturbée.

Bien sûr, on peut le nourrir au biberon, mais c'est contraignant, car le poulain a besoin de boire toutes les trois heures.

Pour pallier ces problèmes, se sont créés, en France, des centres d'accueil pour poulains orphelins. Ces orphelinats les hébergent et les confient à des juments adoptives.

Plus le poulain est jeune, plus rapide est l'adoption. Il reçoit alors la quantité et la qualité de lait nécessaires ainsi que l'affection d'une mère.

Cette jument Pottock pouline seule en plein air, comme cela se passe chez les races rustiques. Deux ou trois contractions suffisent à évacuer le poulain capable de se lever dans les minutes suivantes et de chercher déjà à téter.
Une croupe qui se casse et l'apparition d'une cire aux mamelles sont les signes d'une naissance imminente.

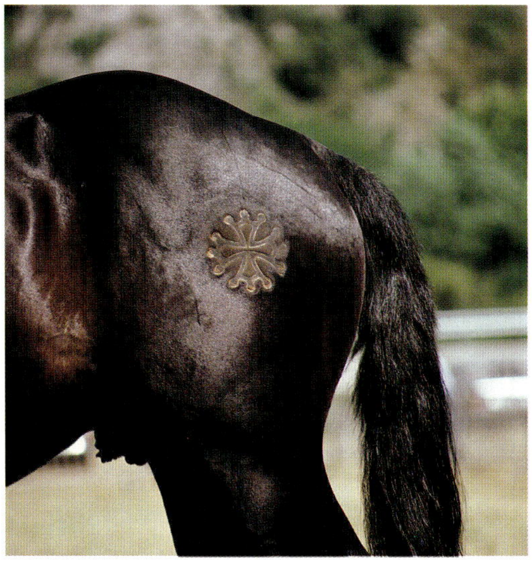

Traditionnellement, on marque certains chevaux ou poneys de race, comme ce Mérens qui arbore la croix occitane sur la cuisse gauche.

dans les pâturages que jadis, et désormais l'élevage fait appel à une sélection précise, car le nombre de poulains à naître ne peut plus compenser les erreurs de production. L'étalon, bien plus qu'un simple mâle entier, est un animal sélectionné pour la reproduction, un véritable capital génétique (les copropriétaires d'Ourasi, retraité et futur papa de fraîche date, ne diront certainement pas le contraire...), qui fait l'objet de soins constants, car il est considéré comme améliorateur de race. Les poulains qui naîtront de ses saillies auront tous droit à des papiers d'identité, à un certificat d'origine, bref, à un passeport pour la gloire. Un étalon qui a eu une vie professionnelle bien remplie est donc une sorte de poule aux œufs d'or, sur laquelle on veille constamment.

Le sellier et le bourrelier

Enjôleuse, la peau satinée, patinée, brillante, lisse ou légèrement granitée, elle se laisse admirer, invitant la main hésitante à la caresser doucement, longuement, passionnément. Puis on la prend dans ses bras, on la porte, on la hume, on la soupèse, pour enfin s'asseoir carrément dessus sans vergogne. C'est la sacro-sainte selle que tout cavalier choisit avec passion en songeant au bien-être de son auguste fessier.
Présente dans tous les clubs, elle porte les petits et les grands, les gros et les maigres, elle supporte les intempéries et les coups de soleil sans prendre une ride pour peu qu'on en prenne soin, et atteint une belle maturité lui donnant une éternelle jeunesse.
Façonnées par des mains expertes, ses formes diverses naissent dans l'atelier du sellier ou du bourrelier.

Des métiers en voie de réapparition

Si leurs métiers sont plus anciens, les noms du sellier et du bourrelier apparaissent dans le langage au XIIIe siècle seulement. Tous deux travaillent le cuir, le premier étant spécialisé dans la fabrication des selles, le second s'occupant davantage des harnais, rênes, colliers, filets ou licols, mais fabriquant aussi des selles à l'occasion. Du moins en fait-il commerce. Après quelques siècles de gloire, ces métiers connurent un certain temps d'éclipse sans jamais disparaître malgré tout lorsque le cheval fut remplacé par les machines. De nos jours, ils connaissent une seconde jeunesse avec le développement des loisirs, et l'apparition d'une nouvelle équitation ouverte au plus grand nombre.
Si, en théorie, le sellier fabrique toujours les selles et le bourrelier le reste de la sellerie comme autrefois, nombre d'entre eux pratiquent désormais les deux activités. Certains se sont spécialisés dans la fabrication des selles d'équitation, d'autres dans celle des harnais d'attelage. Mais quelle que soit leur production, tous travaillent la même matière, avec les mêmes outils et la même passion : le cuir, dont aucun matériau synthétique n'a encore remplacé la noblesse.

Une longue gestation

On se plaît souvent à dire que le cuir est une matière vivante qui évolue au fil des ans et nécessite donc un entretien méticuleux et régulier. Mais voyons comment se déroule sa naissance.
Une fois l'animal tué et dépecé (dans le cas qui nous intéresse, c'est généralement une vache), on prépare la peau au tannage, c'est à dire qu'on la tond pour éliminer les poils superflus. Quand au tannage proprement dit, il consiste en une série d'opérations dignes

d'une cuisine de sorcière lorsqu'il est réalisé selon la méthode traditionnelle.
La peau est jetée dans une marmite pleine de chaux pendant quelques jours pour ôter les grosses impuretés, puis on la douche énergiquement pour parfaire son nettoyage, avant de la placer dans une cuve remplie de tanin. Après ce bain, elle passe dans une fosse, sorte de grande cuve en bois dont le fond est recouvert d'une couche d'écorce de chêne pilée. On recouvre alors la peau d'une autre couche d'écorce de chêne, sur laquelle on place une autre peau qui reçoit une nouvelle couche d'écorce, et ainsi de suite jusqu'à ce que la cuve soit pleine.
Après quoi, on verse de l'eau chargée de tanin dans la cuve. La durée totale de cette opération particulière oscille entre un et deux ans. Cette méthode de tannage, sans doute très archaïque et très lente, est de loin la meilleure. C'est celle qui donne le cuir le plus beau, le plus souple, le plus résistant, et... le plus cher !
Dans notre société moderne, il est certain qu'un tannage de deux ans n'est pas très adapté, aussi a-t-on mis au point des méthodes permettant de tanner une peau plus rapidement, par l'apport de produits chimiques, tels que le chrome. Dans ce cas, la peau est trempée dans un bain d'alun de chrome, le temps que la teinte ait pénétré tout le cuir. On reconnaît le tannage au bichromate de cuivre à la couleur bleuâtre de la croûte. Le cuir ainsi traité est d'ailleurs d'excellente qualité, robuste et souple, et dure longtemps s'il est entretenu comme il se doit.
Un dernier procédé moderne utilise l'électricité : le tanin est déposé sur le cuir par électrolyse, grâce à un courant électrique circulant dans la cuve, et le tannage s'obtient en trois jours.
Après son séjour dans les divers bains, la peau est prête à être travaillée, c'est-à-dire nettoyée une nouvelle fois, grattée, étirée, assouplie, polie et enfin coupée.
La partie du cuir côté poil est la fleur, et donne les plus belles peaux, les plus fines et les plus chères. Côté chair, l'autre partie plus rugueuse et plus grossière s'appelle la croûte. C'est un cuir moins noble, mais souvent épais.

Les anciennes selleries bénéficiaient toujours d'une température tempérée et se trouvaient à l'abri des coups de chaleur ou des excès d'humidité. Une sellerie entretenue et soignée se repère au premier coup d'œil à ses porte-selles, ses porte-filets, ses placards de rangement et ses housses de protection.

A l'intérieur des œillères en cuir, aux coutures parfaites, une coquille de fer légèrement convexe protège les yeux des chevaux contre les frottements (dus à une branche basse par exemple). Traditionnellement, les Hongrois ne mettent jamais d'œillères à leurs chevaux.

Des peaux et des tanins

Tann signifiant *chêne* en breton, le tan est l'écorce pulvérisée de l'arbre, et le tanin provient donc essentiellement de cette essence. Mais on le trouve aussi ailleurs, et notamment dans la galle du chêne, ou noix de galle, sorte d'excroissance en forme de boule provoquée sur les feuilles de l'arbre par un hyménoptère, le cynips du chêne *(Cynips quercus folii)*.
Enfin le tanin existe dans l'écorce du chêne kermès, fréquent sur le pourtour méditerranéen, et principalement dans l'écorce de ses racines, appelée garouille, dans l'écorce du bouleau, du mimosa et d'une variété orientale de sumac, que l'on utilise également pour faire le fameux vernis japonais.
La chimie prend la relève avec les différents bains à base d'alun (double sulfate d'aluminium hydraté et de potassium), notamment l'alun de chrome.
Ainsi, en fonction des modes de tannage, on a donné des noms différents aux cuirs qui en résultent.
• Le *cuir blanc* est tanné à l'alun, au sel et au suif.
• Le *cuir* de vache (ou de bœuf) *chromé* est employé pour les guides et les traits.
• Le *cuir noir demi-suif* sert à fabriquer les harnais.
• Le *cuir noir fin* donne les brides et les guides.
• Le *cuir fauve*, *jaune* ou *bruni*, est utilisé pour la sellerie fine.
• La *croûte vernie* ou *cirée* sert pour les sellettes et les œillères.
• Quant au *thouzard*, c'est une peau de mouton qui garnit le dessous des harnais de façon à éviter l'échauffement de la peau du cheval.
Notons qu'un cuir de qualité ne doit pas présenter de cicatrices dues à d'anciennes piqûres d'insectes ou à des blessures sur des fils de fer barbelés car, si la peau s'est reformée à ces endroits, elle y présente certaines faiblesses qui peuvent être des causes de rupture intempestive. Par ailleurs, un cuir correctement tanné ne doit pas présenter de filet lisse et sans grain entre la fleur et la croûte, signe d'une mauvaise pénétration du tanin.

Anatomie de la selle

Le sellier fabrique d'abord l'arçon en bois collé (généralement du bois de hêtre, bien qu'il existe actuellement des arçons en résine), en lui donnant la forme d'une hélice d'avion, et le renforce de tiges métalliques servant à fixer le pommeau. Sur le dessus, des sangles croisées feront office de suspension pour le siège du cavalier. Le dessous, en contact avec le dos du cheval, s'appelle matelassure, et, à son sujet, deux écoles s'affrontent. Les uns garnissent leur matelassure avec de la laine qui a l'avantage de se tasser quelque peu en épousant parfaitement la morphologie du cheval et, par conséquent, le désavantage de n'être utilisable que par un seul et même cheval. Les autres choisissent la mousse synthétique qui s'adapte au dos de n'importe quel cheval et reprend sa forme initiale au repos. C'est un peu la bataille des anciens et des modernes.
L'arçon sert de support aux étrivières et à la mise en place d'un dispositif appelé «couteau», qui permet d'ouvrir et de dégager l'étrivière en cas de chute. Reste l'habillage, pour lequel le sellier préférera prendre un cuir

issu du dosset ou du collet, fin et solide, facile à travailler et qui se patine correctement. Quant aux coutures, elles peuvent être réalisées à la main ou à la machine. Faites à la main, on les reconnaît à la grosseur des points croisés, le sellier utilisant deux fils et deux aiguilles. Une machine ne croise pas les points, utilise un fil plus fin et laisse des marques caractéristiques de part et d'autre de la couture. L'avantage d'une couture faite à la machine tient à la rapidité d'exécution, et à un prix de revient moindre, mais le gros inconvénient est que, si le fil casse en un point précis, toute la couture se découd, ce qui n'arrive pas avec une couture aux points croisés, faite à la main. En outre, une couture à la main se termine toujours par un point d'arrêt, offrant une garantie supplémentaire. En règle générale, les deux méthodes peuvent se compléter efficacement : on coud à la main les zones sensibles, soumises aux efforts violents (bricole, trait, etc.) et à la machine celles dont les contraintes sont moindres.

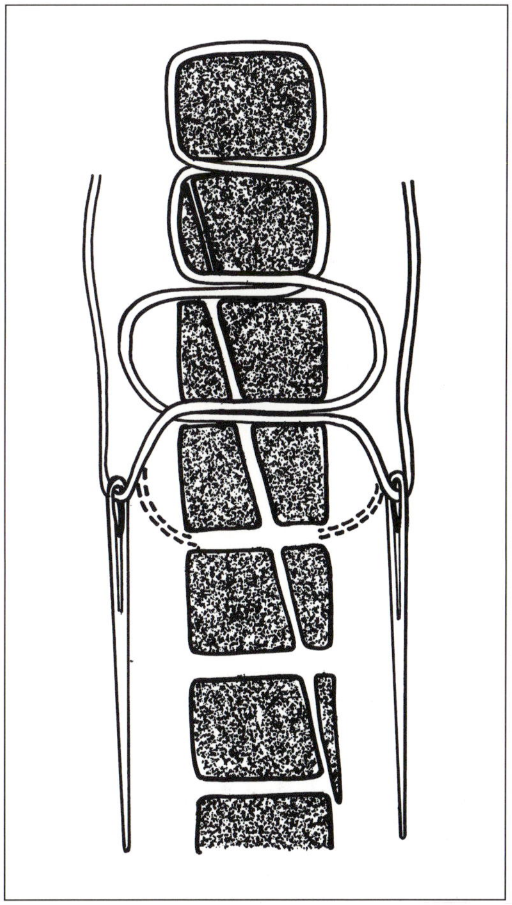

Il faut une certaine attention et un peu de pratique pour obtenir un point solide et régulier lorsqu'on coud du cuir. Pour parer au plus pressé et réparer sur le terrain, on a besoin de quelques outils simples, comme une alène pour préparer le passage de l'aiguille, un couteau à parer pour tailler le cuir, du fil poissé et des aiguilles spéciales à bout arrondi.

Entretien à l'huile de coude

Très esthétique, souple, flexible et résistant, un bon cuir vit longtemps si on l'entretient régulièrement et soigneusement.

Un cavalier consciencieux consacre une partie de son temps hebdomadaire au nettoyage des cuirs.

Selon l'usage que l'on fait du matériel (sorties quotidiennes ou hebdomadaires, au manège ou en extérieur), la durée de vie du cuir varie quelque peu : une selle qui se couvre de la sciure d'un manège souffre moins que celle qui reçoit des trombes d'eau ou des projections de boue.

Une fois par semaine, vous passerez une éponge humide et propre, enduite de savon glycériné sur la selle, le filet et la sangle si elle est en cuir. Vous trouverez ce savon chez tous les revendeurs de matériel d'équitation, soit en pain, soit sous forme liquide, dans les marques Brecknel, Stüben, Hydrophare ou Visconitol. L'éponge doit être seulement humide et non pleine d'eau, et le savon ne doit pas mousser ; n'en mettez pas trop. Vous prendrez particulièrement soin des coutures sur lesquelles ne doit subsister aucune trace de sueur pour que le sel n'attaque ni le fil ni le cuir.

vous aurez déposé quelques petites noix de graisse, jusqu'à ce que celle-ci apparaisse sur l'autre face. Vous graisserez consciencieusement les coutures et les pliures.

Le siège de la selle recevra une fine couche de graisse appliquée délicatement, alors que les étrivières, une fois démontées, auront droit à un massage énergique.

Si vous entretenez votre matériel avec soin et régularité, vous le conserverez très longtemps et, par la même occasion, vous rendrez hommage à l'artisan qui l'a fait naître avec passion... A ce propos, un excellent «truc» consiste à appliquer sur les coutures de la cire d'abeille pure ou, si vous êtes archer, de la cire à corde, en massant fortement pour la faire pénétrer. Cirez des deux côtés, sans avoir peur de vous fouler les pouces, car la longévité de votre matériel en dépend. La cire d'abeille a le gros avantage sur la graisse de rendre le fil étanche sans le distendre.

SAUTER SUR L'OCCASION

Acheter du neuf n'est pas forcément le meilleur moyen d'acquérir la selle idéale, surtout si l'on est un peu «juste» financièrement. En outre, une selle neuve a besoin d'être faite ou «cassée», comme une paire de chaussures, et l'on a parfois intérêt à chercher l'objet de ses rêves sur le marché de l'occasion.

Il faut tout de même vérifier quelques détails avant d'acheter :

- l'aspect général doit être correct, et le cuir ne doit présenter aucune craquelure, attestant que la selle a été mal entreposée et mal entretenue ;
- l'état des quartiers et des coutures doit être parfait ;
- on s'assurera que l'arçon n'est pas cassé en essayant de plier la selle. Une petite pression sur le pommeau et le troussequin suffit à le vérifier ;
- il faut mettre la selle sur son cheval, pour s'assurer qu'elle s'ajuste à son dos et à son garrot.

Si le cuir devient trop sec comme cela peut se produire après une exposition prolongée au soleil, ou lorsqu'il a subi une pluie diluvienne, il faut procéder à un graissage soigné, mais pas excessif afin de ne pas empêcher le cuir de respirer et de ne pas le ramollir. Graisser un cuir est nécessaire pour lui conserver sa souplesse et l'empêcher de devenir cassant ; trop de graisse le transforme paradoxalement en buvard, car celle-ci a tendance à distendre les fibres.

Vous ferez transpirer la graisse au niveau des quartiers de selle, c'est-à-dire que vous masserez le cuir avec un chiffon doux sur lequel

Faites de même avec votre bel étui de couteau en cuir, pour l'empêcher de se transformer en chaussette dès la première grosse pluie.

Des selles d'un autre type

Les puristes peuvent hurler à l'anathème : la fibre synthétique fait une entrée fracassante dans le monde de la sellerie. Néanmoins les inconditionnels du cuir ne désarment pas, et ce noble matériau a encore de beaux jours devant lui.

Légère et d'un entretien on ne peut plus aisé (il suffit de la laver au jet et elle sèche en

quelques minutes), la selle en fibres synthétiques a l'avantage d'allier la solidité à un prix raisonnable.
En outre, elle supporte les pires intempéries sans aucun problème. Selon le fabricant, elle pèse entre 1,2 et 3 kg, et on la recouvre soit de néoprène, soit de P.V.C. et de nylon, soit encore de mousse composite. L'arçon lui-même peut être fabriqué en fibre à «flexibilité rigide».
On trouve des selles synthétiques pour chaque sorte d'activité équestre, du dressage à l'endurance et à la randonnée. Certaines imitent la selle anglaise, d'autres conservent leur nudité synthétique originelle. Avec la fibre synthétique, la couleur fait son entrée dans le monde de l'équitation : on peut parader, assis sur une selle rouge et noir, vert fluo, ou gris et jaune.
Si les cheveux se dressent sur la tête de certains, d'autres se contentent de sourire, en se disant qu'après tout ce n'est pas la selle qui fait le cavalier !
Toutefois, l'attrait évident de cette selle d'un genre nouveau ne doit pas masquer quelques inconvénients, inhérents aux matériaux synthétiques. Tout d'abord, il n'est pas toujours aisé de réparer un accroc malgré l'emploi de rustines et de colle. Ensuite, le matériau provoque rapidement un certain échauffement désagréable, et il n'a ni la fraîcheur du cuir quand il fait chaud, ni sa chaleur quand il fait froid.
Alors, cuir ou synthétique ? A vous de choisir, sachant que certains cavaliers possèdent les deux types de selles, l'une servant pour les grandes occasions et l'autre pour l'entraînement.
C'est affaire de goût et de moyens. Si vous êtes peu soigneux, ou très pressé, la selle synthétique vous conviendra car son entretien se limite à une bonne douche de temps à autre, mais, si vous êtes amoureux des belles choses, si vous aimez caresser un cuir souple, si vous vous enivrez de son odeur particulière, si vous appréciez à leur juste valeur les longs moments passés à graisser, cirer, nettoyer, polir votre matériel en vous délectant à l'avance du prochain bonheur de la balade, indéniablement, vous opterez pour le cuir...

Le maréchal-ferrant

Disciple de Vulcain, il manie le fer et le feu, frappe l'enclume, nourrit la forge, tord le métal, plante des clous et brûle la corne.
Au XIe siècle, il s'appelait *marescal* en anglo-normand, et n'était qu'un domestique qui ferrait les chevaux. Puis, son nom ayant servi dans l'armée à désigner certains officiers supérieurs, on lui adjoignit le qualificatif de *ferrant* en 1611. A cette époque, il ferrait tous les animaux de bât et de trait, bœufs, vaches ou ânes, aussi bien que les chevaux.
Très ancien, le métier de maréchal-ferrant n'a jamais disparu tout à fait, dans la mesure où, même si les chevaux ont déserté nos campagnes, ils ont continué à évoluer sur les champs de courses. Tout au plus, cet artisan a-t-il changé de mode d'existence : d'artisan de village sédentaire ayant sa forge sous son habitation, il est devenu nomade et se déplace en camionnette, allant d'un centre équestre à l'autre, en passant par quelque écurie de courses, ou quelque domaine privé, proposant ses services aux uns et aux autres.
Ce métier connaît actuellement un second souffle grâce au développement de l'équitation de loisirs. Forge et enclume sont devenues itinérantes, mais sont tout aussi indispensables que dans le temps.
Au cours d'une randonnée, il vous arrivera sans doute d'avoir à replacer un fer qui perd ses clous, aussi devez-vous connaître les rudiments de la maréchalerie, en n'oubliant surtout pas qu'il ne suffit pas de savoir poser un fer ou soigner le pied d'un cheval pour ouvrir une forge et devenir maréchal-ferrant.
Si d'aventure vous êtes tenté par ce métier, il vous faudra suivre un long apprentissage dans le cadre d'une école, puis chez un artisan.

Le pied du cheval

Le dicton stipulant que sans pied il n'y a pas de cheval prend ici toute sa signification, et, comme tous les pieds du monde animal supérieur, celui du cheval doit être à la fois souple et fort. Chez le noble Équidé, la pression qui s'exerce à son niveau est de plusieurs centaines de kilos. C'est dire s'il s'agit là d'un endroit important de son anatomie, qui doit faire l'objet de soins attentifs et permanents. Sécrétée par le bourrelet périodique, la corne de la paroi du sabot pousse de haut en bas à raison d'un centimètre par mois et renouvelle entièrement le sabot en neuf mois. Deux opérations nécessitent traditionnellement l'intervention du maréchal-ferrant : la taille de la corne (le parage), que le cheval soit ferré ou non, et le remplacement du fer quand celui-ci est usé. Un cheval qui travaille raisonnablement use peu ses fers, mais ceux-ci doivent cependant être ôtés pour le parage de la corne, et ce à raison d'une fois tous les mois et demi. En règle générale, l'usure du fer dépend de l'intensité de l'activité du cheval. Le pied devant posséder une certaine souplesse lorsqu'il se pose sur le sol, la fourchette joue un rôle d'amortisseur naturel, surtout quand le sabot n'est pas ferré. La pose d'un fer ne doit pas diminuer cette caractéristique et, dans tous les cas, le maréchal doit tenir compte de la morphologie propre du cheval. C'est-à-dire qu'il ne doit pas négliger ses aplombs, car aucun cheval n'a ceux de son voisin d'écurie, de la même manière que vous n'avez pas les jambes de votre voisin de pallier, ni la même façon de poser votre pied sur le sol que lui. Il en résulte une usure de vos semelles de chaussures différente et, si vous êtes bien dedans, votre voisin y sera sans doute assez mal à l'aise... Il en va exactement de même pour les chevaux. Si, à la naissance, ils ont tous à peu près les mêmes sabots, leurs aplombs sont différents, et leur façon de marcher varie de l'un à l'autre, si bien que leurs sabots ne s'usent pas de la même façon, et que le maréchal-ferrant ne peut adapter le même fer sur tous les chevaux qu'il rencontre, ni parer la corne de leurs sabots de la même manière. Un fer mal adapté peut être la cause de tendinites et de boiterie, et diminuer les capacités physiques de votre monture.

C'est à force de soulever des pieds, et des pieds de chevaux différents, que l'apprenti devient peu à peu maréchal, qu'il se montre capable de percevoir la spécificité d'un aplomb et apprend à parer la corne excédentaire sous l'angle et selon la quantité voulus.

Pour vous, qui ne vous occuperez que d'un cheval, le vôtre, les choses sont plus simples, mais il faut néanmoins apprendre à lui faire lever le pied, et à vous placer par rapport à lui.

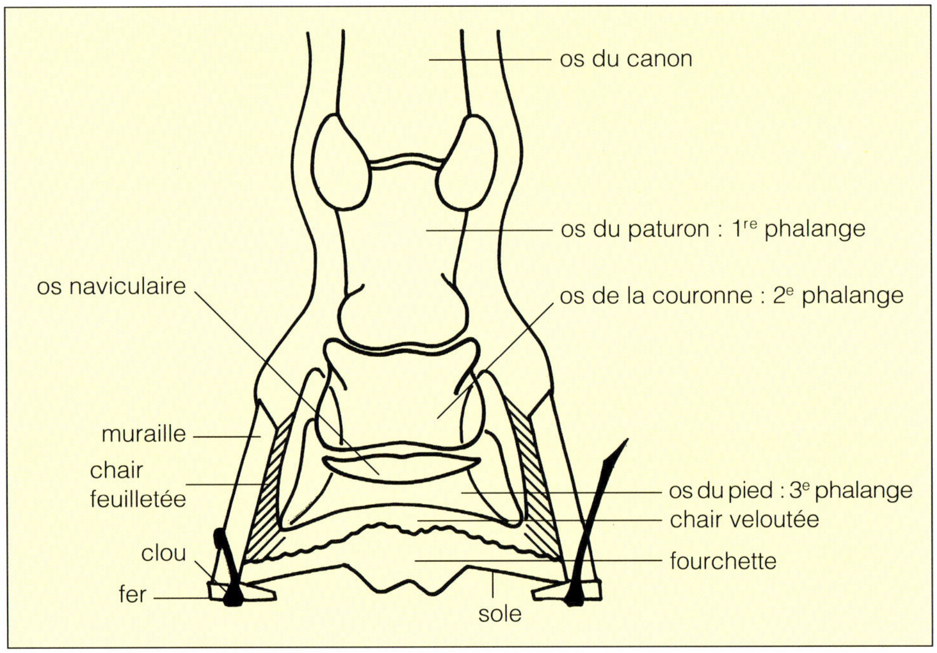

Sur cette coupe anatomique du pied d'un cheval, on notera le bon positionnement des clous de ferrage. En effet, une ferrure mal posée peut faire boiter un cheval. La piqûre est une blessure provoquée par un clou enfoncé dans la chair, que l'on a rapidement retiré (une goutte de sang apparaît sur la pointe). L'enclouure est provoquée par un clou non retiré. Un pied serré par des clous brochés et rivés trop à fond, ainsi qu'une sole chauffée ou brûlée par un fer trop chaud ou resté trop longtemps en contact provoquent à coup sûr la boiterie.

Prenez son pied !

Un cheval passant sa vie dans un box a besoin d'une hygiène plantaire des plus sérieuses, à plus forte raison s'il est ferré, car les corps étrangers, tels que les gravillons, les morceaux de crottin, les débris de paille, s'amassent sous son sabot, empêchant le pied de respirer et dégageant une odeur pour le moins nauséabonde.

D'abord les antérieurs

Placez-vous face à la croupe, du côté de l'épaule droite (pour le pied droit), et laissez descendre votre main droite le long de la jambe, de l'épaule au fanon, pour prévenir le cheval de vos intentions. Attrapez le fanon, et incitez de la voix l'animal à lever son membre, puis glissez votre jambe droite devant le sabot pour coincer le pied entre vos cuisses, légèrement au-dessus des genoux. Décalez tant soit peu l'axe du membre vers l'extérieur, de façon à ne pas avoir à travailler sous le ventre du cheval. Votre intervention terminée, reposez le pied du cheval, et récompensez toujours l'animal par une caresse.

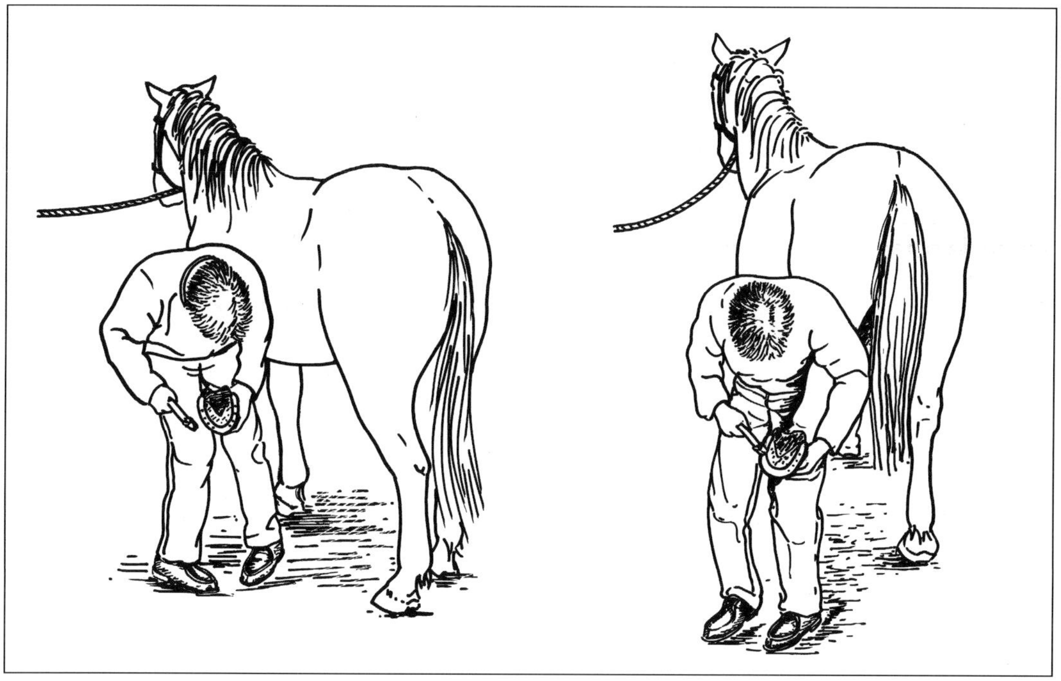

Il est important de bien se positionner pour prendre le pied, antérieur ou postérieur, d'un cheval.
L'apprenti maréchal doit prendre son temps pour réussir à serrer les genoux, tenir le pied du cheval, ajuster le fer, placer le clou comme il faut, et apprendre ces gestes de façon précise. Prendre son temps permet aussi de repérer une anomalie, et le cheval apprécie qu'on ne le brutalise pas.
La ferrure à la française requiert la présence de deux personnes : le maréchal et un aide qui tient le pied directement à la main ou en glissant une sangle autour du calcanéum, puis en la passant sous le sabot.

L'acquisition de ces positions peu naturelles, qui font travailler votre dos, demande un certain entraînement, que vous apporteront les soins quotidiens à donner aux pieds du cheval. Vos débuts seront sans doute laborieux et parfois assez pénibles, mais, une fois que vous aurez acquis la technique, vous n'aurez plus aucun problème. Ne croyez pas que cette opération soit réservée aux hommes, car elle est parfaitement réalisable par une femme. Par contre, déferrer ou ferrer exige, outre une bonne dose de patience, une certaine résistance physique.

Ensuite les postérieurs

Soulever les postérieurs est très impressionnant la première fois. Mais, si le cheval ne bouge pas – à vous de l'habituer progressivement –, vous vous rendrez vite compte que la tenue du pied ne demande guère d'effort .
Placez-vous sur le côté droit face à l'arrière-train du cheval, et prévenez-le de votre approche en lui tapotant légèrement la croupe, puis en descendant doucement la main le long de sa patte. Surtout, évitez de vous appuyez contre lui car, si l'animal sent un appui, il a tendance à s'y reposer. Vous vérifierez facilement ce comportement en exerçant une pression sur le mors : le cheval en profitera pour s'appuyer dessus ; ou encore, si vous prenez appui sur son épaule, il sera ravi de se reposer en s'appuyant sur vous ! Une fois la main au niveau du pied, attrapez la base des fanons, abondants chez les chevaux rustiques, tout en lui demandant de lever le pied. Ensuite, glissez la main droite sous le dessous du pied, et passez votre jambe gauche sous le membre du cheval, en gardant la jambe droite légèrement en arrière. Le pli du paturon se trouve alors au niveau de votre hanche, et le pied du cheval tient pratiquement tout seul, en légère extension vers l'arrière. Les genoux serrés, les pointes des pieds orientées vers l'intérieur, vous pouvez redresser le dos. Pour reposer le pied de l'animal par terre, il vous suffira d'empoigner les fanons et de suivre le mouvement naturel de celui-ci sans le laisser tomber brutalement. N'oubliez pas de récompenser l'animal pour son esprit de coopération par une petite caresse et un mot gentil.

Enlever et remettre un fer

Accorder un peu de repos à son cheval en le laissant au pré est une bonne occasion d'apprendre à le déferrer et, pourquoi pas, à le referrer plus tard. Munissez-vous donc de quelques outils de base, et apprenez les

Le parage est une opération délicate, qui nécessite un bon coup d'œil pour respecter les aplombs des chevaux.

gestes essentiels de la maréchalerie, pour ne pas vous exposer à terminer une randonnée à pied parce que votre cheval aura perdu un fer. Vous aurez donc besoin d'un rogne-pied, d'une mailloche en résine, d'une râpe et d'une tricoise (sorte de tenaille adaptée à la maréchalerie).

Enlever un fer

Si vous voulez déferrer un cheval, la première opération consiste à enlever les clous plantés dans le sabot. Pour cela, saisissez le rogne-pied du côté usagé non tranchant, et redressez les clous (on dit qu'on les dérive) sur la corne, puis coupez-les à ras de la paroi. Posez le bord de la tricoise sur cette pointe coupée, puis donnez des coups de marteau sur le fer : le contrecoup fait remonter le clou que vous pouvez alors ôter. Tenez-vous en à cette méthode, sans tenter de saisir les bords du fer dans une large tenaille après avoir dérivé les clous, et de tirer dessus pour tout retirer en même temps, car vous risqueriez de tordre un fer non usé (qui peut être réutilisé : cette opération de maréchalerie s'appelle un «relevé»), ce qui n'est pas dramatique, mais surtout de tirer exagérément sur le pied du cheval qui pourrait fort bien ne pas apprécier ce traitement, et vous le faire savoir de manière brutale et expéditive.

Parer la corne du sabot

Le cheval déferré, il s'agit maintenant de tailler légèrement la corne avant d'y poser un nouveau fer, ou le même s'il est en bon état. Passez quelques coups de rogne-pied parallèlement à la sole du pied en dessinant des demi-cercles. Sèche et craquelée avant l'opération, celle-ci apparaîtra blanchâtre par la suite. Suivez le dessin de la sole, légèrement concave la plupart du temps. Ensuite, tracez une droite imaginaire dans l'axe pointu de la fourchette jusqu'au bord du sabot : le point de jonction détermine l'emplacement du pinçon du fer. Creusez une petite cavité dont l'aspect rosé déterminera le point limite de la taille de la corne, la couleur rose annonçant la présence de vaisseaux sanguins qu'il ne faut évidemment pas toucher (un peu comme quand vous taillez les griffes de votre chien ou de votre chat). En tenant le rogne-pied parallèlement à la sole, vous commencerez le parage en lui donnant des petits coups de mailloche sur le manche tourné vers l'extérieur. Utilisez les cavités rosées réparties entre la pince et les mamelles comme points de repère pour équilibrer vos coups, et prenez bien garde aux mamelles, toujours plus tendres. Contrôlez votre travail en posant le rogne-pied sur le talon : il doit être perpendiculaire à la fourchette.

Fignoler à la râpe

La râpe sert à affiner le travail du rogne-pied, et elle se passe aussi sur les parois, toujours parallèlement à celles-ci, sans passer sous le pied. Pour cela, tirez le pied du cheval en avant, et déposez-le sur vos genoux (vous serez sous le ventre de l'animal pour un postérieur, et sous l'encolure pour un antérieur).

Ferrer à chaud ou à froid

Le pied est prêt à recevoir un fer et, à ce stade, se pose une question de méthode : allez-vous faire un ferrage à chaud ou à froid ? Tout dépend de l'endroit où vous vous trouvez (on emporte rarement une forge en randonnée...), et du matériel dont vous disposez si vous êtes chez vous. Une ferrure à chaud permet de bien travailler le fer et de vérifier son adaptation au sabot quand on

1 - Détail d'un clou.
Le grain d'orge se place sur le côté interne du fer et sert à faire sortir le clou à l'extérieur du sabot. On choisit la taille des clous en fonction de celle des fers ; le clou adéquat doit pénétrer dans l'étampure jusqu'au collet.

2 - Les différentes parties d'un fer à cheval.
La taille des fers variant d'une marque à l'autre, il est bon de mesurer le pied de son cheval. Pour ce faire, on glisse une feuille de papier sous le sabot et on en dessine le contour ou, encore, on mesure l'écartement entre les bords extérieurs au niveau des éponges.

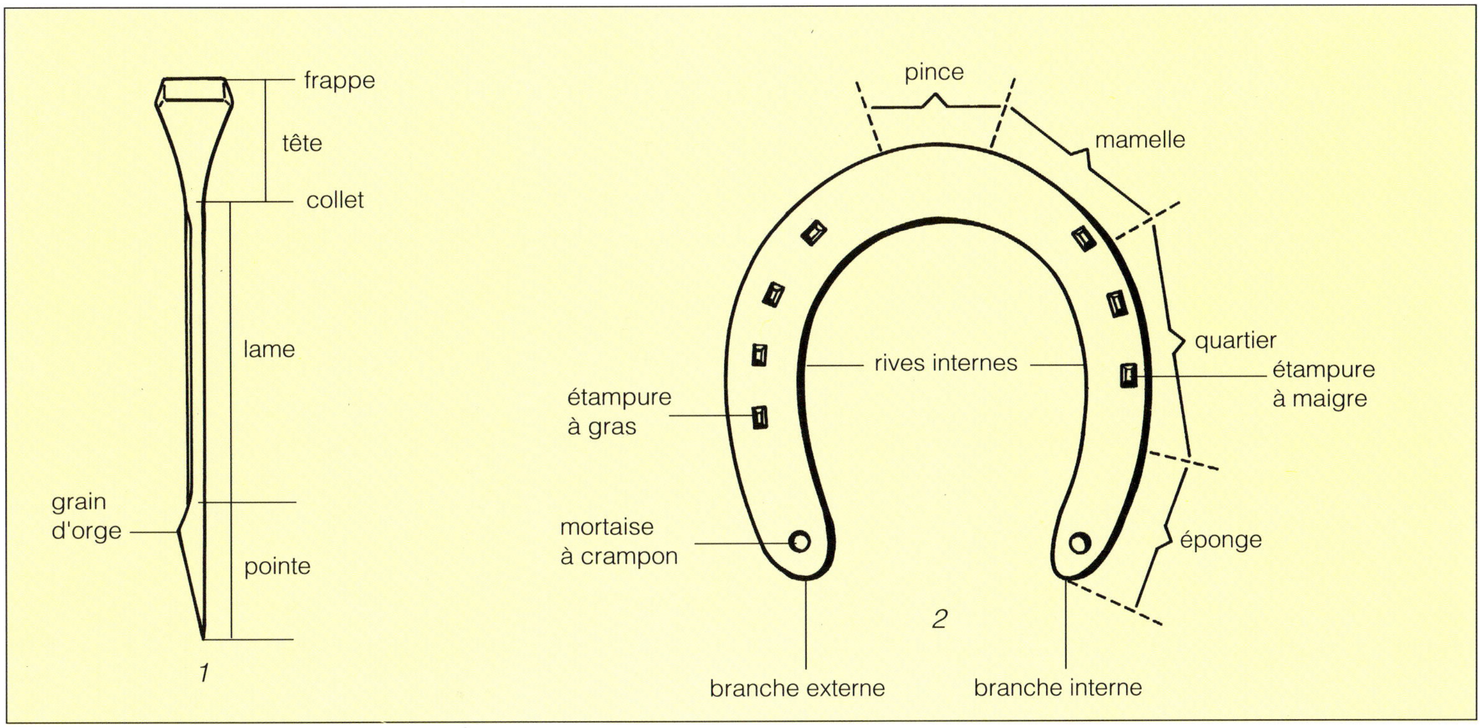

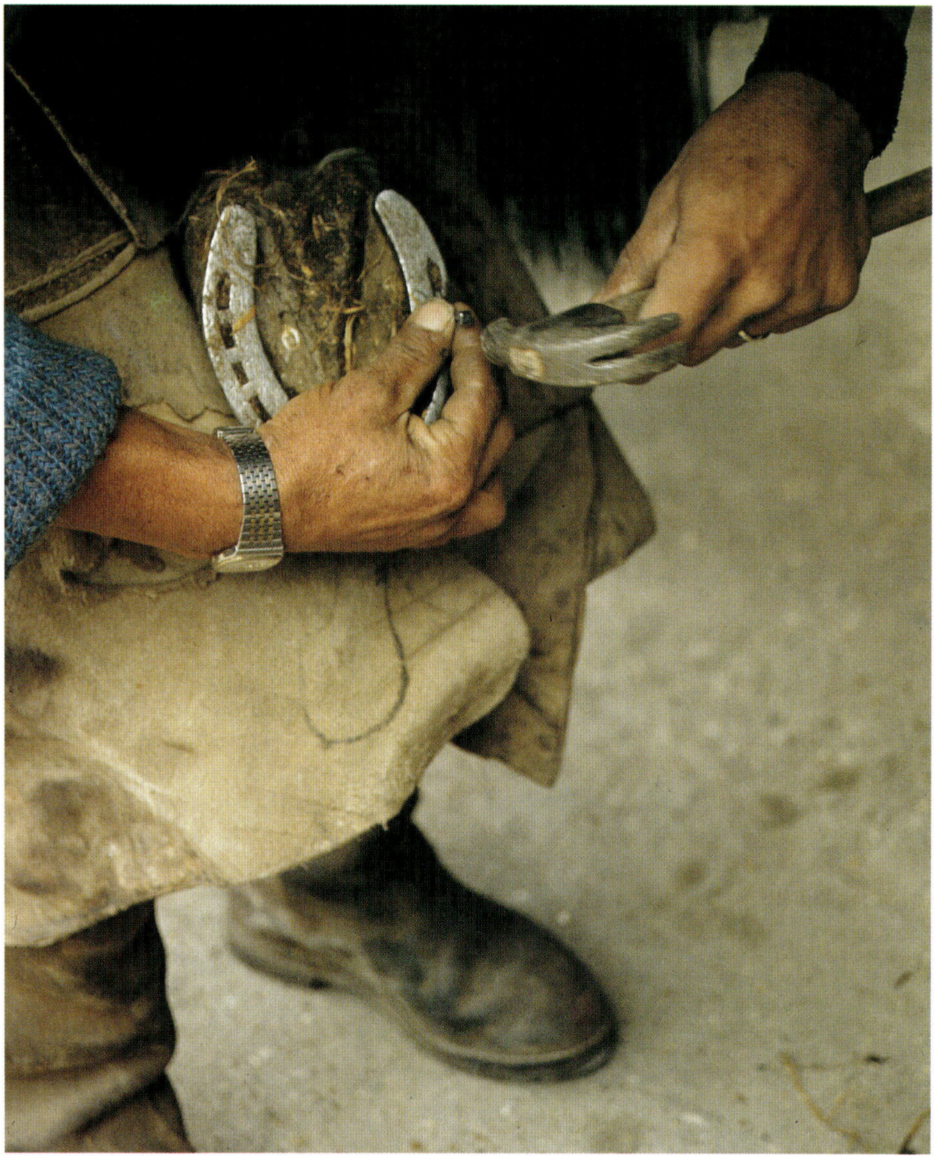

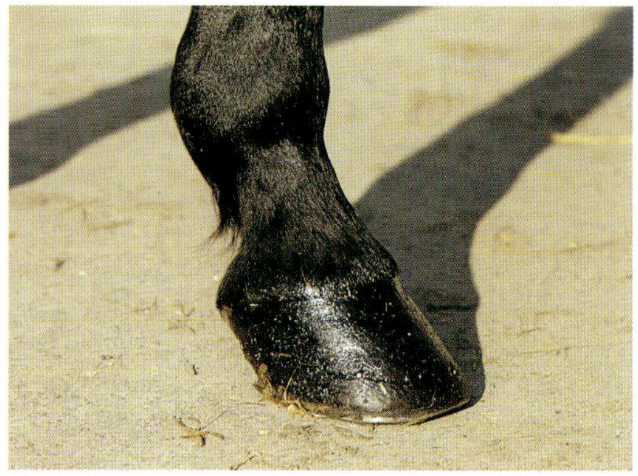

Si la corne d'un cheval est trop sèche, il est utile d'enduire le pied avec de la graisse. L'huile de laurier par exemple favorise la pousse de la corne. Il faut prendre le pied, badigeonner au pinceau la sole, la fourchette, puis les parois extérieures du sabot.

On dit que le fer «cloche» quand il émet un son creux. Il est bon de savoir remettre un clou si l'on veut terminer sa randonnée à dos de cheval.

l'applique sur la corne par les marques qu'il laisse en brûlant celle-ci, mais une bonne ferrure à froid tient tout aussi bien.

Planter correctement les clous

Une fois le fer bien ajusté, dépassant légèrement la corne sur l'arrière, laissant un peu de garniture et ne serrant pas le pied du cheval, il faut planter le premier clou. Selon la pointure, vous choisirez telle ou telle taille de clous, mais méfiez-vous des différences entre les marques de fers, car leurs cotes ne sont pas forcément les mêmes. En tout état de cause, un clou ne doit pas trop dépasser de l'étampure, ni disparaître dans celle-ci. Placez le grain d'orge face à l'intérieur du pied, puis plantez le clou entre la ligne blanche et la paroi. Les premiers coups de marteau vous donneront une indication sur la sortie du clou, qui se situe généralement vers le tiers inférieur du sabot. En poussant sa tête vers l'extérieur, vous le ferez ressortir plus haut, et inversement si vous désirez le voir apparaître près du fer. Dès qu'un clou est enfoncé, retournez-en la pointe afin d'éviter de vous blesser, puis sectionnez l'excédent de métal et rivez le clou, de façon à serrer plus fermement le fer sur le sabot. Pour ce faire, calez la tricoise sur la pointe recourbée en suivant un mouvement de bas en haut, pendant que vous frappez la tête du clou avec la mailloche : la pointe sectionnée s'écrase sur la tricoise en se rabattant sur la corne.

Il existe des pinces à river américaines, dont l'emploi est controversé, certains affirmant qu'un rivetage traditionnel augmente la pression du clou et l'empêche de prendre du jeu quand l'usure le fait pénétrer dans l'étampure. De même, les adeptes du rogne-pied n'utilisent jamais la pince à parer, trop coupante, et qu'il faut utiliser avec doigté pour éviter tout excès de parage.

Vérifier que le cheval est bien ferré

Un petit coup de râpe final ayant arrondi la corne, voilà le cheval ferré, et il est bon de vérifier qu'il ne boite pas en le faisant trotter. Un excès de parage, un pied trop serré ou

une enclouure (clou planté dans les chairs vives) entraînent des boiteries. Dans le cas de l'enclouure (on dit qu'on a piqué le cheval, ou que celui-ci est encloué), il faut retirer le clou immédiatement et asperger la blessure d'un bon désinfectant (liqueur de villate), pour soulager l'animal et prévenir tout risque d'infection grave.
Cela dit, avant de vous lancer dans la maréchalerie, nous ne saurions trop vous conseiller d'observer et de questionner un maréchal-ferrant, puis de faire vos premières armes en présence d'une personne compétente. En outre, participer à un stage de maréchalerie vous apportera les bases élémentaires de cet art, indispensables en randonnée, sans toutefois faire de vous un artisan confirmé.

Le charron

Qui n'a jamais rêvé en regardant une vieille voiture à cheval au beau milieu d'une cour de ferme, ou perdue au fin fond d'une grange, enfouie sous la paille et servant de repaire aux rats ou à une famille de fouines ? Pas grand monde certes, mais sait-on que sa fabrication était le fait d'un seul homme, un artisan à part entière, le charron ?
Le charron tel qu'il existait autrefois a pratiquement disparu de France, car son activité ne fait plus appel, aujourd'hui, aux matériaux d'antan. Mais les fabricants de voitures hippomobiles ont encore de beaux jours devant eux, si l'on s'en réfère à la diversité de leurs stands dans les Salons spécialisés, tels que celui du Poney et du Cheval de Paris, Cheval Passion en Avignon, le Salon de l'Agriculture et les grandes foires.

Autrefois

Dans les villages et les bourgs, le charron avait pignon sur rue tant son métier était indispensable à la vie locale. C'est lui en effet qui fabriquait les voitures. Il était capable de les réaliser d'après un plan, ou à partir de voitures traditionnelles telles que les tombereaux ou les jardinières. Travaillant le fer autant que le bois, le charron construisait un véhicule de bout en bout.
Il était capable de choisir son bois sur pied, de déterminer l'époque à laquelle il devait être coupé, généralement en hiver, selon une lunaison ou une incidence météorologique tenue secrète. Ensuite, il le stockait soigneu-

Comme les éperons, la cravache fait partie des aides artificielles qu'il ne faut pas utiliser à tort et à travers, ni à tout instant.
On peut de nos jours fabriquer fouets et cravaches en nylon ou en fibre de verre, mais la matière traditionnelle est le bois de micocoulier, arbuste rare poussant au sud de Perpignan sur le mont des Albères. Ce bois a la particularité de pouvoir être tordu et tressé à la vapeur et de conserver une bonne flexibilité après cette opération.

Jadis, un jeu de clefs était remis à l'acheteur d'une voiture hippomobile, car il n'y en avait pas deux identiques. De nos jours, la standardisation des véhicules et de l'outillage simplifie la vie du réparateur.

sement pour enfin le débiter à la date voulue, et le façonner selon ses besoins techniques. Il utilisait le hêtre, l'acacia et le frêne, et chaque essence avait un emploi déterminé en fonction de sa robustesse et de son aptitude à être travaillée. Le charron entretenait un feu d'enfer au moment de faire rougir les bandages métalliques qu'il posait tels quels sur la roue pour lui donner sa cohésion, sans pour autant faire éclater le bois, ni le brûler à cœur. Du grand art, que plus personne ne pratique, à part quelques anciens qui tentent de perpétuer les techniques d'antan. Et pourtant, la fabrication des roues fait l'objet d'une demande sans cesse croissante, à la fois pour l'attelage de loisir (roulottes, chariots bâchés, restauration de voitures anciennes) et pour la compétition.

Aujourd'hui, l'âge du fer

Tout le monde s'en est aperçu, le temps des tombereaux lourdement chargés, tirés lentement par de puissants Percherons, est bel et bien révolu. Et, pour l'attelage d'aujourd'hui, les voitures anciennes ne conviennent pas forcément. Les attelages de loisirs intéressent les passionnés de balades à travers bois et campagnes, durant lesquelles les voitures sont durement sollicités. Souvent assez chargées, celles-ci supportent mal une allure un peu rapide du cheval, et les passagers souffrent quelque peu des secousses provoquées par une suspension trop raide, ou du bruit infernal dû au roulement des bandages métalliques. Bref, si le charme des balades en voiture attelée est réel, certaines de ces voitures ne conviennent qu'aux voyages tranquilles de courte durée, et la douce atmosphère du passé n'a pas que des avantages.
Aussi, pour répondre aux besoins actuels de confort et de vitesse, oriente-t-on les recherches vers des véhicules bien conçus, maniables, et dotés de systèmes empruntés à l'industrie automobile.
De même, la compétition, qui est à l'attelage de loisir ce que le rallye automobile est à la promenade en voiture de monsieur tout le monde, a profondément modifié la conception et la construction des véhicules hippomobiles. C'est un banc d'essai intéressant pour les charrons et les meneurs modernes.
Qu'il fabrique des voitures modernes ou des copies de modèles anciens, le charron d'aujourd'hui travaille surtout le métal. Le bois a disparu des structures essentielles, et n'est plus qu'un élément de décoration. Les nouvelles voitures d'attelage garantissent sécurité et confort, pourvu que l'artisan s'attache à employer un métal de qualité et à réaliser les soudures les plus fiables.
Tractée, coincée entre deux arbres, tordue, détordue, renversée, retournée, secouée, cognée, menée durement et à vive allure, une voiture de compétition a la vie rude. Son rendement et le confort des passagers, autant que celui du cheval sont grandement améliorés par une suspension à ressort ou à lame, une ossature métallique, des roues renforcées et gainées de caoutchouc, un frein à tambour actionné par une pédale située à côté du meneur. La peinture elle-même bénéficie de la technologie automobile : les voitures de concours sont désormais peintes à haute température.

Le point de vue de l'acheteur

Avant de vous lancer à la conquête des reliques jalonnant nos campagnes, il est bon de définir vos besoins. Cherchez-vous un attelage à un ou à deux chevaux, allez-vous sortir souvent ou occasionnellement, allez-vous faire des défilés, de la compétition, ou des randonnées ? Sachez que c'est seulement dans le cas où vous envisagez des promenades tranquilles en campagne que vous pourrez utiliser sans problème une voiture ancienne.
En tout premier lieu, regardez attentivement les roues, et principalement les parties cachées, enfouies dans la terre ou dans l'herbe, et qui, ayant subi une humidité quasi constante, peuvent être piquées de vers, et ne plus avoir que le bandage métallique. Une telle roue n'est pas une bonne affaire : il faut compter entre 2 000 et 3 000 FF pour la refaire. Vous pouvez alors tenter de la réparer, ou d'adapter des roues de voiture à essence. Dans ce dernier cas, votre voiture n'aura pas la même hauteur, et le cheval devra déployer de plus grands efforts pour la tracter. En effet, plus le diamètre de la roue

est grand, plus l'effort de traction s'en trouve diminué, et inversement. Vérifiez également l'état du bois de la caisse, des brancards ou du timon.
Enfin, et ce n'est pas là le détail le moins important, il faut que la voiture de vos rêves s'adapte à votre cheval. Il faut songer que les voitures anciennes étaient conçues pour de forts chevaux, et que celle que tirait un Percheron ne convient pas à un cheval de Mérens.
Quant aux voitures récentes, le marché en propose toute une gamme destinée à différents usages, dont le prix varie de 5 000 FF pour une voiture à un cheval à 50 000 FF ou plus pour des attelages plus imposants. Ce prix évolue en fonction de l'usage, une voiture de compétition pouvant coûter plus cher qu'une simple voiture de randonnée, et du stade de fabrication, certains charrons proposant des châssis nus que l'on complète par la suite à son gré.
Enfin, les charrons proposent parfois des véhicules d'occasion, dont le rapport qualité prix est intéressant, mais il faut tout de même vérifier l'état général, le jeu des essieux et la structure de l'ensemble. Et, si vous n'êtes pas expert en la matière, faites-vous accompagner d'une personne compétente en métal et en soudure. Ne vous emballez pas non plus pour le premier véhicule rencontré, mais passez-en plusieurs en revue avant d'acheter.

La garde républicaine

Corps à part entière de la gendarmerie, la garde républicaine est l'unique vestige de la cavalerie militaire et de la monte à la française.
Elle est elle-même subdivisée en secteurs précis, dont l'un est motorisé et accompagne l'escorte présidentielle, l'autre formant la garde à cheval, à laquelle plusieurs fonctions ont été attribuées, et dont le défilé du 14 juillet n'est pas l'unique prestation.

La garde ne meurt pas !

Chevaux et gardes sont répartis dans trois casernes de la région parisienne, la plus importante étant située au cœur de Paris, sur le boulevard Henri-IV. Là, l'escadron met au point et répète des carrousels qui ont acquis une réputation mondiale de qualité et de précision.
Certains officiers y pratiquent une équitation poussée de Basse et de Haute École, digne du général L'Hotte, ainsi que le travail aux longues rênes dans la plus pure tradition française.
Non loin du château de Vincennes, la deuxième caserne est principalement occupée par des cavaliers qui se consacrent à la compétition. Ayant atteint un bon niveau d'équitation, les gardes de cette section montent et travaillent les chevaux en vue des concours équestres où ils font toujours une prestation remarquée.
Enfin, la caserne de Saint-Germain-en-Laye pratique l'initiation et le perfectionnement des futurs gardes à cheval . On s'occupe aussi dans cette caserne du débourrage de l'ensemble des chevaux de la garde et de l'entraînement de Pur-Sang de course, qui iront courir sur les hippodromes, montés par des jockeys-gardes en tenue militaire.
Désireuse de ne pas rester à la traîne des grands courants de l'équitation moderne, la garde républicaine s'est adaptée en diversifiant ses activités. Elle assure la surveillance de certaines forêts domaniales comme Chambord et Compiègne, ainsi que des bois de Boulogne et de Vincennes. Les rondes quotidiennes effectuées par les cavaliers ont pour but de veiller à la sécurité des promeneurs et à la protection du milieu afin d'éviter le saccage des arbres et le braconnage du grand gibier.

Un accès difficile

Exclusivement réservée aux hommes, l'inscription au corps de la garde républicaine peut se faire avant ou après le service militaire, auprès de la gendarmerie locale.
N'y entre pas qui veut. Il faut avoir un minimum de connaissances équestres et subir une enquête de moralité.
Chaque année, on recrute une cinquantaine de gardes, et une dizaine d'auxiliaires peuvent effectuer leur service national au sein du corps. Pour les cavaliers de haut niveau

appelés sous les drapeaux existe une section de compétition, mais les places sont rares. Elles sont encore plus rares pour ceux qui se voient déjà tout de noir vêtus, effectuant la courbette et la croupade, car seuls quelques officiers et sous-officiers de carrière, triés sur le volet et d'un très haut niveau équestre, peuvent prétendre entrer un jour au prestigieux Cadre Noir de Saumur.

Quand revient le cheval de trait

Comment imaginer que le cheval de travail d'hier puisse encore trouver quelque raison d'être aujourd'hui ? Pourtant, il sort peu à peu d'un oubli que personne n'a jamais vraiment voulu ni admis, et s'il ne remplace pas le tracteur, sauf dans certaines exploitations

A l'exception des sections de courses et de concours hippiques, la remonte de la garde républicaine est constituée de Selles Français alezans, bais et bai-brun.

Tirer des grumes demande un gros effort au cheval (et aux hommes !), si bien que même un puissant cheval de trait demande un certain entraînement pour s'acquitter de sa tâche.

marginalisées, il peut en revanche devenir un bon complément de celui-ci. Il a pour lui de ne jamais tomber en panne s'il est bien soigné, de préférer le foin au pétrole, et de respecter l'environnement !

Le grand retour

Sous l'impulsion de quelques agriculteurs, les gros chevaux de trait tendent à redevenir ce qu'ils étaient, c'est-à-dire très utiles dans bon nombre de travaux des champs. Image bucolique, certes, mais non dénuée d'un certain réalisme. Travailler avec un cheval revient à choisir un certain mode de vie, loin du bruit des moteurs et à l'abri des endettements ruineux dus au coût des machines et des installations agricoles. Par ailleurs, il faut savoir que le cheval fait merveille dans les vignes et les lopins de terre, ou pour le travail maraîcher. Quant à son utilité dans les gros travaux, elle peut être démontrée dans le débardage forestier qui devrait pouvoir lui offrir une place d'honneur.

Où l'engin casse, le cheval passe

La France, qui possède le plus grand massif forestier d'Europe, importe paradoxalement

la plupart du bois dont elle a besoin. En fait, l'exploitation de notre patrimoine vert est rendue difficile par le morcellement des parcelles en propriétés privées, qui se partagent la plus grande étendue du massif. L'entretien médiocre des forêts privées ne va pas sans poser quelques graves problèmes, dont les incendies toujours spectaculaires et tragiques en raison de la difficulté d'accès sur les lieux. L'entretien de ces forêts, aux pentes souvent fortes en montagne, entraîne des frais importants par rapport au volume de bois qu'on peut en tirer. Ainsi, la création d'une piste forestière de débardage représente un coût élevé, sans pour autant respecter l'environnement (chemins défoncés et impraticables, ornières, saccage du sol et des arbustes environnants, trouées béantes opérées à travers bois...).
Le cheval, lui, ne nécessite pas l'ouverture de chemins de débardage, et son action ne nuit en rien à l'environnement. Il débarde là où les engins n'ont pas accès, sur les déclivités importantes, dans les plantations serrées. L'éclaircissage des plantations est justement l'activité où sa rentabilité n'est pas contestée, car il passe aisément entre les lignes d'arbustes, tire deux ou trois grumes à la fois jusqu'au chemin carrossable, sans avoir besoin qu'on lui en ouvre un autre pour accéder aux arbres. Trois bûcherons peuvent travailler avec un seul cheval.

Prendre la mesure du collier de travail

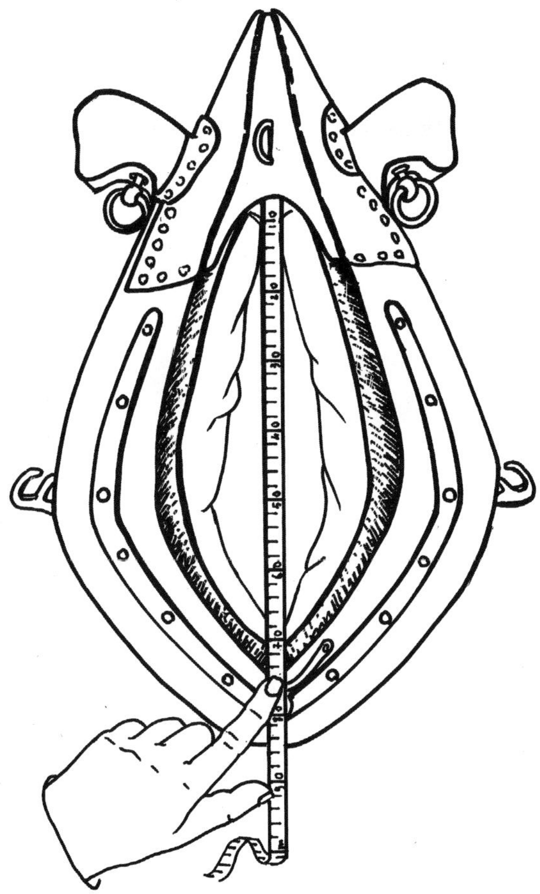

Le collier de travail est la pièce maîtresse du harnachement d'un cheval de trait, car le rendement de celui-ci, assuré par la puissance des épaules, est nettement supérieur à celui obtenu lorsque le cheval porte une bricole qui fait travailler le poitrail. Autrefois, chaque cheval possédait un collier à sa taille. Aujourd'hui, pour trouver le collier adéquat, il est nécessaire de prendre la mesure de l'encolure du cheval, puis celle du collier.

La puissance tranquille

Pour accomplir son travail dans les meilleures conditions, le cheval de débardage demande un dressage sérieux, dont la première nécessité est le débourrage à l'attelage. En cours de dressage, l'usage de la voix est tout aussi important que celui de la chambrière car, sur le terrain, il est capital de pouvoir arrêter son cheval sans le tenir.
S'il marche trop vite, il doit pouvoir ralentir à la voix, et ne pas être pris de l'envie de rentrer à l'écurie en tirant les grumes derrière lui. Énergique et tonique, il doit pouvoir enlever les grumes qui se prennent dans les souches et les arbres, monter droit face à la pente ou retenir un poids énorme qui le pousse vers la pente. Peu enclin à l'affolement, supportant le bruit incessant des tronçonneuses qui vrombissent autour de lui et le fracas des arbres qui s'abattent aux alentours, tirant des billes de bois très lourdes, le cheval de débardage est un père tranquille doué d'une force hors du commun. Bien dressé, il amène son chargement en un lieu précis, attend patiemment que les hommes aient détaché les chaînes pour le libérer des grumes, en profite pour reprendre son souffle, puis repart paisiblement sur la piste sinueuse à travers la forêt jusqu'au point de débardage. Pour arracher les grumes du sol et les tirer lentement mais sûrement il arc-boute le dos, puis propulse en avant sa masse imposante de muscles. Infatigable, s'il prend son temps, c'est pour utiliser ses forces à plein rendement et ne pas les épuiser en tirant à hue et à dia. Lent, puissant

Malgré la légende, l'âne est doté d'une remarquable intelligence. Présenté ici, le baudet du Poitou au long pelage brun a bien failli disparaître, mais il renaît peu à peu grâce aux efforts des Haras nationaux et de quelques éleveurs passionnés.
Jadis, on l'utilisait pour créer les excellents mulets (croisement d'un baudet étalon et d'une jument muletière) aux remarquables qualités de bât ou de travail, notamment en montagne. Doué de la force du cheval, le mulet avait la résistance, la sobriété et surtout la sûreté de pied de l'âne. Le bardot, quant à lui, est le rejeton d'une ânesse et d'un cheval.

et courageux, il travaille sans relâche en sachant profiter du moindre instant de repos, sans jamais renâcler. Enfin au-delà de ses qualités, il y a sa présence qui, pour le forestier, est sans comparaison avec celle d'une machine.

Bon pour le débardage

Parmi les nombreuses races françaises, celles qui semble être les plus aptes à s'acquitter de cette tâche correspondent au type dit de trait léger, comme le Comtois et le Trait Breton. Or, les Haras nationaux ont jusque-là privilégié la sélection des chevaux lourds de boucherie, trop gras, à l'ossature trop forte, et ayant des problèmes de pieds et de résistance dus à leur poids. Toutefois, les temps changent, et les instances officielles sont en train de réviser leur politique. Le cheval de trait renaît en partie grâce au tourisme équestre. Pourquoi ne renaîtrait-il pas grâce aussi à son activité originelle : le travail des bois et des champs ?
Si le débardage à cheval connaît un certain renouveau depuis quelques années, cette activité est surtout cantonnée dans certains massifs de moyenne montagne comme le

Morvan, les Vosges, les Ardennes ou le Jura, grâce à une prise de conscience collective des propriétaires et des organismes officiels tels que l'Office national des forêts, les parcs naturels régionaux, les Haras nationaux, ou les associations pour la préservation des races et de la traction animale. Or, y a-t-il si peu de forêts domaniales ou communales exploitables par des chevaux sur le territoire français ? Aucunement. Presque toutes le sont, et il suffirait que les esprits changent tant soit peu, et que les intérêts économiques évoluent, pour que cesse le ravage des forêts par les engins mécaniques et que revivent des races qui nous rendirent autrefois d'inestimables services.

Docteur en chirurgie dentaire équine

Si les humains ont besoin de se faire soigner les dents, les chevaux n'échappent pas à la règle, et la visite d'un dentiste équin pourra bien souvent les soulager de maux dont on ne soupçonne pas l'origine.

Quand le cheval a mal aux dents

Le cheval est un herbivore : ses lèvres sensibles choisissent l'herbe qui sera coupée par les incisives et broyée par les molaires. Les mâles possèdent de petites canines qui ne servent à rien. Les juments affublées de telles canines sont appelées bréhaines (on les dit stériles selon une croyance ancienne, bien qu'elles poulinent généralement).
Les différents composants de la dent évoluent au cours de la vie du cheval : l'ivoire tend à combler la cavité pulpaire, la couronne s'use aux extrémités par frottement et la racine pousse à la base à raison de trois millimètres par an, compensant l'usure de la couronne. En fait, les molaires ne s'usent pas toutes avec la même régularité. Des surdents peuvent en outre apparaître au niveau des molaires, blessant les joues et la langue. Si mince que soit un surdent, il indispose le cheval au même titre qu'une carie ou une dent cassée nous font souffrir.
Affligé de maux de dents, le cheval a des attitudes alimentaires significatives. Comme il ne peut pas broyer correctement son foin ou ses granulés, il assimile seulement une partie des aliments, et son état physique se dégrade peu à peu. Vous pouvez lui donner tout le vermifuge que vous voulez, ou augmenter sa ration, rien n'y fait, car son mal est ailleurs. Surveillez donc sa façon de mastiquer. Agit-il avec lenteur et difficulté, rejette-t-il ses aliments, sa bouche dégage-t-elle une mauvaise odeur ? Si oui, il y a fort à parier qu'un mal de dents est la cause de son malaise. Une blessure provoquée par un surdent ne peut guérir, puisqu'elle est sans cesse réouverte et réinfectée, provoquant une odeur nauséabonde.
Saisissez la langue, et maintenez-la sur le bord de la bouche pour en inspecter l'inté-

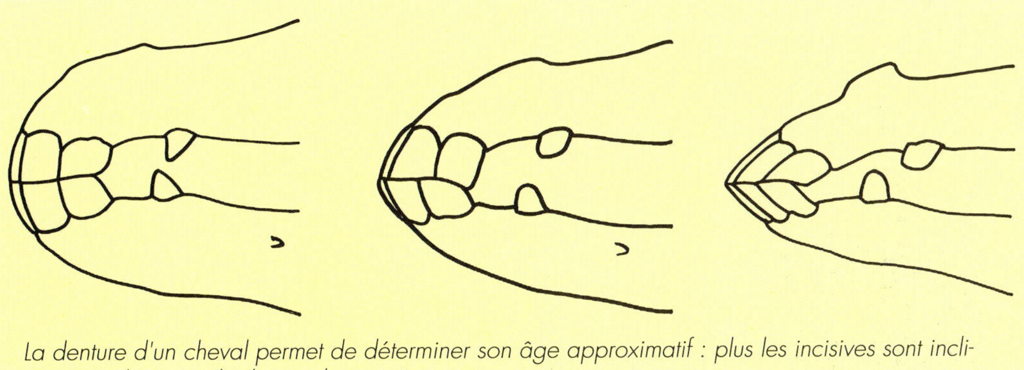

La denture d'un cheval permet de déterminer son âge approximatif : plus les incisives sont inclinées vers l'avant, plus l'animal est âgé.
Par ailleurs, son année civile commence le premier janvier, et chaque année une lettre de l'alphabet détermine le nom des poulains : C pour 1990, D pour 1991, E pour 1992...

Un cheval a sa denture définitive à l'âge de cinq ans : quarante dents pour un mâle entier et trente-six pour une jument qui n'a pas de canines. S'il est aisé d'observer les incisives (schéma ci-desous), on utilise un appareil de contention dentaire pour inspecter molaires et prémolaires, et pour limer les surdents au moyen d'une râpe dentaire.

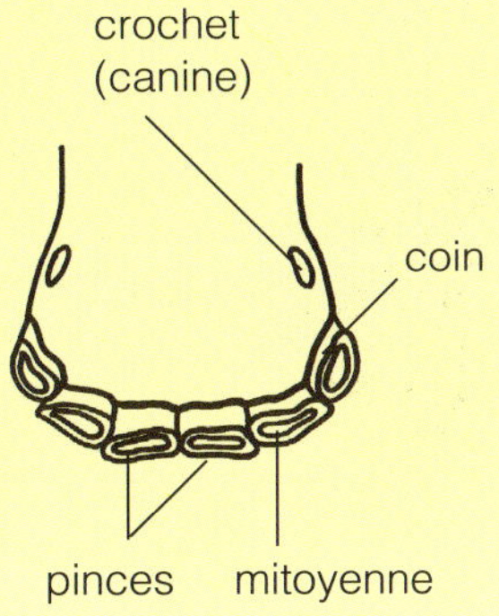

On pratique l'insémination artificielle depuis peu en France, principalement sur les chevaux de courses et de concours. Cette technique vouée sans doute à un avenir florissant demande une gestion très rigoureuse des réservoirs génétiques mis ainsi à la disposition des éleveurs.

rieur de façon à déceler une éventuelle anomalie des muqueuses, et vérifier si les aliments s'agglutinent sur les molaires du fait d'un broyage défectueux.

Des soins nécessaires

L'usure des dents d'un vieux cheval nécessite généralement des soins annuels, prodigués soit par un dentiste équin, soit par le vétérinaire, soit encore par le maréchal-ferrant.

En fonction des soins à donner, le dentiste équin place un appareil de contention destiné à maintenir ouverte la bouche du cheval et utilise une râpe ou une roulette électrique pour meuler les excroissances ou les défauts d'usure.

Il est peu probable que le cheval apprécie le mouvement de la râpe et le contact de la roulette, ni leur bruit amplifié par la bouche qui fait office de caisse de résonance. Si l'animal bouge trop lors de l'intervention, il faudra lui placer un tord-nez, sorte de corde enserrant les naseaux, fixée à un bâton, et créant une douleur telle que l'animal s'immobilise. Utilisez cette méthode barbare avec précaution, et seulement si votre cheval n'accepte absolument pas la roulette.

Heureusement, de nombreux chevaux se laissent limer les dents sans broncher, mais peut-être aussi le vétérinaire peut-il administrer un calmant à l'animal avant de commencer le meulage.

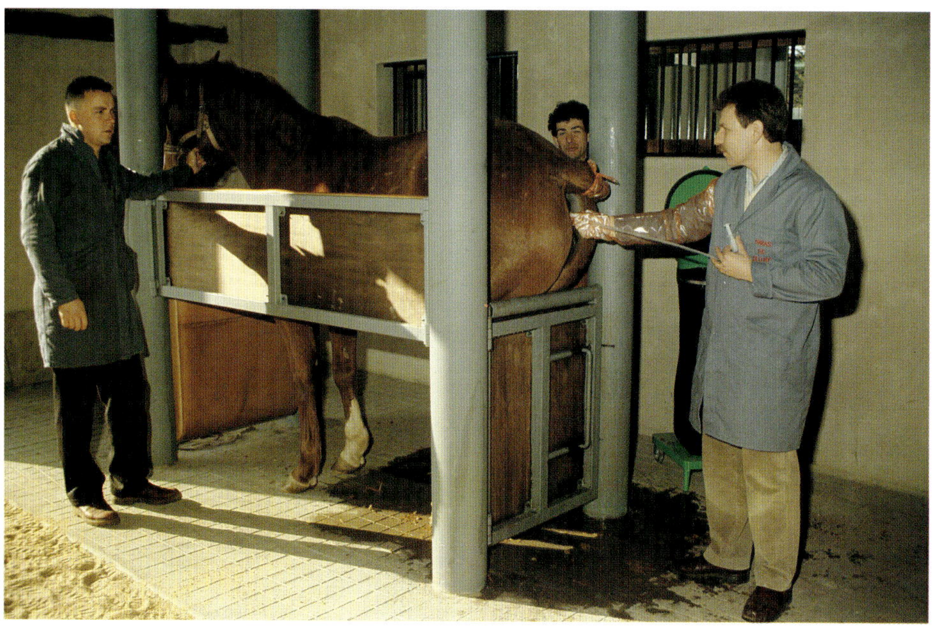

L'insémination artificielle

Cette technique, qui consiste à introduire artificiellement du sperme dans l'utérus de la future mère, a été mise au point il y a plusieurs années avec succès chez les bovins et commence à être relativement maîtrisée dans le monde du cheval. Son usage relativement nouveau chez les chevaux de sport laisse présager un essor non négligeable, mais elle pose le problème de la gestion d'un capital génétique donné.

Une récolte pleine de promesses

La récolte du sperme d'un étalon s'obtient naturellement avec une jument en chaleur, ou avec un leurre, c'est-à-dire un mannequin en forme de croupe de jument, réglable en hauteur. Le pénis pénètre un vagin artificiel constitué d'une gaine en caoutchouc gonflée par de l'eau à 37 °C, température optimale pour satisfaire l'étalon. Cette gaine doit bien évidemment être d'une propreté absolue pour éviter toute contamination possible par des micro-organismes pathogènes.

Un étalon produit environ 50 millilitres de sperme, contenant de 50 à 300 millions de spermatozoïdes par millilitre, dont la longévité à température ambiante est de 24 à 48 heures. Éphémères instants de vie pour la précieuse semence, éphémère également le temps d'intervention de l'homme pour préparer le sperme avant conservation. Une fois que sa qualité a été testée, celui-ci est filtré, puis centrifugé. On nourrit alors les spermatozoïdes, et on les place sous antibiotiques pour écarter tout risque de contamination.

Si l'on doit utiliser le sperme dans les 24 heures, on le réfrigère à 4 °C, mais si son emploi est prévu dans les mois ou les années à venir, on le congèle dans l'azote liquide à – 196 °C, pour le réchauffer progressivement lors de l'insémination de la jument. La quantité de semence recueillie en une seule fois, émanant d'un seul étalon, peut permet-

TRANSFERT D'EMBRYON

Encore au stade expérimental, mais en passe de devenir la technique de demain, le transfert d'embryon fait l'objet de recherches poussées dans le monde entier. On prélève l'embryon une dizaine de jours après la fécondation et on le transfère à une mère porteuse. Ainsi, une jument de grande classe va produire des poulains sans les porter, ni pouliner. On a vu par exemple une ânesse accoucher, non pas d'une souris comme la montagne, mais bien d'un zèbre, ou encore une jument de trait être suitée d'un poulain de course aux origines prestigieuses.

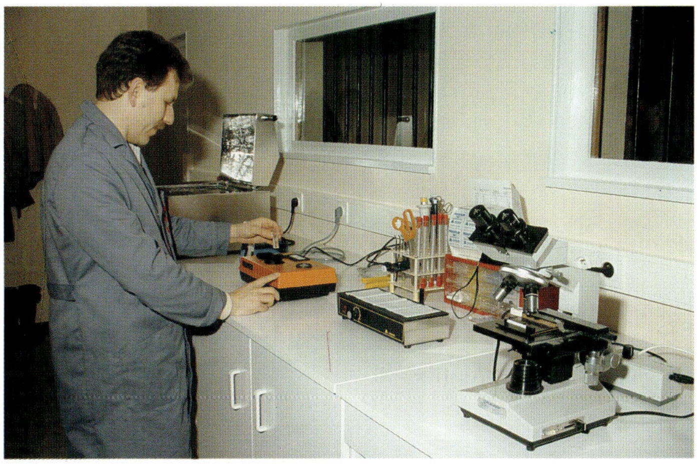

Que ce soit en laboratoire privé, dans les écoles vétérinaires ou à l'INRA, les chercheurs travaillent aussi bien sur l'alimentation du cheval, sur la reproduction, sur les maladies, ou encore sur le transfert d'embryon.

tre de féconder une trentaine de juments, d'où l'intérêt de cette technique.
Autre avantage : quand on a affaire à un étalon âgé, on le sollicite moins souvent, ce qui retarde d'autant sa baisse de fécondité. De plus, s'il vient à mourir, son potentiel génétique est conservé, à la disposition des éleveurs intéressés.
Quant à l'inséminateur, il peut se déplacer facilement d'écurie en écurie, avec ses fioles et ses paillettes. En suivant les règles de base de l'hygiène, on évite notamment les métrites infectieuses, toujours possibles chez la jument quand elle est saillie par un étalon, et on permet à celles dont le col de l'utérus souffre de malformation d'être fécondées, puisque la sonde y dépose directement le sperme.

Espérances et dangers

En matière d'élevage, les mentalités sont appelées à évoluer, car la valeur accordée à un étalon très coté ne doit pas occulter les qualités d'un autre reproducteur. En effet, qui n'aimerait posséder une jument d'Idéal du Gazeau, d'I Love You ou d'Ibrahim ? Et que dire de ce qui pourrait se passer avec la semence congelée d'un certain «Roi fainéant» nommé Ourasi, quadruple vainqueur du Prix d'Amérique, cheval au palmarès hors du commun, qui vient tout juste de se retirer des champs de courses, pour ne se consacrer désormais qu'à la reproduction...? Mais le danger de telles pratiques tient au fait que les races, marquées par l'empreinte de quelques étalons seulement, risquent de perdre leurs caractères : diversité des origines, des modèles, absence de consanguinité.
Certes, il est probable que l'aube du XXIe siècle et du troisième millénaire réunis soit celle d'une nouvelle démarche de l'élevage, dans laquelle les hommes en blouse blanche vont bousculer les habitudes et chambouler les mentalités. Le meilleur comme le pire peuvent naître de ces manipulations d'éprouvettes. A l'homme d'être vigilant.

Quand le cheval est malade

Que vous soyez cavalier, palefrenier, éleveur ou maquignon, vous serez sans doute un jour obligé de vous transformer en infirmier, ou tout au moins en secouriste, en attendant l'intervention du vétérinaire. Aucun cheval, si bien traité soit-il, n'est à l'abri d'un possible ennui de santé. Même le poney le plus rustique, le plus robuste, habitué à vivre à la dure par tous les temps, tombe parfois malade. Chez vous, le vétérinaire peut intervenir rapidement, mais, lors d'une randonnée solitaire par exemple, vous devez œuvrer vous-même. Car si une maladie s'annonce généralement par des signes avant-coureurs, vous laissant le temps de prendre des dispositions avant de se déclarer, une blessure ne prévient pas et survient généralement au moment le plus inopportun.
Autrement dit, conscients des risques qu'encourt un cheval, son propriétaire ou son cavalier occasionnel devront apprendre les gestes des premiers secours, ceux qui soignent et, bien souvent, évitent le pire.

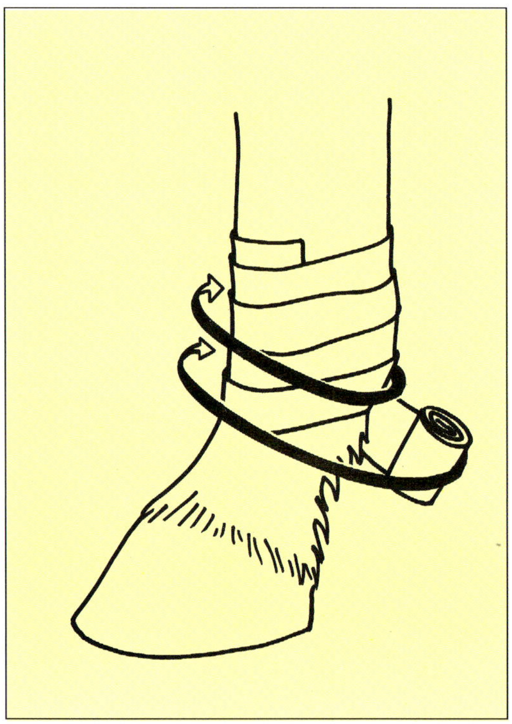

Lorsqu'on pose une bande de repos ou de travail – ou encore un pansement – celle-ci doit envelopper le boulet. Elle sera propre, et l'on ne devra ni la plier, ni la serrer de manière excessive. On orientera le nœud ou la fermeture Velcro de préférence vers l'extérieur du membre pour ne pas gêner le cheval dans ses évolutions.

Secourisme équin

Plaies et blessures

Les plaies et les blessures les plus courantes sont dues à des chutes, des coups de pied, ou aux fils de fer barbelés. On commence les premiers soins en douchant (quand on peut) ou en lavant soigneusement la plaie, de façon à en retirer toutes les impuretés (débris divers, terre, gravillons, poils, etc.). Puis on applique généreusement une pommade désinfectante qui, en pénétrant, favorise la cicatrisation tout en évitant que l'infection se développe. Mais une application ne suffit pas, et il faut inspecter quotidiennement la plaie pour contrôler son évolution et poursuivre les soins.
En cas de blessure profonde à un endroit où la peau n'est pas en tension, il est bon de poser des points de suture, mais si le cheval est blessé depuis plus de six heures, on ne pourra pas recourir à cette méthode, car la peau n'est plus vivante. Dans ce cas, on se contentera d'appliquer une pommade antiseptique et cicatrisante. Mais la blessure aura du mal à se refermer ; ce sera très long. En cas d'hémorragie, on placera un garrot au-dessus de la plaie pour limiter la perte de sang, et l'on peut avoir recours aux bandes compressives, élastiques et collantes. Recoudre une plaie ne s'improvise pas ; il faut savoir pratiquer une anesthésie locale, et faire les points et les nœuds convenables. En outre, il ne faut pas être trop émotif et tomber en syncope à la vue du sang, ou à l'idée de faire quelques points de suture à son cheval. Dans tous les cas, l'intervention ultérieure (ce qui ne veut pas dire trop tardive) du vétérinaire est obligatoire.

La gonfle

Elle est aux chevaux ce que l'ampoule est aux humains. C'est un œdème provoqué par la compression prolongée des tissus et de la peau, donnant un gonflement séreux de celle-ci. Pour douloureuses qu'elles soient, ampou-

les et gonfles ne sont pas très graves, mais si une gonfle n'est pas soignée à temps, la peau se mortifie et une plaie apparaît, susceptible de s'infecter.
On fait disparaître une gonfle en y appliquant de l'eau froide et de la glace, si possible pendant plusieurs heures, puis en évitant de comprimer la zone sensible les jours suivants pour la laisser respirer. Une pommade anti-inflammatoire peut avoir un certain effet, mais l'idéal est de prévenir toute apparition de gonfle.
Les endroits les plus exposés sont bien entendu l'emplacement de la selle et de la sangle. L'œdème est favorisé par un harnachement sale et en mauvais état, un pansage bâclé ou les mouvements répétés d'un cavalier qui ne tient pas en place sur sa selle. Il se déclare environ deux heures après que le cheval a été dessellé, c'est pourquoi il est bon de masser le cheval à chaque étape là où sa peau est comprimée par le harnachement, de façon à réactiver la circulation sanguine.

La myopathie de l'effort

Appelée «maladie du lundi» par les anciens, elle touche le cheval à qui l'on a demandé un effort violent sans préparation. Cette maladie se traduit par un refus d'avancer, une transpiration abondante, une démarche raide, un arrêt brutal en cours de marche, et une urine foncée. Seul, le vétérinaire est compétent pour soigner l'animal, mais il appartient au cavalier d'éviter la myopathie de l'effort en entraînant correctement son cheval, en dosant les efforts et l'alimentation de celui-ci de manière progressive et régulière.

Le coup de chaleur

Il intervient lors d'un travail excessif par grosse chaleur. Abattu, le cheval a une démarche hésitante et, si on lui pince la peau de l'encolure, on remarque que celle-ci ne revient pas immédiatement en place, trahissant une sérieuse déshydratation. Alors que la température moyenne d'un cheval est de 37,5 °C, celle-ci peut monter à 40 ou 41 °C.

Dès l'arrivée à l'étape ou après un temps prolongé passé en stalle, le cheval aime se rouler dans un pré, en basculant d'un flanc à l'autre. C'est pour lui un moyen de sécher ses poils et de se faire lui même un massage de la colonne vertébrale.

Il faut mettre le cheval à l'ombre le plus rapidement possible, puis lui doucher abondamment le poitrail, l'encolure, la tête et les membres. On le fera boire beaucoup, mais en plusieurs fois pour ne pas provoquer de coliques.
Pour prévenir le coup de chaleur il convient de ne pas faire travailler trop longtemps l'animal au soleil par forte chaleur, et de le faire boire régulièrement. Il ne faut pas non plus lui demander d'efforts trop violents.

La colique

Celle du cheval la donne à son cavalier ! Plus élégamment et plus sérieusement, disons que c'est un dysfonctionnement intestinal grave qui n'affecte pas tous les chevaux heureusement, mais dont certains peuvent mourir. De fait, un cheval affligé de colique a de quoi effrayer son propriétaire ou son cavalier... Nous vulgariserons l'explication du vétérinaire, en disant que la colique se produit lorsque l'intestin «se noue», empêchant le cheval d'évacuer ses matières fécales, et le mettant rapidement au plus mal. Les symptômes n'échappent même pas à l'œil d'un cavalier novice, car l'animal tourne sans cesse dans son box, se roule au sol, se couche et se relève, regarde son ventre, transpire et souffle abondamment, allant même jusqu'à se jeter contre les murs sous l'emprise de la douleur. Il faut rapidement le mettre à la diète complète dans un boxe bien paillé pour qu'il puisse se rouler sans risquer de se blesser, et lui administrer des calmants à base de noramidopyrine (Calmagine, Novalgine ND...) en attendant l'arrivée du vétérinaire.
On évite les coliques en empêchant le cheval de boire d'une traite et en fractionnant les rations d'eau. De même, il faut toujours le faire boire avant de le nourrir, puis attendre au moins deux heures après le repas avant de partir, de façon à lui laisser le temps de digérer.

La fourbure

Les pieds sont très chauds et, au stade ultime où la troisième phalange peut basculer, le cheval se tient campé en arrière (cheval assis), incapable d'avancer. La fourbure est généralement due à une alimentation trop riche et fait des ravages chez les poneys qui ont à portée de museau une herbe trop grasse, ou un sac d'aliments qu'ils sont bien souvent prompts à découvrir... Elle est également le fait d'un excès de travail. On soulage l'animal par une saignée opérée dans l'encolure, afin de faire dégorger l'afflux de sang. Le maréchal-ferrant devra intervenir rapidement et posera des ferrures orthopédiques, qui remettront progressivement l'animal d'aplomb.

Les boiteries

D'origines diverses, elles sont parfois difficiles à repérer, surtout pour un cavalier novice. Une boiterie se détecte en faisant trotter le cheval sans cavalier. Située au niveau des antérieurs, elle est accentuée par le mouvement de balancier de l'encolure qui s'amplifie. Située au niveau des postérieurs, elle se manifeste par une désynchronisation des battues (une boiterie arrière s'entend). De là à déterminer s'il s'agit d'une boiterie haute ou d'une boiterie basse, le débutant risque fort de s'y perdre.
En dehors du trot, on peut toujours déceler une anomalie susceptible d'entraîner une boiterie en palpant les membres du cheval, et en comparant leur chaleur – attention à ne pas laisser la main trop longtemps au même endroit, car alors on crée soi-même un échauffement qui n'a rien à voir avec une lésion. Le membre affecté sera plus chaud que les autres et, bien souvent, le cheval fait savoir qu'il souffre en retirant prestement son membre pour le soustraire à la palpation.
On guérit le mal en douchant longuement l'endroit de la lésion pendant plusieurs jours, et en y appliquant des emplâtres d'argile. Si la boiterie persiste, il est indispensable d'appeler le vétérinaire.

Il vaut mieux prévenir que guérir

Cette énumération d'affections plus ou moins graves est loin d'être exhaustive, et nous citerons encore pour mémoire la grippe, qui décime régulièrement les chevaux de clubs, les empoisonnements par les plantes (sachez que l'if tue un cheval en vingt minutes), la pi-

Faire une piqûre à son cheval

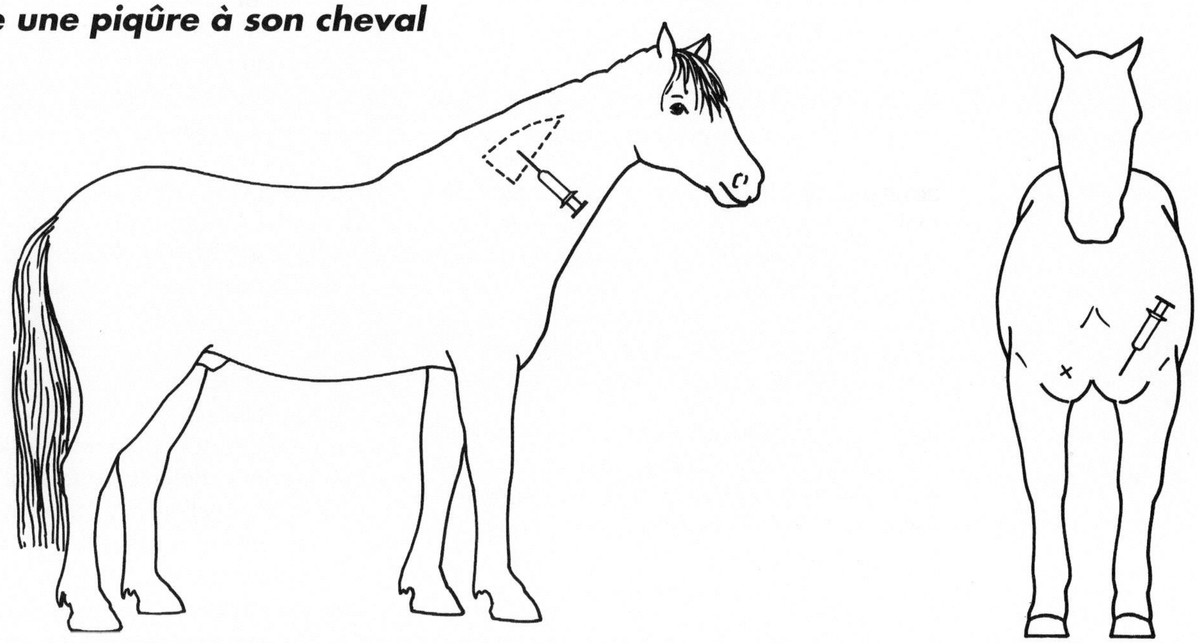

Trois types d'injection peuvent être pratiqués : sous-cutané, intramusculaire et intraveineux. Une stérilisation soignée des aiguilles et des seringues, ainsi qu'une aseptisation du point d'injection sont des précautions obligatoires.

L'injection sous-cutanée *: elle se fait au niveau de l'encolure et du poitrail. La peau est prise entre le pouce et l'index de manière à former un pli dans lequel est enfoncée l'aiguille. Ce type d'injection est peu pratiqué.*
L'injection intramusculaire *: elle peut être pratiquée couramment par le cavalier et permet d'apporter vitamines, antibiotiques, anti-infectieux, etc., à son cheval. Effectuée au niveau du poitrail et de l'encolure, ce type d'injection, s'il est répété, peut occasionner des réactions de douleur. Aussi, lorsque le cheval doit subir une série de piqûres, est-il bon de varier les points d'injection ; on interviendra d'abord à droite, puis à gauche de l'encolure ou encore au niveau du poitrail. Il faut tapoter l'emplacement prévu, saisir l'aiguille entre le pouce et l'index, puis, d'un geste sec, planter l'aiguille perpendiculairement au point d'injection. Un léger massage permet une bonne pénétration du produit.*
L'injection intraveineuse *: délicate, elle est faite au niveau de la gouttière jugulaire (au niveau de l'encolure). Elle suppose une solide connaissance des soins vétérinaires.*

roplasmose apportée par les tiques et dont les chiens ne sont pas seuls à souffrir les fractures diverses et variées, et autres tracas qui réclament l'intervention du vétérinaire. Faut-il pour autant craindre d'acheter et d'élever un cheval chez soi ? Non, bien sûr, et vous pouvez très bien acquérir un animal qui ne sera jamais malade et ne se blessera jamais. D'autre part, certaines races sont plus solides que d'autres, et, si vous choisissez un poney ou un cheval de race rustique, vous ne verrez probablement le vétérinaire qu'une fois par an pour les vaccinations.
Partant du vieux principe selon lequel il vaut mieux prévenir que guérir, vous apprendrez à doser l'alimentation, à panser correctement votre protégé et à le mettre en bonne condition physique par un entraînement régulier et progressif. En promenade, apprenez à voir les obstacles avant d'être dessus, à déceler les multiples pièges du terrain (barbelés traînant au sol, trou caché par une touffe d'herbe, pierres instables, etc.), et, pour prévenir toute affection pulmonaire, il vaut mieux éviter les grosses suées par temps glacial.

Médecines douces

La médecine vétérinaire évolue quelque peu, poussée par les contraintes économiques et celles de la concurrence qui pèsent sur le

monde des courses ou des concours de très haut niveau. Pour faire face à des exigences de plus en plus vives, on fait désormais appel aux techniques les plus modernes, telles que la microchirurgie au laser ou la thalassothérapie.
Certes, ces techniques concernent encore peu le cheval de monsieur tout le monde, mais, un jour ou l'autre, il est possible que vous y ayez recours, pour sauver votre monture. En revanche, vous pourrez plus facilement faire bénéficier votre cheval de certaines médecines douces qui commencent à entrer dans les habitudes du vétérinaire équin.

La mésothérapie

Encore relativement peu utilisée, cette thérapie donne parfois de bons résultats, en calmant rapidement une douleur localisée. La difficulté, avec un cheval, est justement de bien situer la douleur, car l'animal ne parle pas ! Le jeu consiste à injecter une substance médicamenteuse à doses minimes mais répétées, à travers l'épaisseur de la peau. Pour cela, on utilise soit une seringue à aiguilles multiples (entre 7 et 18, et de 4 à 6 mm de longueur), soit une seringue à air comprimé qui diffuse le produit en fines gouttelettes sous pression. La substance injectée est généralement de la procaïne, sorte d'anesthésique local qui a la propriété de dilater les vaisseaux sanguins, favorisant ainsi une meilleure pénétration dans les tissus malades.
La mésothérapie permet de soigner rapidement l'arthrose des dorso-lombaires, les tendinites, les échauffements et les entorses. Il faut toutefois répéter les injections pendant une quinzaine de jours pour obtenir la guérison. Si celle-ci n'intervient pas dans ce laps de temps, il faut envisager une autre thérapeutique.

L'homéopathie

«Toute substance capable de provoquer des symptômes chez un individu sain possède également, lorsqu'on l'emploie à des doses suffisamment atténuées, la propriété de supprimer ces mêmes symptômes chez un individu malade.» Ainsi est définie l'action de l'homéopathie par Hahnemann, l'un de ses «créateurs» au début du siècle.
Comme dans la médecine humaine, elle a ses détracteurs acharnés et ses partisans convaincus. En fait, le traitement homéopathique ne relève pas du hasard, et cette médecine très douce tire ses ressources des trois règnes : minéral, végétal et animal, et l'on a

Très utilisée en homéopathie, l'arnica se rencontre en montagne.

répertorié à ce jour plus de mille remèdes, dont chacun correspond à un symptôme. L'homéopathie n'est efficace que si elle est utilisée selon des règles précises et rigoureuses et, si elle n'a aucun effet chez certains humains incrédules, elle donne de bons résultats chez le cheval, qui semble apprécier ce traitement à base de granules sucrées, de globules, d'ampoules et de poudres qui s'assimilent aisément.
On utilise les drogues à base d'arnica pour les affections traumatisantes comme les ecchymoses, les courbatures ou le surmenage musculaire.
Les *Ruta* et *Ruhus tox* soignent les traumatismes articulaires, le *Ledum palustre* est utile pour le soin des plaies dues à des piqûres diverses et, associé à l'*Hypericum*, il combat la douleur dans les zones particulièrement inervées. Enfin, le *Calendula* est un excellent antiseptique que l'on applique en teinture sur les plaies.

QUELQUES CONSEILS

Maréchalerie

• Il est bon de doter son cheval d'une ferrure avec de la garniture pour qu'il soit chaussé confortablement.
• Un maréchal-ferrant digne de ce nom ne doit pas donner des coups de tricoise dans le ventre du cheval, sous prétexte de nervosité ou de violence incontrôlée.
• Il ne faut pas hésiter à demander un «relevé» au maréchal-ferrant, à la place d'une ferrure neuve, si le fer n'est pas usé ; le prix de la prestation est moindre.
• Lors d'une randonnée, si un des fers de votre cheval sonne sur le sol, cela signifie qu'il ne tient pas bien. N'hésitez pas à remplacer un clou en attendant de voir le maréchal-ferrant à l'étape du soir.

Sellerie

• Les harnais d'attelage munis de rivets ne sont pas très solides, et mieux vaut une bonne vieille couture faite à la main. Ceux qui viennent d'Asie réservent parfois de bien désagréables surprises.
• Gare aux harnais trouvés dans le grenier. Conservez-les en souvenir, mais ne les utilisez pas, car ils sont trop secs et cassent comme du verre, malgré toute la graisse que vous voudrez bien leur faire ingurgiter.

Soins vétérinaires

• Les vétérinaires spécialisés dans le cheval ne sont pas légion, et ils sont souvent concentrés autour des hippodromes. Le bouche à oreille entre cavaliers fonctionnant très bien, on peut facilement dénicher la bonne adresse.
• On peut faire soigner à peu de frais son cheval dans une école vétérinaire.

Massages et rééducation fonctionnelle

Tous les sportifs de haut niveau sont habitués aux longues séances de massage avant l'effort pour échauffer la masse musculaire et après l'effort pour la décontracter. Cette méthode commence à faire son chemin dans le monde du cheval, à l'instigation de J.-P. Pailloux, kinésithérapeute et cavalier. Après tout, le cheval est un sportif à qui l'on demande parfois des efforts très intenses, et ses muscles fonctionnent comme les nôtres.
Avant la compétition, on masse les muscles pour les échauffer et détendre le cheval, notamment sur les points sensibles que l'on a pu repérer, tels que des contractures ou des zones de chaleur.
Particulièrement spectaculaire est le travail d'une Américaine, Linda Tellington Jones, kinésithérapeute et cavalière de concours, qui enseigne des méthodes propres à décontracter n'importe quel cheval. Elle part du principe que si un cheval est agressif, c'est parce qu'il ressent une souffrance, et elle le met en confiance en le massant légèrement manuellement, puis en effleurant les zones érogènes à l'aide d'un stick. Le résultat est surprenant. Au milieu de la foule bruyante, mouvante et compacte du Salon du Cheval à Essen (R.F.A.), elle est capable de calmer et de faire coucher un cheval en moins d'un quart d'heure, par simple relaxation, et elle réalise cet exploit tous les jours, avec n'importe quel animal. Sa méthode simple est à la portée de tous, et elle propose de relaxer les muscles principaux, depuis le bout des lèvres jusqu'à la croupe.

L'ostéopathie

Souvent, les chevaux de courses et de concours sont manipulés par un vétérinaire spécialisé en ostéopathie, dont l'action se porte essentiellement au niveau du dos. Il remet en place les vertèbres démises lors d'une torsion trop violente. Si l'on sait qu'une boiterie peut très bien avoir pour cause un déplacement vertébral, on comprend l'importance de l'ostéopathie, d'autant que l'ostéopathe est capable d'indiquer comment éviter les récidives.

Glossaire

Académique : qualifie l'équitation traditionnelle de niveau supérieur, représentée en France par le Cadre Noir de Saumur.
Accompagner : les mains du cavalier conservent le contact avec la bouche du cheval, malgré les mouvements de tête de celui-ci.
Acculement : position de défense du cheval qui place tout son poids en arrière du corps en engageant les postérieurs sous lui.
Aides : ce sont les moyens naturels (jambes, mains et poids du corps) et artificiels (cravache, éperons, rênes) dont le cavalier dispose pour imposer sa volonté au cheval.
Alène : outil de bourrellerie permettant de préparer le passage de l'aiguille.
Allures : le pas, le trot et le galop sont des allures ordinaires. L'amble et le tölt sont des allures particulières, mais normales. Pas, trot et galop rassemblés sont des allures apprises, mais l'aubin et le traquenard sont des défauts qu'il faut corriger.
Aplombs : positions des membres du cheval au repos. On juge aussi les aplombs au trot.
Appel de la langue : par un claquement de la langue, le cavalier incite son cheval à se mouvoir, ou à intensifier son mouvement.
Appuyer : dans le manège, le cheval avance en diagonale sur deux pistes.
A.Q.P.S. : abréviation de Autres Que Pur-Sang. Les Selle-Français, Trotteur Français et Anglo-Arabes participent à des courses dites pour A.Q.P.S.
Arrière-main : c'est l'arrière-train de jadis, c'est-à-dire la croupe, la queue et les membres postérieurs du cheval.
Assiette : c'est la façon de se placer sur le dos du cheval (sur la selle ou à cru), le déplacement du poids du cavalier agissant sur l'équilibre de l'animal. On parfait son assiette au trot et sans étriers.
Atteinte : blessure survenant pendant la marche du cheval et touchant les extrémités des membres. Une atteinte peut être provoquée par le heurt d'un postérieur et d'un antérieur. Un cheval peut être «atteint» par une branche ou un rocher.
Avaloire : courroie de cuir qui passe à l'arrière des cuisses d'un cheval attelé, pour lui permettre de faire reculer une voiture ou de la retenir dans une descente.
Avant-main : avant-train de jadis, formé par les membres antérieurs, l'encolure et la tête du cheval.
Barre : a) concernant la denture, c'est l'espace entre le coin (jument) ou le crochet (mâle) et la première prémolaire ; b) dernière partie de la muraille du sabot ; c) lieu de contention où l'on place la jument pour la saillie ou la détection des chaleurs ; d) long rondin de bois de la partie supérieure d'un obstacle, placé sur des taquets.
Bât : harnachement spécial permettant de placer des charges sur le dos d'un âne, d'un mulet ou d'un cheval.
Battue : c'est le premier mouvement du saut, ou encore le bruit des pas d'un cheval.
Billarder : faire un mouvement circulaire des antérieurs, de l'intérieur vers l'extérieur. Si c'est un défaut d'allures pour certaines races telles que le Selle Français, ce n'en est pas un pour l'Andalou, ou le Paso péruvien.
Boiterie : anomalie de la marche. On distingue la boiterie de soutien (le cheval diminue le temps d'élévation d'un membre), la boiterie d'appui (diminution du temps d'appui), la boiterie à froid qui a lieu dès le début de la marche et la boiterie à chaud se manifestant après un travail quelconque.
Bouche : chez le cheval, la bouche est sensible au jeu du mors.
Bouchon : brosse en chiendent utilisée pour le pansage.
Bouchonner : frotter le cheval avec une poignée de paille pour enlever la sueur.
Boulet : articulation reliant le canon au paturon.
Boute-en-train : étalon ou entier servant à détecter les chaleurs d'une jument (= souffleur).
Bréhaigne : jument dotée de crochets, ou canines.
Bricole : large sangle passant devant le poitrail, servant à empêcher la selle de glisser en arrière.
Bride : harnais fixé à la tête du cheval comprenant mors de filet et mors de bride, rênes de filet et rênes de bride.
Bridon : bride légère ou filet ne comportant qu'un seul mors et des rênes simples.
Brisure : articulation du mors.
Brocher : enfoncer les clous dans le sabot.
Cabriole : air relevé au cours duquel le cheval, levé du devant, décoche une ruade horizontale.
Cagneux : se dit d'un cheval dont les membres vus de face sont déviés en dedans par rapport à la ligne normale des aplombs.
Cambré : se dit d'un cheval dont les membres vus de face sont déviés en dehors par rapport à la ligne normale d'aplombs.
Campé : se dit d'un cheval dont les membres vus de profil sont à l'extérieur de la ligne normale des aplombs.
Canon : a) partie du doigt située entre le boulet et le jarret ; b) embouchure du mors.
Canter : court galop d'entraînement et d'échauffement d'un cheval.
Carrière : espace clos en plein air où l'on fait travailler les chevaux.
Carrossier : ancien cheval d'attelage, de grande taille.
Cassé : se dit d'un cheval rendu inapte à la discipline sportive pour laquelle il était utilisé.
Castration : ablation des testicules. Cette opération rend le mâle stérile et plus calme qu'un entier.
Cavaletti : petit obstacle formé d'une barre, destiné à l'entraînement.
C.C.E. : concours complet d'équitation.
C.D.O. : concours de dressage officiel.
Cession : fin de la résistance ou de la défense d'un cheval à l'action d'une jambe ou d'une rêne. Diminution de la force d'une aide de la part du cavalier.
Chaleurs : période pendant laquelle la jument accepte la saillie.
Chambon : enrênement spécial permettant d'abaisser la tête du cheval.
Chambrière : très long fouet terminé par une lanière employé pour le travail à la longe.
Chaussé : se dit d'un cheval possédant des balzanes.
Claquage : blessure des tendons. On dit aussi tendinite.
Classique : le prix de l'Arc de Triomphe à Longchamp et celui d'Amérique à Vincennes sont des classiques, c'est-à-dire des courses organisées chaque année à une date et sur un hippodrome déterminés.
Clocher : se dit d'un fer qui n'est plus fixé correctement sur le sabot.
C.S.O. : concours de saut d'obstacle.
Contact (avoir le) : sentir légèrement son cheval, des mains et des jambes.
Contre sanglon : petite courroie de cuir servant à fixer la sangle.
Couronner (se) : se dit d'un cheval qui se blesse aux genoux (lors d'une chute par exemple).
Couvrir (se) : se dit d'un cheval qui pose les postérieurs sur les empreintes des antérieurs.
Crin : long poil poussant sur l'encolure, sur la queue et, chez certaines races, dans le bas des membres.
Croupade : ruade commandée par le cavalier, dans laquelle le cheval allonge complètement les postérieurs.
Débourrage : initiation d'un cheval (jeune ou non) au port de la selle, puis d'un cavalier.
Défense : volonté d'un cheval de désobéir, marquée par une action souvent intempestive.
Déjuger (se) : au pas ou au trot, se dit d'un cheval qui pose les postérieurs en arrière des empreintes des antérieurs.
Demi-sang : cheval dont un des parents est un Pur-Sang Anglais, un Anglo-Arabe ou un Pur-Sang Arabe.
Dérobade : esquive d'un obstacle, constituant une faute en concours.
Donner des jambes : donner une pression des mollets pour faire avancer un cheval.

Double ou triple : combinaison d'obstacles dont il faut enchaîner le franchissement.
Driver : dans les courses de trot attelé, c'est le conducteur du sulky.
Écart : déboîtement brusque d'un cheval, dû à la peur ou à la défense.
Emballer (s') : on dit aussi «embarquer» ou «prendre la main». Se dit d'un cheval qui échappe au contrôle de son cavalier et qui galope à perdre haleine et sans retenue.
Encadrer : contrôler totalement son cheval par l'action des jambes, des mains et du poids du corps.
Engager les postérieurs : pour un cheval, avancer les membres postérieurs sous sa masse.
Entier : mâle non castré.
Éperon : aide artificiel servant à augmenter l'efficacité de la jambe : pointe de métal fixée derrière le talon de la botte du cavalier.
Équilibré : se dit d'un cheval apte à répondre à la moindre sollicitation de son cavalier.
Étalon : mâle entier destiné à la reproduction.
Fanon : touffe de crins couvrant l'ergot et l'arrière du boulet.
Foal : poulain Pur-Sang de moins de six mois.
Forger : se dit d'un cheval dont les fers antérieurs heurtent la pointe des fers postérieurs, au trot ou au galop.
Fouailler : agiter la queue.
Garnir : harnacher un cheval (terme d'attelage).
Gestation : période pendant laquelle la jument porte son petit. Chez les chevaux elle dure onze mois.
Gogue : enrênement limitant l'extension de l'encolure.
Gonfle : œdème dû à une pression prolongée de la selle notamment.
Gourmette : chaînette plate à l'extrémité de la bride.
Groom : a) palefrenier soignant les chevaux ; b) aide d'un meneur d'attelage.
Guide : lanière de cuir servant à mener un attelage, dont l'équivalent est la rêne utilisée par un cavalier.
Hongre : mâle castré.
Impulsion : action d'un cheval se portant en avant.
Juger (se) : se dit d'un cheval qui pose ses postérieurs exactement sur les empreintes des antérieurs. Action ayant lieu au pas ou au trot.
Jument : femelle de plus de trois ans.
Juste : en manège, qualifie un galop exécuté sur le pied intérieur.
Lad : palefrenier d'une écurie de courses.
Laiton : poulain de trait de moins de douze mois.
Levade : air relevé. Le cheval s'élève du devant en fléchissant les postérieurs.
Livre généalogique : registre où sont répertoriés les reproducteurs des deux sexes, ainsi que leurs ascendants et descendants pour une race donnée.
Manège : terrain couvert où se pratique l'équitation.
Maquignon : marchand de chevaux, d'ânes et de mulets.
Martingale : enrênement destiné à limiter l'extension de l'encolure.
Méjuger (se) : au pas ou au trot, se dit d'un cheval qui pose les postérieurs en avant des empreintes des antérieurs.
Monte : accouplement. L'accouplement est dit «en main» quand l'étalon est aidé par l'étalonnier, et en liberté quand l'étalon est laissé seul avec la ou les juments.
Mur : obstacle de concours hippique présentant l'aspect d'un mur en briques, révélant la puissance du cheval.
Œillère : accessoire de la bride d'attelage protégeant l'œil du cheval et limitant son champ visuel.
Opposition : action du cavalier orientant l'avant-main d'un côté et l'arrière-main de l'autre.
Oxer : obstacle vertical et horizontal pour le franchissement duquel le cheval doit fournir un effort en hauteur et en longueur.
Paddock : a) enclos de détente ; b) enclos d'entraînement des chevaux de concours avant leur entrée sur le terrain officiel.
Panard : terme désignant un cheval dont les pieds sont tournés vers l'extérieur.
Parage : taille de la corne excédentaire avant ferrage.
Paturon : partie des membres comprise entre le boulet et la couronne.
Pleine : jument portant un ou deux fœtus.
Poulain : jeune mâle de moins de trois ans.
Pouliche : jeune femelle de moins de trois ans.
Poulinière : jument destinée à la reproduction.
Quartiers : sur la selle, parties de cuir latérales en contact avec la cuisse du cavalier.
Rectangle : carrière d'équitation où se pratique les concours de dressage.
Remonte : groupe de chevaux appartenant à un cavalier, une équipe, un club, un corps d'armée.
Reprise : a) leçon donnée à un groupe de cavalier dans un même lieu et au même moment ; b) dérouler une reprise, c'est effectuer des figures de dressage.
Rétif : se dit d'un cheval refusant avec véhémence de suivre les indications de son cavalier.
River : recourber et rabattre la pointe des clous contre la paroi du sabot.
Ruer : pour le cheval, élever violemment les postérieurs en arrière.
Serré : définit un cheval dont les membres vus de devant ou de derrière sont en dedans de la ligne normale des aplombs.
Signalement : ensemble des caractéristiques morphologiques permettant d'identifier un cheval.
Sire : étalon d'une race de grande valeur.
Souffleur : entier ou étalon utilisé pour détecter les chaleurs d'une jument (=boute-en-train).
Sous-gorge : petite sangle servant à maintenir le filet en place en passant sous la gorge.
Spa : obstacle dont les barres sont placées à des hauteurs croissantes.
Stalle : compartiment d'une écurie où est attaché un cheval.
Standard : ensemble des caractères définissant une race.
Suitée : jument allaitant son poulain.
Surfaix : sangle servant à maintenir en place une couverture et passant autour du thorax du cheval.
Taille : la taille d'un cheval se mesure du sol au garrot.
Tendu : se dit d'un cheval toujours prêt à répondre aux sollicitations de son cavalier.
Tirer au renard : se dit d'un cheval qui s'arcboute sur la longe pour tenter de se libérer.
Trait : corde, longe ou chaîne permettant à un cheval de tracter une voiture.
Travail sous la selle : travail qui consiste à entraîner un cheval à effectuer des figures et des exercices en étant en selle.
Uni : se dit d'un cheval aux allures rassemblées et régulières.
Vertical : on dit également droit. Obstacle composé de barres superposées.
Yearling : poulain Pur-Sang d'un an.

Adresses utiles

Administration

Ministère de l'Agriculture - Service des Haras
14, avenue de la Grande Armée - 75017 Paris

Comité interministériel de l'équitation
Conseil supérieur de l'équitation
72, rue de Varenne - 75007 Paris

Secrétariat d'État auprès du Premier Ministre chargé de la jeunesse et des sports
78, rue Olivier-de-Serres
75739 Paris Cedex 15

Fédération équestre internationale (F.E.I.)
Bolligenstrasse 54 P.O. Box/Case Postale - 3000 Berne 32 - Suisse

Fédération française d'équitation (F.E.F.)
Délégation nationale aux sports équestres (D.N.S.E.)
25-27, rue de Tolbiac - 75013 Paris

Délégation nationale à l'équitation sur poneys (D.N.E.P.)
Parc de l'Ile-St-Germain - 170, quai Stalingrad
92130 Issy-les-Moulineaux

Délégation nationale au tourisme équestre (D.N.T.E.)
Parc de l'Ile-St-Germain - 170, quai Stalingrad
92130 Issy-les-Moulineaux

Art équestre

Association internationale d'Art équestre
12, rue du Lac - 94160 Saint-Mondé

Cirque

Arts du cirque - Le Lido
29, avenue Saint-Exupéry - 31400 Toulouse

Courses

Société des Steeple Chases de France (service des compétitions équestres)
7, rue de l'Amiral d'Estaing - 75116 Paris

Société d'encouragement
11, rue du Cirque - 75008 Paris
42 66 92 02

Société du cheval français
7, rue d'Astorg - 75008 Paris

Association française de Trait Tract
1, rue Dollay - 28400 Nogent-le Retrou

Groupement hippique national (G.H.N.)
215, boulevard Jean Jaurès
92100 Boulogne Billancourt

Syndicat national des éleveurs de trotteurs français
19, avenue Galliéni - 94100 Saint-Maur

Syndicat national des entraîneurs de chevaux de courses au trot en France
Domaine de Gros Bois Cour du Manège
94470 Boissy-Saint-Léger

Pari mutuel urbain
83, rue de la Boétie - 75008 Paris

Fédération nationale des sociétés de courses de France
11, rue de Cirque - 75382 Paris Cedex 08

Association des propriétaires de chevaux de courses au galop
70, avenue des Champs Élysées - 75008 Paris

Association générale et syndicat professionnel des jockeys de galop en France
43, avenue de Saint-Germain
78600 Maisons-Laffitte

Syndicat des entraîneurs de chevaux de course au galop
18 bis, avenue du Général Leclerc
60500 Chantilly

Syndicat des éleveurs de chevaux de sang en France
76, avenue des Champs Élysées
75008 Paris

Club des gentlemens riders
133, Faubourg Saint-Honoré - 75008 Paris

Syndicat national des propriétaires de trotteurs
23, quai d'Argonne - BP 32
94170 Le Perreux-sur-Marne

Union nationale des amateurs du trot (U.N.A.T.)
20, rue Penthièvre - 75008 Paris

Divers

Union nationale des propriétaires des chevaux de selle (U.N.P.C.S.)
BP 60 - 78490 Montfort-l'Amaury

Société de vénerie
22, rue de Penthièvre - 75008 Paris

Groupement de recherche des Équidés volés (G.R.E.V.)
Relais équestre du Moulin des Sablons
61290 Malétable

Association pour la découverte de la culture équestre
12, rue Duguay-Trouin - 75006 Paris

Doma vaquera

Association française de Doma Vaquera
27, Les Jasses de la Sauvagine
13460 Saintes-Maries de la Mer

Écoles

École nationale des Haras
Le Haras du Pin - 61310 Exmes

École nationale d'équitation (E.N.E.)
Terrefort - BP 207 - 49400 Saumur

Élevage

Association française du cheval Lusitanien
49, rue de Chatenay Esterel
92160 Antony

Association française hippique d'élevage de la race pyrénéenne ariégeoise dite de Mérens (S.H.E.R.P.A.)
Chambre d'Agriculture
32, avenue du Général de Gaulle
09000 Foix

Institut du cheval
SIRE (Système d'identification répertoriant les équidés)
Domaine de Pompadour - BP 3
19230 Arnac Pompadour

Société hippique française (S.H.F.)
Fédération française des syndicats d'éleveurs de chevaux de selle (F.E.D.E.L.)
Union nationale interprofessionnelle du cheval (U.N.I.C.)
22, rue de Penthièvre - 75008 Paris

Institut national de la recherche agronomique
Station de génétique quantitative et appliquée
Domaine de Villevert - 78350 Jouy-en-Josas

C.E.R.E.O.P.A. (centre d'études et de recherches sur l'économie et l'organisation des productions animales)
16, rue Claude Bernard - 75231 Paris Cedex 05

Association des éleveurs de chevaux de race Camargue
Mas du Pont de Rousty - 13200 Arles

Groupement pour l'amélioration de l'élevage du trotteur
20, rue de Penthièvre - 75008 Paris

Centre d'enseignement zootechnique de Rambouillet
Parc du Château - 78120 Rambouillet

Fédération française des éleveurs de poneys
137, avenue de Choisy - 75013 Paris

Association française du poney Haflinger
Avenue de la Gare
87370 Saint-Sulpice Laurière

Association française du poney Fjord
Engwiller n° 24 -
67350 Pfaffenhoffen

Association française du poney Highland
157, rue de Dunkerque - Fond de cour, 3
62500 Saint-Omer

Association française du poney Connemara
Le Preuil - Vallenay
18190 Châteauneuf sur Cher

Association française du poney Dartmoor
Kerourio - Brech - 56400 Auray

Association du poney Français de Selle
Haras du Paquier
38650 Saint-Martin de la Cluze

Association du poney Islandais
Saint-Vincent de Bresse - 71440 Montret

Association du poney Welsh
BP 2 - 85601 Montaigut Cedex

Association du poney New Forest
365, avenue de Verdun
36000 Chateauroux

Association du Pottock
Armanénia - 64250 Espelette

Association du poney Landais
Saubusse - 40180 Dax

Groupement des éleveurs du poney Shetland
112, rue de la Tombe Issoire - 75014 Paris

Équitation américaine

Appaloosa horse club français
Domaine de Joyeuse Grade
13310 Saint-Martin de Crau

Syndicat du cheval Appaloosa
Bieurais - 22640 Plénée Jeugon

Appaloosa horse club
P.O. Box 8403 Moscow - Idaho 83834 - USA

Appaloosa horse international Bill Silverman
P.O. Box 5727 Orange - California 92667
5727 - USA

Association française du Quarter horse
L'Escale de Vitou - 61120 Vimoutiers

American Quarter Horse Association
P.O. Box 200 Amarillo - Texas - USA

American aquitation center western training
L'Escale de Vitou - 61120 Vimoutiers

Association française d'équitation western
RN 36 - 77174 Villeneuve-le-Comte

Manifestations

Cheval Passion - RMG
BP 149 - 84008 Avignon Cedex

Salon du cheval et du poney
CENECA - 19, boulevard Henri IV - 75004 Paris

Militaire

Garde républicaine de Paris
18, boulevard Henri IV - 75181 Paris Cedex 04

Cadre Noir
Terrefort - BP 207 - 49400 Saumur

Centre sportif d'équitation militaire (S.E.M.)
Quartier du Carrousel - 77307 Fontainebleau

Protection

Ligue française pour la protection du cheval
56, rue des Renaudes - 75017 Paris

Ligue internationale pour la protection du cheval
Bureau européen
3, rue de Lyon - 75012 Paris

Pech Petit
Domaine de Pech Petit - 46230 Cremps

Œuvre du domaine de Pech Petit
242, rue de la Riauderie
59700 Marcq en Barœul

SOS Cheval
10, rue des Chaussetiers
63000 Clermont-Ferrand

Centre d'hébergement des équidés martyrs
(C.H.E.M.)
3, rue de Lyon - 75012 Paris

Randonnée

Centre de vacances O.V.A.L.E.
Écuries de Montcriol - Tours sur Meymont
63590 Cunlhat

Centre national de formation professionnelle du
tourisme équestre
Quartier Saint-Joseph - 13950 Cadolive

Comité national des raids équestres d'endurance
(C.N.R.E.E.)
Logis de Seneuil - 79140 Chevreux

Traction animale

Syndicat des débardeurs-débusqueurs à cheval
7, route de la Claires - 08 Bosseval

Hippotese (Recherche et mise au point technique
sur la traction animale)
Villers-sous-Chalamont - 25270 Levier

Centre technique de la traction animale
Château des Quatres Vents
55210 Vigneulles les Hattonchel

Association de recherche sur la traction animale
et le portage
Maison de l'Arsène - 55160 Bonzée en Woëvre

Centre d'étude et de recherche sur l'économie et
l'organisation de productions animales
16, rue Claude Bernard
75231 Paris Cedex 05

Comité d'études et de propositions
technologiques
Montdenis - 73870 Saint-Julien Montdenis

Groupe de recherche et d'échanges
technologiques
20, rue de Charonne - 75011 Paris

Vétérinaires

Association des vétérinaires équins français
(A.V.E.F.)
École vétérinaire d'Alfort
7, avenue du Général de Gaulle
94701 Maisons Alfort

Conseil supérieur de l'ordre des vétérinaires
10, place Léon Blum - 75011 Paris
43 79 11 52

École nationale vétérinaire d'Alfort (E.N.V.A)
7, avenue du Général de Gaulle
94701 Maisons Alfort

École nationale vétérinaire de Lyon (E.N.V.L.)
Marcy l'Étoile - Route de Saint-Bel
69260 Charbonnières-les-Bains

École nationale vétérinaire de Nantes (E.N.V.N.)
Route de Gachet - 44300 Nantes

École nationale vétérinaire de Toulouse
(E.N.V.T.)
23, chemin des Capelles - 31076 Toulouse

Fédération nationale de thérapie avec le cheval
1, allée du 8 Mai 45
Résidence Salvador Allende
93390 Clichy-sous-Bois

Handi cheval
124 bis, avenue de Villiers - 75017 Paris

Chevaucher à travers les livres

Baucher et son école, G. DECARPENTRY, Jean Michel/Place, 1948.
Cavalier dans l'Ouest, J.-F. BALLEREAU, Arthaud, 1978.
Ces chevaux qui font du cinéma, F. NADAL, (Caracole) Favre, 1986.
Chevaux et cavaliers de la deuxième guerre mondiale, J. PIEKALKIEWICZ, Maloine.
Chevaux et équitation, B. SKELTON, Lavauzelle.
Compagnon de labour, J. ROBINET, Flammarion, 1983.
Crinière au vent indien, S. BIGO, Laffont, 1983.
Dictionnaire du cheval, J. TONDRA, Nathan, 1979.
Encyclopédie du poney, P. D'AUTHEVILLE, Maloine, 1982.
Initiation à la maréchalerie et à la forge, CH. THOMAS, Groupe média international, 1985.
L'équitation, B. DE PERTHUIS, Larousse, 1983.
Le manuel du bon charretier, L. BRASSE-BROSSARD, (Caracole) Favre, 1988.
Le cheval, DR J. SEVESTRE, N. A. ROSIER, Larousse, 1983.
Le cheval, techniques d'élevage, C.E.R.E.O.P.A, 4e éd., 1988.
Le cheval de bât, C. CHARVIN, Crépin-Leblond, 1981.
Le cheval de voltige, S. POLIER, P. GERMAIN, Lavauzelle, 1987.
Le concours complet, V. BRUNEAU, L. GUDIN, Lavauzelle, 1985.
Le livret du bourrelier-sellier harnacheur (manuel pratique), P. LEUROT, (Caracole) Favre, 1924.
Les chevaux de l'histoire, J.-F. BALLEREAU, Collection Connaissance du cheval, Prest Edit, 1986.
Les races françaises de chevaux lourds, E. ROSSIER, C.E.R.E.O.P.A., 1985.
Lune de miel à cheval, J.-F. BALLEREAU, Arthaud, 1983.
Manuel d'instruction de l'attelage, FÉDÉRATION ÉQUESTRE FRANÇAISE, Lavauzelle, 1984.
Manuel de sellerie, P. BROUX, (Caracole) Favre, 1989.
Manuel officiel de préparation aux examens fédéraux d'équitation, FÉDÉRATION ÉQUESTRE FRANÇAISE, Lavauzelle, 1975.
Mes chevaux au pays Navajo, J.-F. BALLEREAU, Arthaud, 1979.
Mon rêve à cheval, J.-F. BALLEREAU, Arthaud, 1977.
Nouveau manuel de tourisme équestre, CH. JOSQUIN, Y. BREKILIEN, Chiron sport, 1983.
Pratique de l'alimentation des chevaux, C. CHARVIN, Crépin-Leblond.
Précis de maréchalerie, P. D'AUTHEVILLE, P. FROMOND, Maloine, 1983.
Un vrai cinglé de cheval, M. LURASCHI, (Caracole) Favre, 1987.
Soulagez votre cheval au doigt et à l'œil !, D. GINIAUX, (Caracole) Favre.
Zingaro, A. ALT, C. GODARD, (Caracole) Favre, 1984.

Revues spécialisées :

Cheval magazine, B.P. 60, 78490 Montfort-l'Amaury.
L'éperon - L'information hippique, 15 bis rue Ernest Renan, B.P. 62, 92133 Issy-les-Moulineaux Cedex.
Randonnée équestre - Cheval Loisirs, 54 rue Taitbout, 75009 Paris.

Crédit photographique

Arthus-Bertrand/EXPLORER : 152 ; **Bernard** : 6, 12, 13, 14, 15, 22, 25 haut, 26, 27, 31, 33, 35, 38, 39, 40, 41, 44, 46 gauche, 46 droite, 47 haut, 47 bas, 49, 54, 55, 60, 62, 73, 85, 88, 89, 96 gauche, 105, 106, 109, 111, 113, 115 bas, 123, 125, 133, 136, 145, 146, 158, 160, 162, 163, 170 gauche, 171 haut, 171 bas, 172, 176, 183, 186 ; **Boiselle/OKAPIA** : 76 ; **Chaumeton/Samba** : 170 droite ; **Chenu/VANDYSTADT** : 8, 74, 83, 84 ; **Devilder/VANDYSTADT** : 110, 114 ; **Dorval/EXPLORER** : 77 ; **Farissier** : 10, 52, 71, 87, 90, 93, 122, 129, 140, 156, 168, 180, 181 ; **Ferrero/NATURE** : 19, 58, 65, 115 haut, 127, 155, 157, 159, 178 ; **Foott/OKAPIA** : 63 ; **Guerrier/NATURE** : 175 ; **Gunther/EXPLORER** : 161 ; **Jones/VANDYSTADT** : 118, 120 ; **Kempinaire/VANDYSTADT** : 138 ; **Lenfant/VANDYSTADT** : 67 ; **Loirat/EXPLORER** : 69 ; **Martinjak/OKAPIA** : 98 ; **OKAPIA** : 96 ; **Petit/VANDYSTADT** : 149 ; **Reinhard/TIERFOTO/OKAPIA** : 29, 66, 124 ; **Toulouse/NATURE** : 25 bas ; **Vandystadt/VANDYSTADT** : 100, 103 ; **Varin/EXPLORER** : 142 ; **Woolfe/EXPLORER** : 91.